自 序

本书写毕后,照例该作一自序,但本书已谈得过多,再说一些,无异画蛇添足。正在两难之际,突然想到全书漏了一个庄子思想最重要的特色,也是传统一般读庄者常忽略的,就是在中国哲学家里,庄子几乎是唯一强调"美"的,因为"美"常被大家划入文学的范畴。

庄子在《天下篇》中说:"犹百家众技也,皆有所长,时有所用。虽然,不该不遍,一曲之士也。判天地之美,析万物之理,察古人之全,寡能备天地之美,称神明之容。是故,内圣外王之道暗而不明,郁而不发,天下之人,各为其所欲焉,以自为方,悲夫!百家往而不反,必不合矣。后世之学者不幸,不见天地之纯、古人之大体,道术将为天下裂。"这段话以整体生命哲学的观点来谈道和术的分裂,非常精彩,这是其他哲学家没有触及的,所以我把全文照录于此。但在这里,我要指出的是,本文两次提到"美"字,而且是"天地之美",即是下文所谓"天地之纯、古人之大体",也可以说是庄子哲学思想的最高理境。

庄子不仅在《天下篇》中提到"美"字,在《人间世》篇也说"美成在久"。其实他虽不常用"美"字,但他认为万物都有其存在的真情(他用一个"情"字去指实,就是一种美化),

因此"逍遥游"之所以能逍遥，就是能游于万物平等，各各自得其乐的美的世界。为了这个"美"，庄子才有意在《齐物论》的结尾，写了庄周梦蝴蝶的故事，借春梦来表现万物相通的物化之美。

当我写毕本书时，心情放松，顺手从书架上拿了一本儿时最喜欢看的《三国演义》，随便翻了一下，翻到"陨大星汉丞相归天"一节，凄然闭目，进入似梦的幻境，听到庄子和罗贯中的一段对话：

庄子说："贯中先生，我很喜欢你的《三国演义》，但看到孔明归天一节后，不想再看下去了，你应该在孔明归天后，便结束该书。"

罗贯中说："你是大哲也是大文豪，如果你来写，请教该如何结尾？"

庄子笑笑说："我尝试言之：当孔明逝世时，虽然气息已断，但意识犹存。他只听到三军恸哭，声震军营，不知过了多久，哭声逐渐远去，以致完全静寂。也不知过了多久，孔明好像睡了一觉，逐渐清醒，先是耳觉，只听到流水声、鸟鸣声，接着是眼觉和手觉，他发现自己睡在草堂的床榻上，手中握有一纸，定睛一看，却是他当日吟诗后写下来的。上面写着'大梦谁先觉？平生我自知；草堂春睡足，窗外日迟迟'。"

原来孔明也在做梦，《三国演义》也只是春梦一场。春梦最美，本书题名"庄子新说"，在此不计浅陋，特别也献诗一首：

> 一飞冲天，
> 摆脱了十里红尘，
> 别笑我大而无当，
> 我又回到人间逍遥。
> 人籁、地籁、天籁，
> 自化、物化、神化，
> 原本是一气之变。
> 爱啊！恨啊！情啊！仇啊！
> 是乎？非乎？成乎？败乎？
> 都终归春梦一场。

2020 年 2 月 15 日

目录

扫一扫，进入课程

逍遥游第一　1

齐物论第二　55

养生主第三　147

人间世第四　169

德充符第五　221

大宗师第六　257

应帝王第七　331

参考书目　364

逍遥游第一

扫一扫，
进入课程

原文

北冥有鱼，其名为鲲。鲲之大，不知其几千里也。化而为鸟，其名为鹏。鹏之背，不知其几千里也。怒而飞，其翼若垂天之云。是鸟也，海运则将徙于南冥。南冥者，天池也。

《齐谐》者，志怪者也。《谐》之言曰："鹏之徙于南冥也，水击三千里，抟扶摇而上者九万里，去以六月息者也。"

野马也，尘埃也，生物之以息相吹也。天之苍苍，其正色邪？其远而无所至极邪？其视下也，亦若是则已矣！

且夫水之积也不厚，则其负大舟也无力。覆杯水于坳堂之上，则芥为之舟；置杯焉，则胶；水浅而舟大也。风之积也不厚，则其负大翼也无力。故九万里，则风斯在下矣，而后乃今培风；背负青天而莫之夭阏者；而后乃今将图南。

蜩与学鸠笑之曰："我决起而飞，抢榆枋，时则不至而控于地而已矣，奚以之九万里而南为？"适莽苍者，三餐而反，腹犹果然；适百里者，宿舂粮；适千里者，三月聚粮。之二虫又何知！

小知不及大知，小年不及大年。奚以知其然也？朝菌不知晦朔，蟪蛄不知春秋，此小年也。楚之南有冥灵者，以五百岁为春，五百岁为秋；上古有大椿者，以八千岁为春，八千岁为秋。而彭祖乃今以久特闻，众人匹之，不亦悲乎！

汤之问棘也是已："穷发之北，有冥海者，天池也。有鱼焉，其广数千里，未有知其修者，其名为鲲。有鸟焉，其名为鹏，背若太山，翼若垂天之云，抟扶摇羊角而上者九万里，绝云气，负青天，然后图南，且适南冥也。斥鴳笑之曰：'彼且奚适也？我腾跃而上，不过数仞而下，翱翔蓬蒿之间，此亦飞之至也。而彼且奚适也？'"此小大之辩也。

故夫知效一官，行比一乡，德合一君，而征一国者，其自视也亦若此矣。而宋荣子犹然笑之。且举世而誉之而不加劝，举世而非之而不加沮，定乎内外之分，辨乎荣辱之境，斯已矣。彼其于世未数数然也。虽然，犹有未树也。

夫列子御风而行，泠然善也，旬有五日而后反。彼于致福者，未数数然也。此虽免乎行，犹有所待者也。若夫乘天地之正，而御六气之辩，以游无穷者，彼且恶乎待哉！故曰，至人无己，神人无功，圣人无名。

尧让天下于许由，曰："日月出矣而爝火不息，其于光也，不亦难乎！时雨降矣而犹浸灌，其于泽也，不亦劳乎！夫子立而天下治，而我犹尸之，吾自视缺然，请致天下。"

许由曰："子治天下，天下既已治也，而我犹代子，吾将为名乎？名者，实之宾也。吾将为宾乎？鹪鹩巢于深林，不过一枝；偃鼠饮河，不过满腹。归休乎君！予无所用天下为！庖人虽不治庖，尸祝不越樽俎而代之矣！"

肩吾问于连叔曰："吾闻言于接舆，大而无当，往而不返。吾惊怖其言，犹河汉而无极也；大有径庭，不近人情焉。"

连叔曰："其言谓何哉？"

曰："藐姑射之山，有神人居焉，肌肤若冰雪，绰约若处子。不食五谷，吸风饮露。乘云气，御飞龙，而游乎四海之外。其神凝，使物不疵疠而年谷熟。吾以是狂而不信也。"

连叔曰："然。瞽者，无以与乎文章之观，聋者，无以与乎钟鼓之声。岂唯形骸有聋盲哉？夫知亦有之。是其言也，犹时女也！之人也，之德也，将旁礴万物以为一，世蕲乎乱，孰弊弊焉以天下为事？之人也，物莫之伤，大浸稽天而不溺，大旱金石流、土山焦而不热。是其尘垢秕糠，将犹陶铸尧舜者也，孰肯以物为事？宋人资章甫而适诸越，越人断发文身，无所用之。尧治天下之民，平海内之政，往见四子藐姑射之山，汾水之阳，窅然丧其天下焉。"

惠子谓庄子曰："魏王贻我大瓠之种，我树之成而实五石，以盛水浆，其坚不能自举也。剖之以为瓢，则瓠落无所容。非不呺然大也，吾为其无用而掊之。"

庄子曰："夫子固拙于用大矣。宋人有善为不龟手之药者，世世以洴澼绖为事。客闻之，请买其方百金，聚族而谋曰：'我世世为洴澼绖，不过数金；今一朝而鬻技百金，请与之。'客得之，以说吴王。越有难，吴王使之将，冬与越人水战，大败越人，裂地而封之。能不龟手，一也；或以封，或不免于洴澼绖，则所用之异也。今子有五石之瓠，何不虑以为大樽而浮乎江湖，而忧其瓠落无所容？则夫子犹有蓬之心也夫。"

惠子谓庄子曰："吾有大树，人谓之樗。其大本拥肿而不中绳墨，其小枝卷曲而不中规矩，立之涂，匠者不顾。今子之言，大而无用，众所同去也。"

庄子曰："子独不见狸狌乎？卑身而伏，以候敖者；东西跳梁，不辟高下；中于机辟，死于罔罟。今夫斄牛，其大若垂天之云，此能为大矣，而不能执鼠。今子有大树，患其无用，何不树之于无何有之乡，广莫之野，彷徨乎无为其侧，逍遥乎寝卧其下，不夭斤斧，物无害者，无所可用，安所困苦哉！"

语译

北方玄远的地方有一条鱼，它的名字叫鲲。鲲的巨大，不知有几千里。它蜕化而为鸟，名字叫作鹏。鹏的背脊，也不知有几千里。当它奋起而飞，它的翅膀好像天上垂下的一大片云。这只鸟，在海气运转的时候，就飞徙到南方玄远的地方。这里就是天池的所在。

《齐谐》，是一本记载怪异的书。该书上说："鹏飞向南方玄远的地方的时候，首先水击有三千里那么长，接着再顺着扶摇的旋风向上直飞入九万里的高空，然后乘着六月的气息而去。"草泽中的水汽像野马奔腾，空气中的尘埃飞扬，以及各种生物以气息互相吹嘘。诸种景象都充塞在天地之间，我们向上看到一片蔚蓝的天空，难道这就是天的本色吗？还是因为距离太远、无穷无极的缘故？如果从高空向下看，情景也是一样的啊！

如果水积得不够深厚，就没有力量负载大船。如果把一杯水倒在厅堂中的洼地里，只能以一根小草为船，浮在水面。如果把一只杯子当船，就会粘着在地上，这是因为水浅而船大的缘故。同理，风积得不够深厚的话，便没有力气载负巨大的翅膀。所以大鹏要直上九万里的高空，使风积在下面，才能乘着它所造的风。脊背顶着青天，而不致坠落。然后它才向南而飞。

这时，地面上的一只蝉和一只斑鸠讥笑鹏说："我尽全力而飞，碰到榆枋等小树便停在上面。有时飞不到，最多再折返地面。哪里需要直上九万里之后才向南飞呢？"如果是到近郊的地方，只要带足三餐，回来后，肚子还不会饿。如果要到百里外的地方，就必须准备一夜的粮食。如果更远到千里外的地方，一定要准备三个月的粮食，这两只小动物又哪会知道这个道理呢！

小智慧的不能了解大智慧的境界，寿命短的不能了解寿命长的经验。为什么如此？譬如见日即死的朝菌，不知道一个月的时光。只活在夏天的蟪蛄自然不知道春天和秋天，这就是所谓的小年。楚国的南部，有一只灵龟，以人间的五百岁为它的春，五百岁为它的秋。上古时候有一棵大树，以人间八百岁为它的春，八百岁为它的秋，这就是所谓的大年。今天我们以活了八百岁的彭祖为寿命最长的人，大家都想和他相比，岂不是很可悲吗？

商汤问棘的那段话也是这样说的。在不毛之地的北方，有个广漠无涯的大海，也就是天池。其中有一条鱼，身体宽有几千里，没有人知道它的长度，它的名字就叫作鲲。有一只鸟，名叫鹏。它的背脊像泰山那么高，它的翅膀像垂挂在天上的云，两翼拍着扶摇羊角的旋风而直上九万里的高空。冲破云气，背顶着青天，然后再往南，飞向南方遥远的地方。这时小泽中的麻雀讥笑大鹏说："它究竟想飞到哪里去啊！我向上飞跃，不过几仞高，就降下来。我在蓬草之间飞来飞去，这也是我飞翔的最高境界。而它这样的飞，又能飞到哪里？"这就是小大之间的不同啊！

所以，有些人的才智可以胜任一种官职，他们的行为为一乡之人所效仿，他们的道德合于一国之君的要求，也为一国之人所信赖，他们以此自视甚高。可是宋荣子仍然要讥笑他们。宋荣子的功夫在于：世上的人都赞美他，他也不会因而受到鼓舞；世上的人都批评他，他也不会因而感到沮丧。他能划定内外之间的分别，认清荣耀和耻辱之间的界限。他的功夫就是如此罢了！他这种人在世俗中也不是多见的，可是即便如此，他依然不能独立存在。

像列子这种高士，能够驾风而行，轻灵而美妙，过了十五天的时光又折回来了。他在所有追求福乐的人之中，也是不多见的。他驾风的功夫虽然能够不用脚去行走，但还是对风有所依赖的。而乘顺天地的正道，驾御六气的变化，而游于无穷无尽境界的人，他们又哪里需要凭借什么呢？所以说，至人不执着自己，神人不贪求功业，圣人不为名所累。

尧让位给许由说："当日月出来之后，火炬的光还不熄灭的话，这个火炬和日月争光，岂不是难乎其难吗？当及时之雨已经降下，仍然汲水灌溉，这样的做法以求润泽田地，岂不是劳而无功吗？夫子你如果在位，天下一定治平。而我仍然占住了这个位子，我自知才德不够，所以请你出来治天下。"

许由回答说："你治理天下，天下都已治平了，而我却来代替你。难道我是为了虚名吗？名位是事实的外表。难道我只是为了外表吗？小雀筑巢于深林中，也不过只能占有一根树枝；偃鼠渴饮河水，也只能装满一肚子而已。你还是请回去吧！天下对我一无用处。厨师虽不愿烹调，管祭礼的尸祝，却不能放下祭器，去替厨师掌厨啊！"

肩吾问连叔说："我听接舆的言论，说得大而不合理，远而不知返。我惊骇他的话，好像天河一样没有边际，大为荒诞，不近人情。"

连叔问："他讲些什么？"

肩吾回答："他讲，在遥远的姑射山上，住着一位神人。他的皮肤像冰雪一样洁白，轻柔婉约的姿态像少女。不吃五谷杂粮，只吸风饮露。他乘着云气，驾御飞龙，而遨游于四海之外。他的精神向内凝聚，不伤害外物，使得稻米丰收。我觉得他的话有点怪诞，而无法相信。"

连叔说："是吗？瞎子，无法让他看文采的美观；聋子，无法使他听钟鼓的音声。难道只有形体上的瞎子和聋子吗？我们的心智上也有瞎子和聋子，这话就是对你这样的人讲的。这位神人，他的德行啊，将使万物生气磅礴，而求一世的平安。他哪肯为治天下的政务而劳形役心呢？这位神人啊，外物不能伤害他，大水漫天而不能淹灭他，大火使金石熔化也不能使其燃烧。他的一点儿小小的尘垢秕糠，就可以铸造成尧舜等圣王。他又怎么肯以俗务为事呢？宋国有一个人到越地去贩卖礼帽。可是越地的人们都是剪短发以花纹刺身的，不需衣冠。又哪里用得着礼帽？尧治理天下，平定海内的政事后，到姑射山和汾水的北面去拜见四位高士，回来后便如有所失，茫茫然好像丢掉了天下似的。"

惠子告诉庄子说："魏王送给我一个大葫芦的种子，我把它种下了，葫芦长成时，它的果实就有五石重。我用它来装水浆，

逍遥游第一

它虽坚硬，可是重得举不起来。我把它剖开成为瓢，它大得没有水缸容纳得下。它真个是虚有其大，我因其无用，所以就把它击碎了。"

庄子说："你实在不懂得用大啊！宋地有人善制一种可以使手不龟裂的药。他们靠着这种药物，世代从事替人在水中漂洗棉絮的工作。后来有个人听到了，便要用百金买他们的药方。他们便召集全族的人共同商量说：'我们代代以漂絮为业，也只赚到数两黄金而已。今天我们卖掉这个药方，就可得一百两黄金，还不如就卖掉它吧！'这个人买了药方后，便献给吴王。后来越国入侵吴国，吴王便任命此人为将军。在冬天，与越国水战，而大败越人。吴王因为他的功劳，而划地封侯。使手不龟裂的药方本是相同的一种，后者因而封侯，前者却一直以漂絮为生，是因为他们运用的场合不同。现在你有五石那么大容量的葫芦，为什么不把它挖空而像一个大酒樽似的，放在江湖上，任它浮游，而你却担心它大得没有地方容纳。实在是你自己心量太狭窄了吧！"

惠子又说："我有一棵大树，人们叫它为樗。它的树干木瘤盘错，不合尺度。它的小枝弯弯曲曲，不合规矩。生长在路旁，木匠都不屑一顾。今天你的话，大而无用，大家都会离你而去的。"

庄子回答说："你难道没有见过猫和黄鼠狼吗？它们躲藏在低下的地方，等待那些出来游荡的小动物。为了捕捉小动物它们东跑西跃，不在乎地势高与下。可是结果，它们自己却踩入捕兽的机关，困死于网罗之中。现在，那个斄牛，大得像天上挂下的云。它虽然身形巨大，可是却不能抓小鼠。今天，你有这样一棵大树，却担心它没有用。为什么不把它种植在无所用的地方，比如遥远

庄子新说

广漠的原野。你可以在它旁边徘徊而无所事事,你也可以逍遥地躺在它下面休息。它既不受刀斧的砍伐,外物也不会加害于它。因为无所可用,又哪有困苦的烦恼呢?"

纲要

逍——无拘无束——消——破小。

消——消解——消除——消化。

小——有待(时、空、知、己——名缰、利锁、情关)。

遥——无穷无尽——为大——无待(无功、无名、无己)。

待——相待——对待。

游——适性自在(游心大化)——大而化之——绝待(无为、无事、无用)。

有待——无待——绝待。

神人——神凝于内,与物同游,无为而物化。

圣人——利益万物,不为名拘,弃己之圣知。

至人——纯粹至性,不为物累,舍己之有用。

1. 鲲化鹏的真义。
2. 四个层次的境界。
3. 至人、神人、圣人。
4. 圣人无名。
5. 神人无功。

6. 至人无己。

7. 如何用大——有待。

8. 无用而大用——无待。

9. 逍遥的功夫。

总论

《庄子》书分内、外、杂篇，是根据郭象的《庄子注》本而来的。内篇共七篇，自古以来都认为是出于庄子的亲笔，可是到了近代，有些学者也怀疑内七篇不是庄子所写的，他们所举的理由，如司马迁《史记》中批评《庄子》，只举《渔父》《盗跖》《胠箧》等篇，而不提内七篇；以及内七篇都是有特定的篇名，不像其他外、杂篇都是举该篇前面的二三字为名。这种有特定篇名的习惯都是后起的，也就是说内篇在外、杂篇之后。对于这种说法，也有很多学者提出反驳。但这些都是没有定论的考证之言。我们今天研读《庄子》，是要了解庄子这套思想的旨趣，把它应用于我们的生活上。至于谁是庄子？谁写内七篇？这都是次要的问题。即使退一步，我们得到定论说内七篇不是庄子本人所写，那么内七篇总该有个作者，而此人思想的伟大就值得我们赞叹，远胜过司马迁笔下写《渔父》等篇的庄子了。

如果《庄子》一书，或庄子学说有一个中心思想的话，那么毫无疑问，其中心思想就在内七篇里。而且这内七篇，不仅是在内容上，甚至在篇名上，都很精密地构成了一个理论的体系，有如下图：

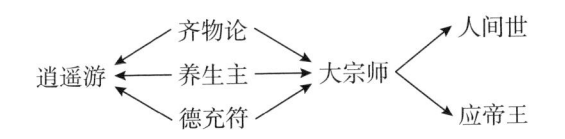

```
        齐物论              人间世
逍遥游 ← 养生主 → 大宗师
        德充符              应帝王
```

　　《逍遥游》是庄子的理想境界，要达到这种境界，有三条路子：一是《齐物论》中所讲的体验真知；二是《养生主》中所讲的保养精神；三是《德充符》中所讲的涵养德性。由这三方面的修养，才能证入《大宗师》里所描写的大道，才能成就《大宗师》里所推崇的真人。唯有真人，才能真正地逍遥而游。一方面能游于《人间世》里的各种复杂的人际关系中，而此心不乱；另一方面能游于《应帝王》里的竭精尽虑的政治事业上，而此心常静。

　　"逍遥游"三字据陆德明《释文》："逍，亦作消。遥亦作摇，游亦作游。"郭庆藩《集释》说："逍遥二字，《说文》不收，作消摇者是也。"王叔岷《庄子校诠》："消摇与逍遥乃是古今字。"但今本《庄子》都作"逍遥"，所以我们也就依据"逍遥"两字求解。首先，我们看庄子自己如何运用"逍遥"两字，在《庄子》一书中，"逍遥"两字一共出现了五次："彷徨乎无为其侧，逍遥乎寝卧其下。"（《逍遥游》）"芒然彷徨乎尘垢之外，逍遥乎无为之业。"（《大宗师》）"古之至人，假道于仁，托宿于义，以游逍遥之墟。食于苟简之田，立于不贷之圃。逍遥，无为也。"（《天运》）"芒然彷徨尘垢之外，逍遥乎无事之业，是谓为而不恃，长而不宰。"（《达生》）"日出而作，日入而息，逍遥于天地之间而心意自得。"（《让王》）从这五段话里可以看出"逍遥"的两个特色，一是它都做动词和形容词用，也就是说它本身不是一个哲学术语，是一种行为的表现，正因为如此，所以我们不能在"逍遥"两字上求解，而应在达到逍遥的工夫上体验。二是它都和"无为""无事"相连。"无事"也是"无为"的运用,而"无为"却是老子思想的要点。在这里,一方面可以看出庄子和老子思想的承接,一方面也显示了"逍遥"的功夫在"无为"。"无为"并不是什么都不做,而是在心性上有很深的修养功夫。

值得我们注意的是,本篇虽名为"逍遥游",但"逍遥"两字却出现在全篇最后的几句话中。如果本篇像其他外、杂篇一样用前面两个字为篇名的话,我们便很难抓住《逍遥游》的中心旨趣,而只看到小知、大知、无己、无功、无名及无用等分散的许多观念。现在庄子既然以"逍遥游"名篇,我们便可用"逍遥游"去贯通全篇。

本篇的结构:第一部分,从"北冥有鱼"到"此小大之辩也",都是借鲲鹏和蜩鸠的寓言故事,来托出"大"的境界,这正是"逍遥游"的方向。第二部分,从"故夫知效一官"到"故曰,至人无己,神人无功,圣人无名",这是本篇的中心,是以修养的层次,写出"逍遥游"的最高境界。第三部分,从"尧让天下于许由"到最后的"无所可用,安所困苦哉",这是借许多故事,把第二部分的中心思想,再加以推衍和证明。

梦觉真言

一、从"北冥有鱼"到"此小大之辩也"

这一段是庄子照耀千古的寓言,却是贯通他整个思想的大文章，我们可以从五个方面来透视它。

第一，变与化。

"变化"两字合在一起当作一个复合字来用时，只是一般指的变动，或变迁的意思。如果我们把它分开来加以分析，则"变"和"化"两字非但不同，而且还有极深的含义。简单地说，"变"是平面的、物理的、自然的，无法把握的发展；而"化"是向上的、德性的，可以操之在我的状态。把这种变和化的关系提出来加以运用，在中国，甚至全世界中，庄子是第一人。在这第一段中，便可见证了庄子对变和化的运用。在北冥的鲲由鱼子逐渐长大，大得不知几千里，这是变。接着，这只硕大无比的鲲，向上高举，化而为鹏，鹏的一飞冲天，这是化。变是事实，是现象，是每位哲学家，也是每个人都会面临的，可是化却是心性的，修养的。它也成为整个庄子思想最重要的功夫，这在后面我们讨论庄子思想时，会更明确地感受到。不过在这里我们要顺便一提的是，这个"化"字直贯到近代欧洲心理学家讲的转化，他们讲转化，常就变来说从自我到大我（I）的发展，而庄子的"化"可能提供了他们在修养和功夫方面的提升。

第二，气与神。

中国哲学里的"气"，一般说本有物质性和精神性。张载《正蒙》中谈气，便有"重浊者，下降为我们的肉体，清明者，上升为精神"之说，这与庄子鲲和大鹏之喻正相契合。鲲在海水中，这是在气之中，所谓"海运"，即海中的气动，"去以六月息"。庄子生于周朝，用周历，周之六月是夏历三月，正是气的由寒转暖，所谓"暮春三月，江南草长"，这时气的上升，使海运重浊之气，化而为天上的清明之气，这便是由气的提升而转化为神。这也衍生蜕变而为后来道教修炼的化气为神的思想。

第三，阴与阳。

庄子受《易经》影响很深，书中多言阴阳，《天下篇》便明言："易以道阴阳。"这段故事中虽无阴阳两字，但历代偏于道家或道教的注解家都以《易经》的卦来作解，如清陈寿昌在《南华真经正义》中便说："坎位乎北，离位乎南，言鱼言鸟，以类从也。"这就是说鱼属阴，鸟属阳。北冥象坎卦，南冥象离卦。我们在这里不只是泛谈属性而已，而是进一步探索它的变化和发展。鱼化为鹏，是阴化为阳，注意这里用的是"化"字而不是"变"字。如果说阴变为阳，那只是在六爻中的排列，下一爻是阴，上一爻变为阳。但阴化为阳却不是一种自然的排列，而是有个人的德性和智慧加入的修养功夫和处变能力。譬如我们在第三爻的阴位上，如何进入第四爻的阳位，这要靠第四爻吸收阳的力量，而转化成阳刚之性能。这种转化功夫，我在最近两本《易经》的著作中，都有系统的说明和强调。基于这个道理，我们再看这段故事，鱼在水中是阴属，但海运和六月息就象征了阳气的发动，而鲲化为鹏，就是阴阳相之后的一种转化作用了。

第四，有限与无限。

北冥和南冥的"冥"字是象征玄深的意思，所以这两者都是指的无限。现在鲲在水中变动，即使庄子喜欢用文学的手法，把它描绘成几千里之大，但限于在有形的水中，当然是有限的。至于化而为鹏之后，它在天空中飞翔，尽管它的背有几千里之大，仍然是有限的，这也就是说鲲和鹏可以象征我们无论是世俗小民或伟大的圣人，都是在有限中挣扎和奋斗，但我们在宇宙大化中，北冥的无限即我们来处的无限，或生前的无限，我们不得而知，也无法左右；但我们对前面南冥的无限，却可以操之在我们的态度、心念和修养功夫。庄子思想的精髓就是由鲲化鹏而飞向南冥的无限，即在有限中以求无限。

第五，小知与大知。

这段故事结束于蝉与鸠两只小生物的自以为快乐，而批评鹏的大而无当。庄子用这个寓言是指"小知不及大知"，以明"小大之辩"。我们说过这是寓言，蝉与鸠限于天生的形体，无法变成大鹏，但我们人却不一样，生为升斗小民，仍然可以提升精神，虽然不一定能成圣，但却可以成为神人、至人，只要他们有大鹏之志飞向无限。所以这里的"小知"不是指形体小的小知，世俗小民的小知，而指他们封闭了心眼，自限于浅陋，还自以为是，自得其乐。大鹏之大，在于它的无所牵绊，冲向无限。蝉与鸠的自得其乐，它们的背后，却有隐忧，蝉的背后有螳螂，小鸠的背后有猎人的弹弓。它们又岂能真正地逍遥？所以"小知"是自我的封闭，囿于愚昧；"大知"是自我的开放，面向无限。

下面，我们就原文来详细解读。

鲲鹏之变是《庄子》有名的寓言。《庄子》书中用了很多的寓言，都是以鸟兽、树木、山川为主角，演绎得非常生动活泼，引人入胜，这是《庄子》在文学上的一大特色。但《庄子》的寓言，与一般文学的寓言不同。一般的寓言，意思很清楚、很容易把握，但《庄子》的寓言，虽然在文字上和一般的寓言一样浅显明白，可是意义却很深远，如果没有了解庄子的精神境界，便很容易把它当作游戏文字,甚至产生误解和错用。因此阅读《庄子》的寓言,有两点值得注意:第一点,切勿以为这些有趣的故事,只是庄子诙谐的表现,而把它们当作比喻来看。事实上,这些寓言,也是《庄子》的正文,我们必须留心每一个字背后的用意。第二点,我们必须了解寓言必有寓意。但寓言和寓意之间有一条鸿沟,我们要小心地跨越过去。因为寓言所讲的是"物",而寓意所指的是"人"。"物性"和"人性"的不同,就是这条鸿沟。寓言只是以物性来比喻人性,这是一种文字上不得已的比喻,如果我们黏着在物性上,以物性来诠释人性,便会限制了人性,反而会向下坠落,使人性流于物性。

现在就让我们小心地看看这个寓言:

"北冥有鱼",陆德明《释文》:"北冥,本亦作溟,北海也。嵇康云:'取其溟漠无涯也。'梁简文帝曰:'窅冥无极,故谓之冥。'"虽然"冥"和"溟"可以相通,"北冥"含有北海的意思。但把"冥"解作"溟"或"海"都不如原来的"冥"字更佳。因为"溟"字是指水际的无涯,"海"字更落实在形体上。不像这个"冥"字,是水天不分的,是玄深幽远的。庄子在其他地方也用过"北海"(《秋水》),而在此处用"北冥"自有特殊的意义。一方面"北冥"与下文的"南冥"相对照,"南冥"在天际,当然不能解作"南海"。所以这个"冥"字是连接了水天一色,也就是统一了天和地的。另一方面,《庄子》在一开端便揭出了这个"北冥",不只是指那遥远的地方有个"北溟"或"北海",而是把我们的视线无限地拓广,使我们的思路进入玄深幽远的境地。所以这个"冥"字打通了内外一体,也就是融合了心和境的。

"大"。前面庄子说"不知其几千里也"的"不知"两字，已有意要打破这个局限，所以这里接着说"化而为鸟"，终于突破了这个局限。这个"化"字常与"变"字连言，而作"变化"一词，但"化"与"变"不同。"变"是指平面的改变、变迁或变动。如由小鱼变到大鱼，由小树变成大树，或由婴儿变为白发老人。这是在某一形体内的变，显然是受这一形体所局限的。而"化"却不然，"化"是向上的转化，是立体的发展，是突破这一形体的局限，而做无穷的演变。就万物来说，他们的形体，发展到极限后，便会衰亡，而变成其他物体。这就个体的生命来说是"变"，但如果就变成其他物体，而有了另一种生命来说，便可称为"化"。因为在整个自然界，万物生生死死，并没有消失，只是形体的转换而已，所以又称"大化"。但就人来说，我们虽然有形骸如其他物体，有终极，有死亡。可是人却和其他物体不同，我们有精神、有智慧，我们在尚未走到终限、尚未面临死亡之前，便知道转化。这并不是说，这种"化"使我们的形体不会死亡，而是说"化"能使我们的精神超脱形体的局限，而同于大化。再从大化的眼光来看自己的形体，便能任它变鼠肝、变虫臂，而不会有所执着了。

在《庄子》中所讲的"化"，也有如以上所说的三种变化，一是万物的变化，是指物种的演变，以及人的生老病死、贵贱祸福等，如"是万物之化也"（《人间世》）。二是指自然的大化，是指自然界的循环往复，生生不已，如："安排而去化，乃入于寥天一"（《大宗师》）。三是功夫的化道，是指修养功夫达到某程度后，超脱物累，精神上扬，而化入道体，即"不如两忘而化其道"（《大宗师》）。庄子思想的精髓是强调功夫的化道，是用"忘"字，把我们从万物变化中提升上来，而与自然的大流共化。

　　看过了这个"化"字之后，让我们再回头看看鲲化为鹏。在生物界，突变的现象也不少，如毛虫变为飞蛾。但这种突变都是在一个生命结束，而蜕变到另一个生命。可是这个寓言中的鲲化为鹏，却是由鲲的"大"而化为鹏的。不是一个生命的结束，另一个生命的开始，而是一个生命的转进和上扬。关于这个"鹏"，古注都以为是凤鸟，如《说文》："鹏，亦古文凤"，而凤是传说的神鸟。总之，我们不必执着鲲是哪一种鱼，鹏是哪一种鸟，在庄子的笔下，它们都是"大"的象征。王夫之《庄子解》："其为鱼也大，其为鸟也大，虽化而不改其大，大之量定也。"这是说虽然鲲化为鹏，这个"大"却是不变的。但这个"化"对于"大"有很大的作用，一般我们都强调"大而化之"，就是说能大才能化。在这里，我们也可再补一句："化而大之"。也就是说，唯有能化，才能提升入真正之大与无穷之大。在北冥中，"鲲之大"，必然受到海水的局限，而"化为鸟"之后，鹏之"大"，便更为辽阔而无边了。

　　"怒而飞，其翼若垂天之云。""怒"字，据《说文》段《注》："古无努字，只作怒。"也就是说这里的"怒"本是"努"字。"努"是振奋和奋力的意思，在《庄子》书中，不乏其例，如"万窍怒呺""怒者其谁邪"（《齐物论》）；"怒其臂以当车辙"（《人间世》）；"草木怒生"（《外物》）。庄子用这个"怒"字，虽无愤怒生气的意思，却有蓬勃生机的样子。因为由鲲化为鹏后，鹏不能长留海中，它必须振翼而飞。由深海中奋起，势必声如怒号。所以这一个"怒"字，不仅写出了它的振奋之力，也写出了它的声势之大。

"垂天之云"是指大鹏飞起时，起初两翼下垂，然后再张开。由于翼之大，所以像天上垂下的一大片云。试想鹏翼像垂云的话，那么它的身躯岂不掩盖了天空，这当然是写它的"大"。但这里的描写不是静的，而是动的。古注都把"垂天之云"解作天边的云，如陆德明《释文》引司马彪说："若云垂天旁。"可是远在天边的云往往停滞不前，缺乏动感。而此处翼下的垂云，却是动态的，有如风起云涌，弥漫了天空，所描写的乃是这一振翼而飞的声势浩大。

"是鸟也，海运则将徙于南冥。南冥者，天池也。""海运"是海的运转，一般都注作海动。由海动而生风，于是大鹏就乘风而飞。如林希逸《南华真经口义》上说："海运者，海动也。今海濒之俚歌，犹有'六月海动'之语。海动必有大风，其水涌沸，自海底而起，声闻数里。"但《庄子》此处不说海动，而说海运。也许是因为海动只是一时的变动，如海啸或飓风之类，而海运则是海的运行，也就是海中气流的运转，所以用海运较能表达一种自然变化的现象，不是像飘风、骤雨一样的突然而起。

"南冥"和"北冥"相对。依据易学和道教修炼的方位，北是坎位，属阴，为黑；南是离位，属阳，为明。所以释德清《庄子内篇注》直指南冥为南明。虽然北冥有暗的意思，南冥有明的象征，但就这个"冥"字来说，解作光明固然不恰当，解成黑暗也不妥帖。因为"冥"是玄深幽远的意思，"北冥"是水际的无涯；"南冥"是天际的无边。如果把"北冥"解作北海，"南冥"解作南海，那么两者都在海上，都是平面的位置，这条大鲲可以

逍遥游第一

从北海直游到南海，何必又要化鹏高飞，岂不是多此一举。"南冥"和"北冥"不在一个平面，而是一在天上，一在地下。所以《庄子》接着便说："南冥者，天池也。"拈出一个"天"字来，说明了"南冥"是在天上。所以说天池，因为在天上不可能有海，只能说池。历来注家都根据成玄英《疏》："大海洪川，原夫造化，非人所作，故曰天池也。"而把"南冥"解作大海，且说是天然之池，而实际上哪一个大海不是天然的？这样的解释，岂不等于白说？显然庄子讲"天池"是有特别用意的，虽然这个"天"字在《庄子》书中有天然、自然的意思，但也有高高在上的"天"、造物的"天"和形而上的"天"的境界。如"大浸稽天而不溺"（《逍遥游》）、"且夫物不胜天久矣"（《大宗师》），以及"玄天""天道""天理"等。所以这里的"天池"，是庄子把鲲化为鹏，及大鹏南飞的历程，从人间提升到天上，或形而上的境界。庄子说"南冥"，玄深幽远，使人莫测去向，再解之以"天池"，却豁然开朗，别有洞天。使我们看到了大鹏的归宿，在天池畔的逍遥之乐。这与本篇最后的"彷徨乎无为其侧，逍遥乎寝卧其下"形成了呼应。所以庄子拈出"天池"两字，本篇的主旨逍遥游的境界才完全呈现出来。

《齐谐》是书名，内容不详，这里是借《齐谐》一书的故事来描写大鹏高飞时所乘的风力和气势。

"《齐谐》者，志怪者也。"据《庄子》所说，是一本记载了许多怪谈之书，而"齐"字可能是指齐地，因齐地靠海，人们常见海市蜃楼，想象力丰富，所以在先秦时代，齐地多方术之士。好辩论的"稷下先生"便是聚集在齐国的东门。又有注家如郭庆藩《庄子集释》引俞樾之言，把齐谐当作人名。究竟是书是人，无关义理，不必深究。

"鹏之徙于南冥也，水击三千里"，这段引证《齐谐》的话，不提鲲之化鹏，而把重点放在鹏的高飞上。水击的"击"作拍动或激动解，这并不是指两翼打水，而是指两翼鼓动了风，由风而激水三千里。这是大鹏的造势。

"抟扶摇而上者九万里"，"扶摇"按《尔雅》："扶摇谓之飙。"注："暴风从下上。"虽然"扶摇"是由海中拔起，向上直行的风，但不说暴风而说"扶摇"，自有它的美感。《淮南子·原道》注说："扶，攀也。摇，动也。扶摇直如羊角，转如曲萦，行而上也。"这是描写这种风或气流的回旋而向上攀升。在《庄子》书中还用"扶摇"两字称高大的神木，如"云将东游，过扶摇之枝"（《在宥》）。可见"扶摇"两字在庄子笔下，是具有高耸入天的壮观景象的。同时"摇"字与"逍遥"的古字"消摇"还可相对应，岂不是"扶摇"也暗示了逍遥之游吗？"抟扶摇"的"抟"字，是以手把握的意思，但"抟"字也和"搏"相通，作"拍"字解。但就此处庄子所描写的形象来看，还是以"抟"的本字为佳。因为这只大鹏的向上飞升不是拍着风而行，而是头向上，双翼好像紧抱着风，摇摆而直上。这是大鹏的顺势。

"去以六月息者也"，这句话有两种解释：一是把"息"当作休息，指大鹏一飞就是六个月，如郭象《注》："夫大鸟一去半岁。"或到天池休息六个月，如王叔岷根据《太平御览》所引息上有"一"字，及李白《大鹏赋》："然后六月一息。"另一是把"息"当作气息，这和下文"生物之以息相吹也"的"息"字正好相应，释憨山和陈寿昌都作此解。这两种解释，都解得通，但有不同的义理。前者着重在"六月"两字，以六个月为期，仍然是有时间上的局限，所以在向秀和郭象的注中，大鹏和后文的小鸟便互相对应。以至于近代有些注解认为大鹏也是有所待的，不是庄子的理想。后者着重在"息"字，是指气息的运行，"六月"按憨山所注"周六月即夏之四月"。庄子当时用周历，今天农历用的是夏历。所以"六月"即今天阳春三月，正是阳气渐盛的时候。这是把大鹏借阳气之上升带入了无限的大化之中，逍遥而游。比较以上两解，自以后者为胜。大鹏虽属寓言，但寓言必有所寄，庄子是借大鹏托出了无穷"大"的境界，但境界并不只是一个空洞的想象，必有其功夫。这个功夫就由这个"息"字带出了下文的生物之"息"，及风之积。所以如何顺万物之"息"，及如何培养风的气息，这正是庄子寓言的微言大义处。

"野马也，尘埃也，生物之以息相吹也。"野马，是草泽中的水汽，陆德明《释文》："野马，司马云：'春月泽中游气也。'崔云：'天地间气如野马驰也。'"尘埃，是空中的飞尘。成玄英《疏》："扬土曰尘，尘之细者曰埃。"这是指因风而吹起的微尘。野马和尘埃都是生物以气息互相鼓动。这是庄子描写大鹏高举南飞之后，再把镜头转向大鹏和地面的空间，说明其间气息鼓荡的情形。

"天之苍苍，其正色邪？其远而无所至极邪？其视下也，亦若是则已矣！""天之苍苍"，是指天空显出蔚蓝的颜色。其实蔚蓝不是天空的本色，天空的本色是无色的，而是因为长空万里，才显得一片蔚蓝。这几句话的重点在"其视下也，亦若是则已矣"一语。因为大鹏仰视苍穹，固然一片蔚蓝；可是俯视大地，也是一片蔚蓝。这是写大鹏的飞翔之高。本来在大鹏上飞时，所激的水浪，所乘的扶摇之风，以及鼓动的野马、尘埃和生物相吹的气息，现在都变成了一片蔚蓝，似有若无。这说明了由功夫达到逍遥的境界之后，再回顾这些功夫，尽管曾下过大力气、大转折，但都成为逍遥游的历程。也就是说功夫都化成了境界。

"且夫水之积也不厚，则其负大舟也无力。"这段是写大鹏乘风上举，借积风之厚，以明功夫之深。这个"积"字，这个"厚"字，在功夫上是关键字。本篇一开端写"北冥"，就是托出一个玄深的境界，但海水的深厚是自然的形成，而人的功夫的深厚，却并非自然而然的，必须不断地努力，才能累积深厚，深厚到了最高的境界，才能自然而化。这个"积"字就水来讲，意义简单，可是就修养功夫来说，却大有文章。因为要如何积？积些什么？才是真正的积，才会积而能化。

"积"有负面的意义，"积"欲望，欲望越多越不足；"积"争竞的知识，知识越多越迷惑。这里的"积"当然是正面的意思，在《老子》第五十九章也有同样的"积"字，如"早服，谓之重积德。重积德，则无不克。"不过庄子的"积"除了老子的"积"无为无欲之德外，还有他自己的功夫。这里我们只点到为止。

"覆杯水于坳堂之上，则芥为之舟"，"坳"是低洼，"坳堂"指堂中低洼处。"芥"是小草，这里指水浅只能载小草。

"风之积也不厚，则其负大翼也无力"，"风之积"，就大鹏的高举来说，已有两义：一是指大鹏等待风之积，也就是等六月风动；一是指大鹏顺扶摇之风而上升，直达九万里的高空而积风。就人来说，也有两义：一是指等待时势；一是指创造时势。这多

逍遥游第一

半是从一个政治人物的成就来说的。但就修养功夫来讲,指的是积德,或积真知,却是由内而外,而达到内外一体的境界。

"故九万里,则风斯在下矣,而后乃今培风","而后乃今"有的注家作"乃今而后"(姚永朴)或"而后而今"(王叔岷引王引之),但"而后",乃是承上文"风斯在下"而言;"乃今"是指"培风"而言。意义明显,不必倒置。至于"培风"的"培"字,陆德明《释文》:"培,重也。"王念孙《读书杂志》:"培之言冯也。冯,乘也。"其实都不如原"培"字最佳。《庄子》此处特别用这个"培"字乃是因为这个风是由积而来的,因为"培"是培育、培养之意。所以"培风",虽有乘风之意,却时时培养着这个风,即是一面累积这个风,一面伴乘着这个风。

"莫之夭阏者,而后乃今将图南。""夭"是半途而夭折,"阏"是阻塞而不通。因为时时培养这个风,所以中途不会因无风而夭折。而风力又来自天地的气息,所以通行无阻,没有滞碍。

"蜩与学鸠"这一段是借地上的两只小虫对大鹏高飞的不了解,出语相讥,以反喻大鹏的大和小虫的小。

"蜩"是蝉。"学鸠"是小鸠(司马彪《注》)。蝉的生命短暂,不能过冬,却在树枝上振翼,自鸣得意。小鸠即小鸟,飞得不高,只能在小树丛上跳跃,自得其乐。这两者都是比喻见识浅陋,不识大道的人。

"我决起而飞,抢榆枋,时则不至而控于地而已矣","决",陆德明《释文》:"决,李颐云:疾貌。""抢",郭庆藩《庄子集释》:"司马、李云:犹集也。崔云:着也。支遁云:突也。"

"决"是指念头的突起。"抢"是指行动的突发。有的版本把

"抢"改作"枪"(见王叔岷《庄子校诠》)。其实"抢"字很传神，表示一念突起，而要抢登榆枋，这都是很快的动作。"榆枋"指的是小树。由于是"决起"，是"抢"，没有准备的工夫，所以有时达不到目的，而"控于地"。"控"，司马彪："投也"，即是抢空了树枝而掉落在地上。

"适莽苍者，三餐而反，腹犹果然；适百里者，宿舂粮；适千里者，三月聚粮。""莽苍"是草野的颜色，指的是近郊。"宿舂粮"是指隔夜舂米为粮。"三月聚粮"是指准备三个月的粮食。这是指去的地方越远，所要准备的食物越多。要达到的境界越高，所下的功夫也越大。

"之二虫又何知"，"之二虫"承接前文的"蜩与学鸠"，很清楚的是指蝉和小鸠。可是郭象解作蜩与鹏而说："二虫谓鹏蜩也。对大于小，所以均异趣也。夫趣之所以异，岂知异而异哉，皆不知所以然而自然耳。自然耳，不为也，此逍遥之大意。"虽然后代的思想家都不从郭《注》，如憨山便说："比二虫者，生长榆枋，本无所知，亦无远举之志，宜乎其笑大鹏之飞也，举小知之人盖若此。"后来考据家俞樾也说："郭象《注》曰：'二虫谓鹏蜩也。'此恐失之。二虫当为蜩与鸠。"如果从文字的角度来看，只是"之二虫"的注错，也许是郭象一时的大意，后来的注疏家都很容易地发现了这种错误并加以修正。可是郭象注错了"之二虫"，不只是文字的错误，而是在背后还有一套错误的思想。如他说："苟足于其性，则虽大鹏，无以自贵于小鸟。小鸟无羡于天池，而荣愿有余矣，故小大虽殊，逍遥一也。"又说："夫小大虽殊，而放于自得之场，则物任其性，事称其能，各当其分，逍遥一也，岂容胜负于其间哉！"这是把大鹏和小鸟平等看待，认为它们如果都能满足形体之所禀赋，便都能得到逍遥。这就物性来说，并没有错。因为小鸟如果不满足它的形体，无论如何努力，也不能变成大鹏。可是人性却不一样，人性的向上一路是无限开放的，凡人和至人并不是天生的，也不是固定不变的，凡人只要通过不断的修炼都可成为至人。如果凡人只满足他们世俗的生活，而不知提升性灵，如喜逸乐者的沉于声色，好货物者的迷于敛财。他们自认不希圣、不羡寿、不爱名，看似是一种逍遥，其实是一种颓废。庄子的逍遥，不是满足于物性，而是不受物性所拘；不是以人性去迁就物性，而是把人性提升到神化的境地，去美化物性。可是由于庄子的寓言，以大鹏小鸟为主角，用物性去比喻人性，因此很容易使人黏着在物性上，而阻断了人性的向上一路。我们举郭象注错了"之二虫"，一方面为了说明读《庄子》的寓言时，千万不要黏着寓言的物性上；另一方面也为了强调庄子的逍遥不是随便地任性而游，而是达到了至性之后的率真而游。

"小知不及大知"这段话是承接了前文大鹏和蜩、鸠的比喻，进一步批评蜩与鸠之"小"，不能了解鹏之"大"。

"小知不及大知，小年不及大年"，这两句话就字义来说很清楚，但就运用和修养来说，却大有文章。先说小和大的不同，普通我们用一个"小"字，都是限定词，只有一种意义，表示不好。当然只有非常特殊的例子，把"小"当作精微，如《老子》"见小曰明"（第五十二章）。此处"小知""小年"，显然只有一种意义，就是浅陋和短暂。可是这个"大"字，却有限定和不限定两种用法。就限定来说，"大"和"小"是一对比，"大"也被"小"所限定。"小"虽不好,"大"也未必佳,所以要小大一齐抛却,这在佛家或禅宗是常用的思路。可是就不限定来说,"大"和"小"虽形似对比,却并不对称。"大"是无穷的,是扬弃了"小"、超越了"小"、化解了"小"的无限的开放。正如《老子》所说:"大曰逝,逝曰远"(第二十五章),这个"远"就是无穷无限。我们之所以特别强调"大"之有限和无限性,就是由于历代有些学者,执着"大"的有限性,认为"大鹏"与"蜩鸠"都是相对的大小,如郭象的《注》认为"苟有乎大小……同为累物耳。"接着又说:"故游于无小无大者,无穷者也。"其实这里所谓"无穷",也即无穷之大。郭象的《注》在意义上并无不可,但在运用和修养上可能会产生问题,因为我们把大小看成对比,也就是把"大"也加以限定,而成为另一种"小"。如果我们的智慧或德行没有上达最高的境界,真正的忘大小,那么可能会向下滑落,而变成了一种没有智慧或德行的忘大小。如下图:

```
    (无穷的大)         (相对性)         (颓废的小)
      大  ←——— 大      小 ———→ 小
      忘大小               忘大小
```

精神向上的"忘大小",是超越了大小,而向无穷大发展;相反地,精神向下的"忘大小",却是不在乎大小,而自愿居于小。《庄子》书中的蜩与学鸠,就是这种小。郭象的《注》就错在以这种"小"为是,而历来读者的误用《庄子》,也就是以这种"小"来玩世不恭,而流于颓废。

接着再看"小知不及大知"一语。显然这句话是批评"小知",希望"小知"能知道它的所限。这句话绝不是描写"知"的不可能,要我们"舍知",而是打破"小知"的自以为知。当我们拆掉了自己浅陋的知识所筑成的樊篱后,我们才能转"小知"为"大知",我们的心灵才能向无穷的大知或真知开放,这是本章从开端到此处的一个结论,也是庄子立言的主旨。

可是《庄子》接着"小知不及大知",而说"小年不及大年"。这在文学的写法上,本是一个比喻,其实是衬托前面一句的。粗看起来,并无不妥,可是在思想上认真推敲,这两句话的境界却不甚相同。因为"小知"如果不自己设限,便能凭努力修炼,而成为"大知"。可是"小年"却是形体上的限定,这在其他生物尤其如此,夏蝉永远也无法和海龟比寿。也就是说"小年"即使通过修炼,最多能延长几年,也永远无法变成"大年"。就拿人的生命来说,最多也只能活上一百多岁,八百岁的彭祖毕竟是神话。长生不老的神仙,也只是道教的玄谈。所以"小知不及大知"是庄子的批评,而"小年不及大年"乃是庄子引喻的事实。

自"奚以知其然也"到"众人匹之,不亦悲乎"。庄子顺着"小年不及大年",而举了许多生物来说明小年和大年的对比。"朝菌",司马彪:"大芝也,天阴生粪上,见日则死。"《列子·汤问》:"朽壤之上有菌芝者,生于朝,死于晦。""蟪蛄",司马彪:"寒蝉也,一名蝇蝼,春生夏死,夏生秋死。""冥灵"和"大椿",旧注都以为是树木,如成玄英:"冥灵大椿,并木名也。"而罗勉道《南华真经循本》,王夫之《庄子解》,都以冥灵为灵龟。"彭祖",成玄英《疏》:"姓篯,名铿,帝颛顼之玄孙也。善养性,能调鼎,进雉羹于尧，尧封于彭城。其道可祖，故谓之彭祖。历夏经殷至周，年八百岁矣。"这段话中，以"朝菌""蟪蛄"为小年；"冥灵""大椿"为大年。这两者的相比，它们之间的不相及，是很显然的，但也是无法改变的。当然庄子的用意不在凸显这两者的不同，而是最后以一般人的寿命与彭祖相比，以一般人的羡慕彭祖的长寿为悲哀。庄子的这一句"众人匹之，不亦悲乎"，正是本文的关键，把"小年不及大年"的比喻，又转回到"小知不及大知"的正题上。一般人的寿命和彭祖的长寿相比，这是相对性的大小，也是有局限性的，因为即使彭祖活了八百岁，比起"冥灵""大椿"来，仍属有限。可是众人却以他为比较的对象，而事实上，连彭祖的这点寿命也永远无法达到，所以庄子说："不亦悲乎！"但庄子并非徒放悲声，而是有言外之意，劝我们不必计较区区寿命的短长，而是要把眼光放远，以无穷的寿命为理想。但所谓无穷的寿命，不是神仙不死，而是打破年命的限定，也就是说要忘年，把"小年"和"大年"一齐忘却。这个"忘"字把我们从形骸的局限，转到了心性修养的功夫上。使我们由"小知"，而"大知"，而"真知"。有了这种"真知"，还有什么年命短长之可悲？

就《庄子》这段话的思路来看，它的主旨本是借"小知不及大知"，来谈如何提升我们的"知"，但"知"的问题比较抽象，所以它借譬于"小年不及大年"，因为年命的问题是具体的、切身的，我们更容易了解。可是年命的短长又是不能改变的，当我们能处理年命问题，能超越而不执着于短长的相对性时，我们的"知"自然就向上提升而为人知、真知了。

"汤之问棘也是已"，这段话似乎都是重复前文，只是字句稍有参差，却无新义。汤是商汤，棘是汤的臣子，又称夏革。棘和革，古音相同，可通用。在《列子》书中，有一篇《汤问》，就是记载商汤问夏棘之事。该篇所列都是有关天地无穷无极的问题，以及人间奇异的事情。庄子之所以提到"汤之问棘"，是因为前文的"冥灵""大椿"和此处所载"穷发之北"至"翼若垂天之云"的一段话都见于《列子·汤问》中。《列子》一书晚出，当然庄子所谈，并非引自《列子》。如果不是将读《庄子》的按语混为正文的话，便是"汤之问棘"已有传说，庄子引来证明他的所写有据。

从"穷发之北有冥海者"到"此小大之辩也"。"穷发"，陆德明《释文》："崔云：'北方无毛之地也。'"按毛，草也。地理书云：'山以草木为发。'""修"，长的意思。"羊角"，司马彪："风曲上行若羊角。"这是指海上生起的旋风，下小上大，有如羊角。"斥鴳"，陆德明《释文》："斥，司马云：'小泽也。'本或作尺，崔本同。"鴳"字亦作鷃，司马云：'鴳，鴳雀也'"，即小泽中的麻雀。在这一段话中，"鲲"和"鹏"是分开来叙述，只是两个大物而已。不像本篇首段庄子用一个"化"字把它们连成一体，而有动的历程，有功夫的寓意。所以这段话就文学和哲学来说，都不够精要。本段唯一可做思想线索来探讨的乃是"此小大之辩也"一语，"辩"与"辨"音同而通假，注家都解作"辨"。其实"辩"和"辨"都是分别的意思。此处"小大之辩"是指小大的分别，但并不是平面的、相对性的不同，而是指"小知"之不能了解"大知"的不同。如下图：

```
无限之大        大   （相对性之大小）
 大  ←  大  ←  小
    （小知不及大知之大小）
```

二、从"故夫知效一官"到"圣人无名"

这段话可看作本文的结论，也就是庄子思想的重点。我们也可以用现代真实社会的情况来分析。这里写了几种人物。

第一种，"知效一官"的人物。他们在今天社会中都是顶尖的少数人士。譬如，在艺术界风靡一时的歌星、影视明星；在企业界，有人白手起家，而成为全国首富，被年轻人当作偶像；在学术界，赢得诺贝尔奖，举世闻名。他们成为大家所崇拜的对象，这本是正面的，无可厚非的，庄子也没有刻意批评，只是指他们"自视如此"，也就是说自己肯定了他们的成就。其实我们补充庄子的说法，他们都在名和利上打转，红尘滚滚，看不到无限的空间。

第二种，"宋荣子犹然笑之"的人物。在今天社会中，宋荣子是哪一类人？这种人实在少之又少，在古代如颜回的安贫为乐，陶渊明的不为五斗米折腰。当然古道照颜色，我们今天读中国哲学的著作，心向往之，但能身体力行，有此境界的，毕竟是少数。

第三种，"列子御风而行"，能够驾风飞行的，是指有神通能力的人。这在宗教上有这样的描写，如中国的神仙之流，印度佛教的六通，但是在今天社会中，却没有这种实例。如果我们开玩笑说，今天科学的发明，可以乘飞机而飞行，但这与列子御风不一样，列子是凭自己的功力达到御风之乐，乘飞机则是寄托于科学器械，这与庄子所举列子的御风自然不同。事实上，庄子也没有看到御风而行的情形，他举这个例子乃是托出下面的一种人。

第四种，"若夫乘天地之正"，这种人显然是庄子所指最高境界的理想人物，他与天地的常道合一，与宇宙万物的气化相和，显然是修养功夫超过以上三种人物。我们一般都把这种人物高推圣境到很少人能达到的层次，这几乎是所有注庄者的共识，当然并不错，但是在这里笔者从另一个角度来看，在我们现实的社会中，要做到一个出类拔萃的顶尖人物容易呢？还是顺着自然的常道，跟着四时的变化而行比较容易呢？就像无门和尚所言："春有百花秋有月，夏有凉风冬有雪；若无闲事挂心头，便是人间好时节。"这里的前三种人都是有待，只有第四种人是无所待。试想我们有所期待，往往期待超乎我们的能力，是这样的追求容易，还是放下期待，顺着时间的节奏，做自己该做的事，快快乐乐地生活容易？这道理很简单明了，可是我们被期待蒙住了眼睛，就像古代推磨的牛马，被蒙住了双眼，它们也有期待，往前走，可是却永远在那里打转。本段的第四种人，在层次上来分，是最高，在格局上来看，是最大。但这种顺自然，无所待的功夫，却是任何一个普通人都可以做到的，这才是庄子的真精神，这种精神直贯《庄子》全书。以后我们会特别加以强调，而这种精神也直贯到禅宗慧能的"一念悟即成佛"的思想，这里我们暂时点到为止，以后会有很多论述的。

"至人无己"等三句是本段的结语。这里标榜至人、神人、圣人，乃是以最高境界的人物为理想，这是我们期待的极点。一般来说，要达到和成就这三种人当然不易，在这条路上一定有不少的努力和条件。可是庄子却直接而简单地说无己、无功和无名这三者是人人都能做到的，虽然我们已说只是无己不能成至人，只是无功不能成神人，只是无名不能成圣人，但在我们事业发展、心圣提升的过程中，时时做到无己（不执己私）、无功（不恃己功）和无名（不为名拘），便能敞开心胸、一无所待地尽自己生命的所赋做自己该做的事了。

我们回到文本，前文都是以寓言来写意，到了这一段才转入了正题，以人为主，谈修养功夫的各种不同的层次。

"故夫知效一官，行比一乡，德合一君，而征一国者，其自视也亦若此矣。""效"是功效，"官"是官职。这是指他的知识只能供一种官职的需要。这也就是所谓"君子不器"（《论语·为政》）中的"器"字，只能限于一器之用。"行"是行为，"比"是比较，这是指他的行为可作一乡之人所比的模范。如他在某一方面的成就，光宗耀祖，为乡里所称道。"德合一君"的"德"，由于被"合一君"所限定，因此不是指内在的德性，而是指外在的德业。其实《庄子》书中的"德"字，有时是正面的意义，如"至德"（《马蹄》）"德不形"（《德充符》），有时也有负面的意义，如"八德"（《齐物论》）。而此处的"德"，合于君主所需，自然指的是才德或德业。憨山《庄子内篇注》，便注"德"为"才"。至于"而征一国"的"而"字，王念孙《淮南子·人间训杂志》引此文而说："而与能同，能、而古声相近，故能或作而。"其实这个"德"含有才的意思，当然也就包括了"能"字。不必在"德"字上又重叠一个"能"字，反而把这个"德"字看得比"能"还小了。

逍遥游第一

事实上，才德如只合一君还是不够的，因为君主代表一国，所以接着说"而征一国"，表示他的才德之有用，为一国之人所相信。以上所说，在一般世俗的生活上，往往是极大的成就和尊荣，可是在庄子修养的境界上却是最低的。"自视也亦若此"正写出他们的自以为大。

"而宋荣子犹然笑之。且举世而誉之而不加劝，举世而非之而不加沮，定乎内外之分，辩乎荣辱之境，斯已矣。彼其于世未数数然也。虽然，犹有未树也。"宋荣子在《庄子》书中只出现过一次，据马其昶所引"梁玉绳云：'宋荣子即宋钘，荀子（《正论》）言宋子见侮不辱，韩子（《显学》）言宋荣子义设不斗，与《天下》篇言钘诸语正同。'"近代学人如刘师培、王叔岷都支持这种说法。甚至认为《孟子·告子》中的宋牼也和宋荣子是同一人，这是因为"荣""钘""牼"声可相通，而思想主旨也相似。不过就《庄子·天下》中的宋钘来看，他们的思想有两方面，即："以禁攻寝兵为外，情欲寡浅为内。"而此处所描写的宋荣子的思想主要是指"情欲寡浅"方面的，似乎是一位用意志力克欲的修养之士。

"犹然笑之"是承接了前文的"自视也亦若此矣"而来。"犹然"是"仍然"的意思，因为前者的自以为大，"仍然"不免见笑于宋荣子。至于宋荣子又凭什么笑别人呢？乃是由于他自认有一套不受外物影响的功夫。"加劝""加沮"的"加"是多加的意思，也是指全天下人的赞美和批评，不能使他受到鼓励和感到沮丧。他之所以能如此，是由于他确切地划定了内外的界线，使外在的毁誉不能进入心中；更由于他清楚地了解荣辱的实际境地。知道

庄子新说

荣辱都是自己内心对外物的反映。如果心中无求，外物不入，便不会有荣辱的感觉了。庄子在描写了宋荣子的思想后，接着说"斯已矣"，即是说"如此而已"。庄子为什么有这个评语？因为宋荣子的这套功夫是属于"不动心"的修养，但"不动心"有各种不同层次的境界。在《孟子》书中曾有告子和孟子"不动心"的辩论。此处宋荣子的"不动心"在庄子的眼中，层次尚低，只做到使外面的毁誉不入于心而已。"未数数然"有两解：一作"汲汲"，如陆德明《释文》："数数，司马云：'犹汲汲也。'崔云：'迫促意也。'"这是因数和速音相近而把数数当作汲汲追求的意思。另一作"计数"，如陆德明《释文》又说："简文所喻反，谓计数。"王先谦、林云铭、陈寿昌都作此解。前者是指他对世俗之荣誉不汲汲追求，只是再次强调前文而已。后者是指在世俗中，不可多见。"数数"是有数可数。"未数数"是无数可数，即不多见。"犹有未树也"这句话才是这段话的重点，是指还没有做到真正有所建树。因为宋荣子只做到内外隔绝，使外界的毁誉不入于心。但尚没有在心上做功夫，达到自然而化的境界。

"夫列子御风而行，泠然善也，旬有五日而后反。彼于致福者，未数数然也。此虽免乎行，犹有所待者也。"列子即列御寇，在《庄子》书中除了此处外，《应帝王》《至乐》《达生》《田子方》《让王》和《列御寇》等篇中都提到他，但从这几段征引中，可以看出列子是修道之士。他不像一般人只求"知效一官，行比一乡，德合一君，而征一国"，也不像宋荣子之流，只重视心，以避外在的荣辱毁誉的干扰。他所从学和交游的都是郑巫季咸、壶子、伯昏瞀人等方术之士。而他的境界还不及壶子和伯昏瞀人。也就是说列子所追求的是神仙方术，这和后来《列子》一书多谈神仙修炼的思想有关，虽然该书的作者是列子，近人考证为后人伪托之作，但列子必然是这种思想的先导，才有被伪托的可能。

本段的描写就是从方术上来说的。"御风"是驾风，显然是神仙法术，不是前面两类人士所能达到的。"泠然"指的是轻妙，郭象《注》："泠然，轻妙之貌。""善"是灵的意思，《广雅·释诂》一："灵，善也。"这是指列子的驾风而行，轻妙而虚灵。但这个"善"也有自以为善的意思，表现出驾风而行的那种轻灵自得的感觉。"旬有五日而后反"，一旬为十日，即十五日便返回。这是指列子的驾风而行受到时间的局限，不能从心所欲，爱驾多久就多久。"彼于致福者"，"彼"是指列子。"福"是幸福，但不是指外在的名利荣宠，而是指精神上的福乐。例如在《人间世》中描写心斋坐忘时，庄子说："虚室生白，吉祥止止。""虚室"是心的虚，"生白"是产生纯净的境界，而"吉祥"就是指精神的福乐，"止止"是纷纷地来集于此。从这段话里可见"福"是通过身心的修炼功夫而得的精神上的妙乐。在此处，庄子是指列子的御风，对一般锻炼身心，希图得到神通妙用的修道之士来说，也是极少见的。但是"此虽免乎行"，"此"是指驾风的功夫，这种功夫虽然能不用足而行，但驾风还要等待风起，所以说是依靠外在的风，是有所待的。在《庄子》书中常描写到许多方术之士，列子当然是其中的佼佼者，但这些方术都只是某一类的神通而已，不足以言大道。

"若夫乘天地之正，而御六气之辩，以游无穷者，彼且恶乎待哉！故曰，至人无己，神人无功，圣人无名。"这是最高境界的一种人，也即是庄子理想的修养功夫。"乘天地之正"的"正"，前人的注解，可归纳为两种，一是指万物的自然，如郭象《注》："天地者，万物之总名也。天地以万物为体，而万物必以自然为正。故大鹏之能高，斥鴳之能下，大椿之能长，朝菌之能短，凡此皆自然之所能，非为之所能也。不为而自能，所以为正也。故乘天地之正者，即顺万物之性也。"另一是指天地赋予万物的正性正命，如憨山《注》："正，天地之本也，如各正性命之正。"前者意义明显，但容易错解大鹏高飞，小鸟低跃，这种形体上的自足为正；后者虽有深意，但对于这个"正"始终没有解释。如果检视《庄子》一书中对于天地性能的描写，这个"常"字可做"正"字的最佳诠释。"天地之正"就是"天地之常"。如《在宥》："吾与天地为常。"《天道》："则天地固有常矣。"这个"常"字，一方面是自然之常，当然也包括了大鹏高飞，小鸟低跃。另一方面是生化不已的常道。大鹏和小鸟是形体的不同，但它们同禀有生命的本质，在宇宙中同具生化的使命。所以"乘天地之正"，就是不论赋形有长短大小之不同，但都能发挥生命之正受，以完成天地之常道。

"御六气之辩"的"御"和"御风"的"御"一样是驾御的意思，但和"乘"字略有不同。"乘"有"顺"的意味，而"御"却是有意的驾御。"六气"，陆德明《释文》："司马云：'阴、阳、风、雨、晦、明也。'辩，变也。"一般注家都依此为解，因为意义明显，是指自然气象的变化。但这六气只是阴阳二气的变化，而阴阳二气实际上也只是一气的升降伸缩而已。因此能把握一气，就能驾御六气。此处的"辩"字，一般都解作"变"，是指六气的变化，"辩"与"变"同音可以通假。但在本段中"辩乎荣辱之境"，已用过这个"辩"字，作辨别解。而此处的"六气之辩"也可作六气的分别解。列子的"御风"，只能驾风，碰到了雨便不行了。可是具有最高境界的有道之士，则能分别驾御不同的气化，即无论是阴是阳，是风是雨，是晦是明，都能各顺其自然。

"以游无穷者"，这句话托出了本文从开端一直贯通下来的这个"大"字。第一种人只求一官、一乡、一国之功效是小；第二种人只讲躲避外在的荣宠毁誉是小；第三种人只玩弄一点神通技能是小；只有最后一种人与天地相合，与万化同行，才是真正的"大"。他们的"大"是无穷的"大"，无待的"大"。

最后的三句话："至人无己，神人无功，圣人无名"是本段的结语，也是《逍遥游》的思想精粹。这三句话表面上是承接了前文的"彼且恶乎待哉"而来，是说明至人的不待己、神人的不待功和圣人的不待名。这也就是所谓"绝待"，或绝对自由的境界。但是问题并没有那么简单，前面描写大鹏的高举，要待海运、要待六月息、要待羊角扶摇之风。接着又说："水之积也不厚，则其负大舟也无力"，这些岂不都是"待"吗？于是有些学者认为大鹏不是庄子的自喻，飞向天池不是庄子的理想境界，因为大鹏犹有所待，大鹏在天池也只能休息六个月，不能永恒地逍遥。这种看法，我们在前面曾批评过那是出于描写物性的寓言，和表达人性上扬之间的不同而产生的误解。如果真正执着片面的无待的意义，那么小鸟的想飞就飞，即使飞不到树顶，掉到地上也无所谓，岂不是真正比大鹏还自由吗？试想，这样的曲解，又岂是《庄子》寓言的本意。所以要真正了解庄子逍遥的真义，必须对"待"与

"无待"之间的关系有深入的了解。"待"的意思是内在空虚，依靠外在的助力，或内心有欲，希求外在的物质，总之这两者都是内在的不足，而被外物所拘累。至于"无待"，在表面上是摆脱了这种拘累，好像是一无挂碍的意思。但"无待"不只是"待"的反面，而是"待"的超越。譬如只求"知效一官"是待，但"无待"并不是只做到没有一官之效，而成无用之人。庄子的真意是要我们精神上扬，不执着于"一官之效"。用这个道理来看"至人无己，神人无功，圣人无名"，至人虽然无己，但无己的，并不就是至人；同样，神人虽然无功，但无功的，并不就是神人；圣人虽然无名，但无名的，并不就是圣人。庄子这三句话只是结论，只托出了境界。要达到这个境界，还必须有修养功夫。这个功夫仍然是有所待的，只是不待于外物，而待于自力。因此就功夫来说，必须先修养自性，充实了自己之后，再不执着于自我，才能成至人；必须先成就功德，有了功德之后，再不依恃这种功德，才能成神人；必须先仁爱万物，有了仁爱之实，而不贪恋仁爱之名，才能成圣人。所以"有己"之后，才能"无己"；"有功"之后，才能"无功"；"有名"之后，才能"无名"。《老子》说："有之以为利，无之以为用"（第十一章）。所有的"功夫"都是有待的，如果第一步跨出去，就讲无待，便将落入虚无颓废的深渊，不能自拔，在功夫到了某一阶段时，必须化之以"无待"，这样功夫才不至于执于一偏，而能提升到更高的层次，到了最后，功夫成熟，才进入最高的绝待境界，这时，才是真正的"无己""无功""无名"，自在逍遥，了无挂碍。这种功夫的向上升华有如下图：

逍遥游第一

```
                        ┌── 待
                   待 ◄──┤
              ┌── 待    └── 无待
         待 ◄──┤
绝待 ◄── 无待  └── 无待
```

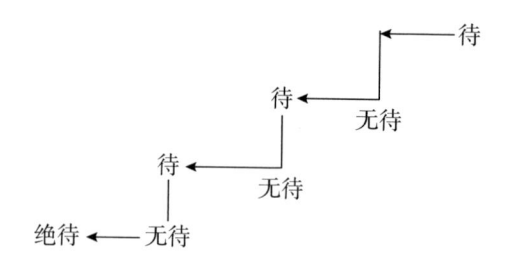

三、从"尧让天下于许由"到"不越樽俎而代之矣"

这段话是借故事来说明圣人无名，所以这个故事的主角是尧，他使万邦安宁，是名副其实的圣王。他的让位于许由，不见正史，而为庄子所编，主要目的就是尧不自以为圣，而让国给许由，而许由只是一位隐居的贤士，谈不上圣名，他只是不贪名位而已。至于我们一般人，连许由的贤名都没有，就更不能为名所惑。说穿了，我们连"无名"的资格都没有呢！所以这段故事的真正用意只是劝我们做任何事情要务实，不要求名。

"尧让天下于许由"，这段话描写尧把王位让贤给许由。"爝火"是火炬。"泽"做动词，指润泽。"尸"如尸位素餐，指不合适的代替。"缺然"指自感浅陋。《庄子·天地》："尧之师曰许由。"许由字仲武，颍川人，他和尧的关系是否真正如此，我们不得而知。但在他拒绝了尧的让位之后，便逃隐于箕山。史书上，常把许由、务光等人排在一起，而务光在《大宗师》中却受到了庄子的批评。所以我们分析这段话，如果是引申前面"圣人无名"的思想，那么这个"圣人"的主角是尧，而不是许由。许由只是个陪衬，尧才是真正的有圣人之治，而不执着于圣人之名。

庄子新说

"许由曰"这段话，是许由托词自己对政治没有兴趣而谢绝尧的禅让。"鹪鹩"，即桃雀，也指小鸟。"偃鼠"，即鼹鼠，或鼷鼠，也指小鼠。"尸祝"，是指祭神时的主祭人。值得注意的是有关"名""实"的问题。因为尧的名实，和许由的名实似有不同。就尧来说，名是国君，实就是使天下平治。尧做到了圣人之实，而不在乎名，所以是圣人无名。但许由是贤士或隐士，他所谓的名是虚名，实是他的性命之真。他是为了保全性命之真，而不愿因名受累。最多也只是至人无己的思想。

四、从"肩吾问于连"到"孰肯以物为事"

这段故事表达的是神人无功。神人不是我们现实生活中可以看到的，所以庄子用文学的手法去创造出一位藐姑射山的神人，这位神人不是天生神明，也不是依靠丹药，而只在"神凝"两字。神凝是精神内聚，不向外逐物。我们普通人所说神人或神仙之流都指他们能施福于人类，可是此处的神人却不着意于造功，正如《老子》第五章所说的"天地不仁，以万物为刍狗；圣人不仁，以百姓为刍狗"。即不干扰万物，任万物自然发展。这个"神人无功"，对我们的启示，就是做任何事情，只求专注，尽本分而为，不受功过的影响。

肩吾、连叔和接舆都是隐士之流，他们的身世不详，在《论语·微子》中也曾提到"楚狂接舆"。"大而无当"是指他的言论夸大而不合时宜。"往而不返"是指超越而不实际。"河汉而无极"是指像天河一样遥远无极境。"径庭"，司马彪："激过之辞。"宣颖："'径'，门外路也。'庭'，堂前地也。势相远隔。今言'大相

逍遥游第一

径庭',则相远之甚也。"这些都是在描述接舆的话的荒诞不经。

"藐"是遥远。"姑射之山"是虚拟的山名。"绰约"形容体态轻盈柔美。"处子"即处女。"疵疠"指病患灾祸。"狂"是狂诞。这段话讲神人的超逸,不食人间烟火,而能腾云驾雾。当然这都是文学的描写,但神人是指完全精神化的境界,也就是指至性,或真性,当然是超乎物质之上,而不受外境阻碍的。庄子的这些话好像是神话,就同大鹏和小鸟的寓言一样,但绝非真的荒诞不经,而是有切实的功夫的。在这一段话中,这个功夫就是"神凝"两字。"神凝"是指精神内聚,纯净无欲。在表面上,好像是一般的打坐的禅定境界。其实不止于此,庄子接着说:"使物不疵疠而年谷熟",这句话看起来还是荒诞不经,好像神话。因为"神凝"是个人的精神修养,这与外面的万物不受灾害,谷米收成丰富又有什么关系呢?难道是神人手指一挥,使得风调雨顺,天下太平吗?当然不是。庄子的话虽然有时不免夸大,可是我们看看较为严肃的儒家,在《中庸》上也说:"喜怒哀乐之未发谓之中,发而皆中节谓之和,致中和,天地位焉,万物育焉。""致中和"是心性的修养,相当于"神凝",而"天地位焉,万物育焉"不正是"使物不疵疠而年谷熟"吗?这两者异曲同工地在强调精神的内注,达到纯净的境界,自能和天地相合,与万物共化。"使物不疵疠"是不伤害万物,"年谷熟"就是助成万物的生化。

"瞽者"是瞎子,"文章"指文采。"时女",《尔雅·释诂》:"时,是也。""女"即汝字,指肩吾。这是借喻无法使瞎子和聋子欣赏文采与音声,来批评肩吾实际是心智上的瞎和聋,无法了解最高的精神境界。这也正是前文所谓的小知不及大知的意思。

"之人也"是指前文所谓的神人。"之德也"是指神人之德。"将旁礴万物以为一世蕲乎乱"一语有两种不同的断句:"将旁礴万物,以为一世蕲乎乱"(王先谦、陈寿昌等)。"旁礴",李桢解作"广被","蕲"是祈求的意思。"乱",《尔雅·释诂》:"乱,治也。"历来注家除郭象《注》外,多作此解。因此这句话的意义是指神人之德广被于万物,而为一世求治平。

"将旁礴万物以为一,世蕲乎乱。"这种断句把"旁礴"解作"混同"(司马彪),指神人之德与万物混而为一。这和《庄子·齐物论》"万物与我为一"的主旨是相合的。至于"世蕲乎乱",历来注家都解作世人祈求治平。可是近人陈启天、陈鼓应等认为与后一句"孰弊弊焉以天下为事"似有不协,所以仍照"乱"字解,作世人钩心斗角和争乱不已解。

以上两种断句,纵然对字义解释略有不同,但真正的意思并无太大出入,因为他们都是为了说明下一句:"孰弊弊焉以天下为事。""弊弊"是指心劳形役。这句话是指疲于为治天下的政务而奔命的意思。其实不愿以天下事烦心,只是神人"无功"、圣人"无名"的消极意义。真正的重点乃在"旁礴"两字。"旁礴"和前面"神凝"相呼应,是指神人的精神内凝之后,而产生的一种通贯万物生化的力量。《易经·乾文言》中曾说:"大哉乾乎,刚健中正,纯粹精也,六爻发挥,旁通情也。时乘六龙以御天也,云行雨施,天下平也。"这段话里的"纯粹精也",相当于"神凝","旁通情也"相当于"旁礴万物","时乘六龙以御天",不正像神人的"乘云气,御飞龙"?而"云行雨施,天下平也"不正是"使物不疵疠而年谷熟"以及"以为一世蕲乎乱"吗？在这里，我们用《易经·乾文言》的话来比较，并非曲意附会，而是借此说明庄子笔下的神人，固然是寓言，但并不只是一种神话，并不只是证明神人的"无"功，相反的却是功参造化，而无法以世俗的功业来描述它。说得明白一点儿，就是神人的德行与生化同体。

"大浸稽天"，比喻大水上达于天。"大旱金石流"，比喻大火使金石融化。它们都不能使神人受到一点伤害，因为神人与生化同体，大水大火都只是生化发展中的一个波浪而已。以这种境界去看尧舜的功业，岂不正是生化中的一点儿尘垢秕糠而已。所以说神人功参造化，又岂肯为世俗的物事而烦心。

五、从"宋人资章甫"到"窅然丧其天下焉"

这段故事是表明"至人无己"的意思。宋人卖礼冠到南蛮之地，这是以己意猜度别人，正像笔者友人做了很多漂亮的扇子到印度去销售一样，印度天气酷热，一把轻巧的扇子又如何能满足他们的需要，这是以己度人的毛病。这种毛病是古今同然的通病，所谓以己度人。本来我们的推理以自己的经验知识为出发点也是无可厚非的，但问题出在这个"己"是以"心"为主使，而这个"心"有正面的功能，也有负面的作用，如慧能要明心，他在《坛经》中，也明指两种心：一是自性的真心；一是我们常有的嫉妒心、我慢心等。譬如以己推人来说，有"己所不欲，勿施于人"的恕道，有"己所欲，施于人"的西方道德，也有不少的人是"己所不欲，必施于人"的幸灾乐祸心理。由于这个"己"之心的难以把握，所以庄子干脆先说"无己"，是非两忘，先把道德和不道德放在一边。

"资"，《广雅·释诂》："资，货也"，此处指卖货。"章甫"是殷朝的一种礼冠。"越"即今绍兴一带。在古代被视为南蛮之地，所以说当地的人民断发文身，不懂衣冠之礼。"四子"旧注为：王倪、啮缺、被衣、许由。事实上，庄子没有明言，只是泛指四位高士。"汾水之阳"指汾水的北面，即今山西临汾县。"窅然"，即冥然、茫然的意思。这段话的重点在"丧其天下"一语，为什么尧在往见了四子之后却"窅然丧其天下"？庄子没有说明，但我们可以从前面的故事中得到暗示。越人的断发文身，在庄子的笔下，却代表了生活素朴，不需礼教的约束，由此可证尧往见四子的故事。四子在姑射之山，正是前面神人之所居。尧挟着"平海内之政"的功业去见四子，显然是碰了壁，至此而发现治天下的功业，比起神化的境界来，实在微不足道，所以他"窅然丧其天下"。这段话前人都认为是证明"至人无己"。但细观内容，实际上和前面两段相似，而且尧是圣王，四子是神人之流，所以仍然讲的是"神人无功"或"圣人无名"。真正讨论"至人无己"的乃是后面的一大段故事。

六、从"惠子谓庄子曰"到"犹有蓬之心也夫"

这段故事有两个重点，都是由魏王送惠子一个大葫芦种子，惠子不知如何用而引起。第一点，庄子批评他拙于用大，举把不龟手之药用于洗衣是用小，用在军队水战是用大。虽然用大比小高明，但用大仍然免不了有小大的对待，仍然离不了是一种

"用"。所以庄子更进一步，说第二点的"无用"。劝他把葫芦结扎好，放之于江湖，任它漂流，也就是说我是我，葫芦是葫芦，两不相扰；也就是说，根本没有"用"的观念，不要把外物或别人当作自己使用的工具。这是"无用"，这个基于"无用"的"大用"就是"不用"。这是"大用"和前一点的"用大"的不同，这是庄子思想的精髓所在。

"惠子"即惠施，宋人，曾做过梁惠王的宰相，他是庄子的好友，但他属于名家，他的理论在《庄子·天下》中有记载。"魏王"即魏惠王，后迁都大梁，所以又称梁惠王。"瓠"即葫芦。"其坚不能自举"有两解：一为成玄英《疏》："虚脆不坚，故不能自胜举也"，即指葫芦皮的坚度不能负载五石的水浆。另一为林云铭《注》："坚，重也，非一人之力所能持。"两解以后者较合理，因为这段文字是写惠施的不能用大，所以葫芦的"大"，也包括了"坚"等好的特质，如果葫芦不够坚，又如何能含有五石之实呢？"瓠落无所容"，简文："瓠落，犹廓落也"，这指的是大。由于瓠太大，所以水缸容不下。至于成玄英《疏》："瓠落，平浅也。""平浅不容多物"，似不甚合理。因为有五石那么大的葫芦，剖成两半成瓢，又怎么可能平浅不能盛物？

"庄子曰：'夫子固拙于天下'"这段话是批评惠施的"拙于用大"。"龟手"指冬天手上的皮肤冻裂似龟纹。"洴澼絖"，絖是絮，洴澼是漂絮的声音，此处指以漂絮为业。"越有难"有两解，一为成玄英："越国兵难侵吴"，指越国犯难侵吴；一是张默生："此言吴乘越有难。""虑以为大樽"，司马彪："樽如酒器，缚之于身浮于江湖，可以自渡，虑，犹结缀也，案所谓腰舟。"又"虑"

也作"思虑"解。"蓬之心",蓬是蓬草,短曲而不畅直。比喻惠子的见解有如蓬草,不能通达事理的意思。这段话借"不龟手之药"的故事来说明小大之用的不同,就故事本身来说,以不龟手的药来帮助漂絮,这是小用;以不龟手的药献给君主,而因此被封侯,这是大用。但这只是比喻,因为裂地封侯,也只是"一官之效",也是用之小者。用这个道理去看本段话的重点:"何不虑以为大樽而浮乎江湖。"由于成玄英把"虑以为大樽"解作系在身上的腰舟,后来的注家都沿用此解,把大瓠的大用当作渡河的腰舟,当然这比起惠施的"不能自举""无所容"的不知所措来,好像是懂得了如何去用,可是离庄子思想中的"大用",仍然差得很远。因为身系腰舟,又怎比得上庄子无待的逍遥之游。我们如果仔细研读"何不虑以为大樽而浮乎江湖"一句话,"大樽"并不一定要解作腰舟,也可解作把葫芦掏空了,放在水上浮游,因为葫芦可以盛酒,所以用"樽"来比喻。葫芦必须内部真空,才能浮于水面,这和前面的"盛水浆","不能自举",正好是一对比。前者(葫芦掏空)无心,后者(盛水浆)有物。至于置大葫芦于江湖,任其浮游,这是自性逍遥,这和前面的"瓠落无所容",有意要吸水,却找不到容器安放也是一对比,前者(葫芦掏空)无意,后者(盛水浆)有用。我们细体庄子立言的真意,批评惠施的拙于用大,是因为惠施持有用之心而见小;相反地,庄子的真正大用,是他主张舍有用之见而心大。这一点正是他为说明"至人无己"的意义。"无己"就是不要执着自己的有用,而把生命浪费在这种自以为是的小用上,所以必须"无己""无用",才能保全生命的至真。

七、从"惠子谓庄子"到"安所困苦哉"

这段惠子举大树的大而无用,而引出最后结尾的"无所可用"。本文题名"逍遥游",全文到最后一段才点出"逍遥"两字,而说"逍遥乎寝卧其下"。今天我们提到"逍遥"两字,常会解作自由自在的意思。"自由"两字为现代生活上最通俗的用词,本为西方的观念,他们所言自由都指政治上的争取所得,如言论、迁徙、财产,等等,这些都是外在的。"自在"一词为佛学所用,如《心经》上一开始便强调"观自在菩提"代替"观世音菩萨","自在"的意思就是观照自己,而能不执外缘,自证自己的存在。这"自由自在"一词,一在外一在内。而庄子的"逍遥"一词却不同,就《庄子》本文的以文论文来说,第一段讲"大而化之",是讲"逍遥"的特质;接着讲"无待",不待于名、功、己,归结于"无己",不要强调自己有用。外无待,内无用,这是庄子逍遥的简易处,是人人可行的,这才是庄子的真精神。

"樗"是指一种质松叶臭的劣木。"拥肿"指树干盘结如肿瘤。"不中绳墨",即不合木匠的规矩,无法制作器物。这段话是说因大树的无用,而被人所遗弃。但"大而无用"一语是重点,这段话紧接着前一段话,可见前面"何不虑以为大樽而浮乎江湖"讲的是"无用"。只是惠施执于名相,把无用当作真的无用,而不知庄子的无用却有大用。

"狸狌"指野猫和黄鼠狼。"敖者"指邀游之物,即鸡鼠等小动物。"跳梁"是跳跃的意思,"不辟高下"即不避高下。"机辟"是捕兽的机关。王先谦:"辟,所以陷物。""斄牛"即牦牛,《说文解字》："牦，西南夷长髦牛也。"这段话中，先举狸狌的小用，不免于死；再写牦牛的大而无用，反而保全生命。然后再归结到本段的主旨。"无何有之乡"一语，较为抽象。不像下一句"广莫之野"，可解作广大遥远的旷野。"无何有"的"有"承接前面"患其无用"一语，因此可解作"有用"，所以"无何有"即无所可用的意思。也就是种植在一个不讲实用，不被利用，完全没有功利色彩的地方。由于这句话的哲学意义，因而使得下一句"广莫之野"也含有超乎物欲，不为物累所及的旷野。这两句话写的是大树，大树的无用，是置于无用之地，在无用之地，也就无所谓无用了。接着下面两句写如何用无用，即无用之用。"彷徨乎无为其侧"，即徘徊优游在它的旁边无所事事。"逍遥乎寝卧其下"，即逍遥适意地在它下面寝卧休息。最后几句"不夭斤斧，物无害者，无所可用，安所困苦哉！"是树和人一齐描写，事实上是以树的"不夭斤斧"来写人的"安所困苦哉"！这段话仍然是以"无用"写"至人无己"。《老子》曾说："吾所以有大患者，为吾有身，及吾无身，吾有何患？"正可和这段话互相阐发。

　　本篇至此结束，在第一段中，以大鹏的高飞，托出逍遥的功夫，而到本段末尾，点出"逍遥"两字，可说通篇是描写逍遥的境界。但其中"至人无己，神人无功，圣人无名"三句话却是全文的眼目。所以后半篇的故事都是铺陈这三句话的，也都是描写一个逍遥的境界。

　　逍遥既然是一种境界，为什么庄子要分开来写"至人""神人""圣人"呢？当然这三种人各有其不同的方面，"至人"写纯真之性，"神人"写出世之功，"圣人"写入世之业。但问题还不在此,"圣人",不是人人都有此身份的,文中以尧的平天下来作譬,这又岂是一般人所可及的?"神人",也不是人人都能达到的境界,文中描写神人的功参造化,又岂是一般人所能企及?可是"至人",却是以人的至性来写的,是人人都具有的。所以这三种人的修养中,以"至人无己"为最简捷,也最根本。只在我们不要念念有己,不要时时想到有用,便能不累于外,不拘于内,而能逍遥自在适性而游。

最后,有两点必须补充强调:

第一点,要对"无用"两字作特别的说明,因为它不只是"逍遥"的功夫,也是《庄子》整个中心的思想。"无用"有二义:一是虽有用,却表现无用,这样才会"不夭斤斧",不受外面的影响;二是不自以为自己有用,这一点,我们在前面讲过。但在这里,我们更要进一步说,很多人在自以为"有用"之后,就拿自己的"有用"去利用别人,影响别人,他们自己怀刀斧意,随时要砍伐万物。如禅宗里有位陈道婆的诗:"高坡平顶上,尽是采樵翁。人人尽怀刀斧意,不见山花映水红。"所以"无用"的深一层意义就是不要"怀刀斧意",这样才能做到自己内心的逍遥。

庄子在《山木篇》中也讲过一段自己的故事,说他有一次带了弹弓到别人的园林中,先看见一只黄鹊,他本想用弹弓射它,突然发现黄鹊专注地盯着前方的螳螂,而这只螳螂不知道后面的黄鹊,因为它正要搏杀前方的蝉,而这只蝉在树阴下自得其乐,而浑然不觉大难将至。庄子看了这情景,深感万物都是"见得而忘其形""见利而忘其真",于是他收起弹弓回家。哪料该园林的管理员以为庄子来偷采果子,跟在庄子后面斥骂。庄子回去后,关在房内三日不出,深感这个世界上大家都是以利相逐,自以为利用别人,却不知自己已被人利用。这便是"有用"之害,所以"无用"的真正积极意义是不要利用自己的"有用"。这个"有用"不说是会引祸患上身,至少是把自己的心投入被利用的罗网中,完全不能逍遥了。

第二点,对"逍遥"两字作一个概括性的定义,逍遥必须有以下的特质:

1. 有广阔的心量——不自限。

2. 有无待的心情——不自累。

3. 有无用的心态——不自是。

4. 有无己的心胸——不自恃。

5. 有冲虚的心境——不自满。

齐物论第二

扫一扫，
进入课程

原文

南郭子綦隐机而坐，仰天而嘘，嗒焉似丧其耦。颜成子游立侍乎前，曰："何居乎？形固可使如槁木，而心固可使如死灰乎？今之隐几者，非昔之隐几者也。"子綦曰："偃，不亦善乎，而问之也！今者吾丧我，汝知之乎？女闻人籁而未闻地籁，女闻地籁而未闻天籁夫！"

子游曰："敢问其方。"子綦曰："夫大块噫气，其名为风。是惟无作，作则万窍怒呺。而独不闻之翏翏乎？山林之畏隹，大木百围之窍穴：似鼻，似口，似耳，似枅，似圈，似臼，似洼者，似污者；激者，謞者，叱者，吸者，叫者，譹者，宎者，咬者。前者唱于，而随者唱喁。泠风则小和，飘风则大和，厉风济则众窍为虚。而独不见之调调，之刁刁乎？"

子游曰："地籁则众窍是已，人籁则比竹是已。敢问天籁？"子綦曰："夫吹万不同，而使其自己也，咸其自取，怒者其谁邪？"

大知闲闲，小知间间；大言炎炎，小言詹詹。其寐也魂交，其觉也形开，与接为构，日以心斗。缦者，窖者，密者。小恐惴惴，大恐缦缦。其发若机栝，其司是非之谓也；其留如诅盟，其守胜之谓也；其杀若秋冬，以言其日消也；其溺之所为之，不可使复之也；其厌也如缄，以言其老洫也；近死之心，莫使复阳也。喜、怒、哀、乐、虑、叹、变、慹、姚、佚、启、态，乐出虚，蒸成菌。日夜相代乎前，而莫知其所萌。已乎，已乎！旦暮得此，其所由以生乎！

非彼无我，非我无所取。是亦近矣，而不知其所为使。若有真宰，而特不得其朕。可行已信，而不见其形，有情而无形。百骸，九窍，六藏，赅而存焉，吾谁与为亲？汝皆悦之乎？其有私焉？如是皆有为臣妾乎？其臣妾不足以相治乎？其递相为君臣乎？其有真君存焉？如求得其情与不得，无益损乎其真。

一受其成形，不亡以待尽。与物相刃相靡，其行尽如驰，而莫之能止，不亦悲乎！终身役役而不见其成功，苶然疲役而不知其所归，可不哀邪！人谓之不死，奚益！其形化，其心与之然，可不谓大哀乎？人之生也，固若是芒乎？其我独芒而人亦有不芒者乎？夫随其成心而师之，谁独且无师乎？奚必知代而心自取者有之？愚者与有焉。未成乎心而有是非，是今日适越而昔至也，是以无有为有。无有为有，虽有神禹，且不能知，吾独且奈何哉！

夫言非吹也，言者有言，其所言者特未定也。果有言邪？其未尝有言邪？其以为异于鷇音，亦有辩乎，其无辩乎？道恶乎隐而有真伪？言恶乎隐而有是非？道恶乎往而不存？言恶乎存而不可？道隐于小成，言隐于荣华。故有儒墨之是非，以是其所非而非其所是。欲是其所非而非其所是，则莫若以明。

物无非彼，物无非是。自彼则不见，自知则知之。故曰：彼出于是，是亦因彼。彼是方生之说也。虽然，方生方死，方死方生；

庄子新说

方可方不可，方不可方可；因是因非，因非因是。是以圣人不由，而照之于天，亦因是也。

是亦彼也，彼亦是也。彼亦一是非，此亦一是非。果且有彼是乎哉？果且无彼是乎哉？彼是莫得其偶，谓之道枢。枢始得其环中，以应无穷。是亦一无穷，非亦一无穷也。故曰莫若以明。

以指喻指之非指，不若以非指喻指之非指也；以马喻马之非马，不若以非马喻马之非马也。天地一指也，万物一马也。可乎可，不可乎不可。道行之而成，物谓之而然。恶乎然？然于然，恶乎不然？不然于不然。物固有所然，物固有所可。无物不然，无物不可。故为是举莛与楹，厉与西施，恢恑憰怪，道通为一。其分也，成也；其成也，毁也。凡物无成与毁，复通为一。唯达者知通为一，为是不用而寓诸庸。庸也者，用也；用也者，通也；通也者，得也；适得而几矣。因是已。已而不知其然，谓之道。

劳神明为一而不知其同也，谓之朝三。何谓朝三？狙公赋芧，曰："朝三而莫四。"众狙皆怒。曰："然则朝四而莫三。"众狙皆悦。名实未亏而喜怒为用，亦因是也。是以圣人和之以是非而休乎天钧，是之谓两行。

古之人，其知有所至矣。恶乎至？有以为未始有物者，至矣，尽矣，不可以加矣。其次，以为有物矣，而未始有封也。其次，以为有封焉，而未始有是非也。是非之彰也，道之所以亏也。道之所以亏，爱之所以成。果且有成与亏乎哉？果且无成与亏乎哉？有成与亏，故昭氏之鼓琴也；无成与亏，故昭氏之不鼓琴也。昭文之鼓琴也，师旷之枝策也，惠子之据梧也，三子之知几乎，皆其盛者也，故载之末年。唯其好之也，以异于彼，其好之也，欲以明之彼。非所明而明之，故以坚白之昧终。而其子又以文之纶终，终身无成。若是而可谓成乎？虽我亦成也。若是而不可谓成乎？物與我无成也。是故滑疑之耀，圣人之所图也。为是不用而寓诸庸，此之谓以明。

今且有言于此，不知其与是类乎？其与是不类乎？类与不类，相与为类，则与彼无以异矣。虽然，请尝言之。有始也者，有未始有始也者，有未始有夫未始有始也者。有有也者，有无也者，有未始有无也者，有未始有夫未始有无也者。俄而有无矣，而未知有无之果孰有孰无也。今我则已有谓矣，而未知吾所谓之其果有谓乎，其果无谓乎？天下莫大于秋毫之末，而大山为小；莫寿于殇子，而彭祖为夭。天地与我并生，而万物与我为一。既已为一矣，且得有言乎？既已谓之一矣，且得无言乎？一与言为二，二与一为三。自此以往，巧历不能得，而况其凡乎！故自无适有以至于三，而况自有适有乎！无适焉，因是已。

夫道未始有封，言未始有常，为是而有畛也。请言其畛：有左，有右，有伦，有义，有分，有辩，有竞，有争，此之谓八德。六合之外，圣人存而不论；六合之内，圣人论而不议。《春秋》经世，先王之志，圣人议而不辩。故分也者，有不分也；辩也者，有不辩也。曰：何也？圣人怀之，众人辩之以相示也。故曰：辩也者，有不见也。

夫大道不称，大辩不言，大仁不仁，大廉不嗛，大勇不忮。道昭而不道，言辩而不及，仁常而不成，廉清而不信，勇忮而不成。五者园而几向方矣。故知止其所不知，至矣。孰知不言之辩，不道之道？若有能知，此之谓天府。注焉而不满，酌焉而不竭，而不知其所由来，此之谓葆光。

故昔者尧问于舜曰："我欲伐宗、脍、胥敖，南面而不释然。其故何也？"舜曰："夫三子者，犹存乎蓬艾之间。若不释然，何哉？昔者十日并出，万物皆照，而况德之进乎日者乎！"

啮缺问乎王倪曰："子知物之所同是乎？"曰："吾恶乎知之？""子知子之所不知邪？"曰："吾恶乎知之？""然则物无知邪？"曰："吾恶乎知之？"虽然，尝试言之。庸讵知吾所谓知之非不知邪？庸讵知吾所谓不知之非知邪？且吾尝试问乎女：民湿寝则腰疾偏死，鳅然乎哉？木处则惴栗恂惧，猨猴然乎哉？三者孰知正处？民食刍豢，麋鹿食荐，蝍蛆甘带，鸱鸦耆鼠，四者孰知正味？猨猵狙以为雌，麋与鹿交，鳅与鱼游。毛嫱丽姬，人之所美也；鱼见之深入，鸟见之高飞，麋鹿见之决骤。四者孰知天下之正色哉？自我观之，仁义之端，是非之涂，樊然淆乱，吾恶能知其辩！"啮缺曰："子不知利害，则至人固不知利害乎？"王倪曰："至人神矣！大泽焚而不能热，河汉冱而不能寒，疾雷破山飘风振海而不能惊。若然者，乘云气，骑日月，而游乎四海之外，死生无变于己，而况利害之端乎！"

瞿鹊子问乎长梧子曰："吾闻诸夫子，圣人不从事于务，不就利，不违害，不喜求，不缘道；无谓有谓，有谓无谓，而游乎尘垢之外。夫子以为孟浪之言，而我以为妙道之行也。吾子以为奚若？"长梧子曰："是黄帝之所听荧也，而丘也何足以知之！且女亦大早计，见卵而求时夜，见弹而求鸮炙。予尝为女妄言之，女以妄听之。奚旁日月，挟宇宙，为其吻合？置其滑涽，以隶相尊。众人役役，圣人愚芚，参万岁而一成纯。万物尽然，而以是相蕴。予恶乎知

齐物论第二

说生之非惑邪！予恶乎知恶死之非弱丧而不知归者邪！丽之姬，艾封人之子也。晋国之始得之也，涕泣沾襟；及其至于王所，与王同筐床，食刍豢，而后悔其泣也。予恶乎知夫死者不悔其始之蕲生乎！梦饮酒者，旦而哭泣；梦哭泣者，旦而田猎。方其梦也，不知其梦也。梦之中又占其梦焉，觉而后知其梦也。且有大觉而后知此其大梦也，而愚者自以为觉，窃窃然知之。君乎，牧乎，固哉！丘也与女，皆梦也；予谓女梦，亦梦也。是其言也，其名为吊诡。万世之后，而一遇大圣，知其解者，是旦暮遇之也。"

"既使我与若辩矣，若胜我，我不若胜，若果是也，我果非也邪？我胜若，若不吾胜，我果是也，而果非也邪？其或是也，其或非也邪？其俱是也，其俱非也邪？我与若不能相知也，则人固受其黮暗。吾谁使正之？使同乎若者正之？既与若同矣，恶能正之！使同乎我者正之？既同乎我矣，恶能正之！使异乎我与若者正之？既异乎我与若矣，恶能正之！使同乎我与若者正之？既同乎我与若矣，恶能正之！然则我与若与人俱不从能相知也，而待彼也邪？化声之相待，若其不相待，和之以天倪，因之以曼衍，所以穷年也。何谓和之以天倪？曰：是不是，然不然。是若果是也，则是之异乎不是也亦无辩；然若果然也，则然之异乎不然也亦无辩。忘年忘义，振于无竟，故寓诸无竟。"

罔两问景曰："曩子行，今子止；曩子坐，今子起；何其无特操与？"景曰："吾有待而然者邪！吾所待又有待而然者邪？吾待蛇蚹蜩翼邪？恶识所以然？恶识所以不然？"

昔者庄周梦为胡蝶，栩栩然胡蝶也，自喻适志与，不知周也。俄然觉，则蘧蘧然周也。不知周之梦为胡蝶与？胡蝶之梦为周

庄子新说

与？周与胡蝶，则必有分矣。此之谓物化。

语译

南郭子綦，有一次靠着几案而坐，仰首向天，缓缓吐气，茫然地，好像丢掉了他的形体。这时，他的学生颜成子游正在身边服侍他，便问："究竟是什么道理啊？形体固然可以变成枯槁之木，难道心神也可以变得像死灰一样吗？今天你靠几而坐，和以前你靠几而坐是完全不一样啊！"子綦回答说："偃啊！你问得很好。今天，我失去了自我，你知道吗？你听过人造的各种音籁，而没有听过大地的音籁，也许你曾听过大地的音籁，可是你却没有听过天上的音籁。"

子游说："请告诉我这个道理。"子綦说："大自然吐出来的气息，叫作风。这个风不发作时好像没有，可是一发作，便使得自然界的各种洞穴产生怒号。你难道没有听过那长风的嘶鸣声吗？那山林的盘回曲折，百围树木的枝杈，形成各种的洞穴，有的像鼻孔，有的像嘴巴，有的像耳洞，有的像方形的柱，有的像圆形的杯，有的像杵米的春臼，有的像水洼，有的像泥沟。当风吹进去之后，而发出的声音，有的如水的激荡，有的如箭的呼啸，有的似叱骂，有的如吸气，有的像叫喊，有的似哭号，有的如低语，有的像犬吠。前面声音发出'于'，后面声音和着'喁'。轻风则所和之音也小，大风则所和之音也大。强风停了之后，各种洞穴又变得寂然无声。你难道没有看到风静后，树枝由激烈地摇动而变成慢慢地摆动吗？"

齐物论第二

子游说:"地籁是指各种洞穴所发的音响,人籁是指竹制乐器所奏的音响。可是什么又是天籁呢?"子綦回答说:"风吹万窍而有不同的声响,这些声响之所以如此都是由洞窍本身的形状而产生的,但究竟这个发动风产生音响的又是谁呢?"

(再从人心的窍穴来看,)大知思虑严密,小知思想散漫。大言气势凌盛,小言唠叨不休。睡着的时候,意识交错,醒来的时候,精神外驰。此心与万物相接相错,每天都处在钩心斗角的状态中。心思有时缓慢,有时深沉,有时绵密。遇小恐,心神不安,遇大恐,心神麻木。心思的发动,好像箭矢的快速,就像我们以自己的见解去论断别人的是非一样。心思不动时,正如坚守誓盟一样,为的是能稳操胜券。这种斗争的杀气,就像秋冬之日,阳气每天都在逐渐地削减。我们的心念也是如此地沉溺,而不知反省。我们的心贪餍物欲,关断了生机,变得枯槁衰竭。可说是将死之心,再也没有回阳的希望了。我们情绪的变化,有时欣喜,有时易怒,有时哀愁,有时快乐。我们的心念有时多虑,有时多悲,有时反复,有时惶恐。我们的态度,有时轻佻,有时纵逸,有时开放,有时忸怩。这些变化,就像声乐出于乐器的空处,菌类因水汽的蒸发而成,是无中生有的。这一切现象的迁流变化,如白天和夜晚的交替,我们却不知道它们是如何生成的。停止向外追逐吧!停止向外追逐吧!早晚如能证得这个,也就是万物之所以生的主体了。

(现象界的一切,)没有"彼"物的存在,也就没有"我"的存在。没有"我"的存在,也就无从去体觉"彼"物的存在了。这个关系似乎是近乎真实的道理了。但仅仅知道这种互存的关系,仍然不知道在"彼""我"之后使他们生存的主体。这背后似乎有个真体主宰着，可是却没有征象。就以"我"的存在来说吧！"我"能行动，可以证得"我"的存在，但使"我"行动的主体却是无形无相的。"我"有精神作用，可是精神作用的主体，也是无形无相的。"我"的躯体有百骸、九窍、六脏，这些都具体地存在着，都是我身体的一部分，我和它们中间的哪一个比较亲近呢？我是一视同仁地爱着它们呢？还是对它们有所偏私呢？就像君主对臣妾一样。但臣妾之间是否能互相支使呢？或者只有一个是君，一个是臣才能层层支使呢？这样推到最后，总有个最后的君，那不就是这个"我"的真君吗？无论我们是否能见到这个真君的实体，都不至于灭损真君存在的真实性。

当人们一受天的赋予而有了形体，纵然暂时身体不致消灭，却是等待死亡的来临。人们的肉体与外物相交，有如刀刃的相割相靡。走向死亡的终点就像飞马的奔驰，停也停不住，这不是很可悲的事吗？人们一辈子劳役，而见不到最后的成功，疲于奔命，而不知最终的归宿，这不是极悲哀的事吗？虽然人们认为目前还没有死，但这又有什么好处呢？人们的形体逐渐变化而至死亡，人们的心也随着形体而亡，这才是真正极大的悲哀呢？人的生命是否本来就这样令人迷茫，还是只有我自己这样迷茫，而另有并不迷茫的人呢？如果大家都以他们本有的真心为导师的话，又有谁会没有自己的导师呢？不仅是那些知道万物变化而心有所主的人存有现成的真心，即使愚人也存有现成的真心。如果我们不能觉悟这个现成的真心，而动辄就做是非之论，就像名家的诡辩，说什么"今天起程去越国，而昨天早已到达了"等论题，这是以"无"为"有"的做法。如果是以"无"为"有"，即使有大禹般

齐物论第二

的神明，也不能理解，我又如何能理解呢？

人们的语言并不像风吹一样，而是有意的。发言者所说的话，（随意而定）并没有一定不变的准则。如果是这样的话，那么他们所说的话，是否真有所说呢？或未曾有所说呢？他们自以为所言与小鸟啾啾之声不同，是真的不同吗？或并无不同？"道"是被什么遮盖而有真伪的产生？"言"是被什么掩蔽而有是非的争论？"道"去了哪里而不存？"言"究竟执着在什么地方，而有所不可呢？"道"是被小有成就所遮盖了，"言"是被外在的粉饰虚饰所掩蔽住。因此有儒家和墨家的是非争论，他们都是将别人认为"非"的，而认为"是"，将别人认为"是"的，而说成"非"。像这样的以"是"为"非"、以"非"为"是"，还不如舍是非，而归于万化的自"明"。

万物的知见，无不是以不同于自己的为"彼"，也无不是以自己的为"是"。大家都站在自己的立场去看别人，也就不能真正地了解别人。反过来，只有自己对于自己的认识才是真正明明白白的了解。所以说，把别人看作不同于我的"彼"，这是由于我们的自以为"是"。我们的自以为"是"，也就是由于我们都把别人看作不同于我的"彼"。万物互相以"彼"相待，也都以自己为"是"，这两种观念相互对立而衍生。虽然，观念的相生，是随起随灭，随灭随起的，观念的作用，是可也即是不可，不可也即是可的。观念的判断，由此因而非，也就由此因而是；由此因而是，也就由此因而非。可是圣人却不顺此而行，他们以天道之明来照物，而能任物的真是。

我们的自以为"是"，是由于我们的以别人为"彼"。我们的

庄子新说

以别人为"彼",也是由于我们的自以为"是"。这样一来,别人的"彼"有彼的是非,我的"此"也有此的是非。但果真是否有"彼"和"是"的差别,或根本没有"彼"和"是"的差别呢?"彼"和"是"的产生是对待而立的,这就像所谓道的枢纽。这个枢纽是在一个圆环的圆心之中,它可以左转右转,因应无穷。自以为的"是"是无穷的,批评别人的"非"也是无穷的,所以不必去追逐这种观念的无穷,不如还归天道的自明。

用名相去指物的"指"来比喻这个名相的"指"不是所指之物的自身,还不如干脆不用"指",去表明这个"指"不是物的自身。用马的名词去比喻名词的"马"不是真正马的自体,还不如干脆不用"马"的名词去表明马的名词不是马的自体。天地虽大,抽象来说也像名相的"指"一样,是一种称谓。万物虽多,归结来看,也像名词的"马"一样,是一种指称。这种名相或名词,约定俗成,说它可,也就可;说它不可,也就不可。我们追求的道,是它自己运行而成的;我们所运用的物,都是因为我们如何称呼它们而得名的。由于是称呼,为什么这样称呼?这样的称呼就是这样的称呼,为什么不是那样的称呼?不是那样的称呼就不是那样的称呼。其实万物都有它们的本然,都有它们的本可。没有一物是不然的,没有一物是不可的。基于这个道理,比如万物之中,小如草茎,大如木柱,丑如癞病,美如西施,以及很多大而无当,反于常态,变化莫测,怪诞不经等事物,这个自然的道都是一炉而熔之。就自然大化的现象来说,分的一面,就是成的一面,成的一面,也是毁的一面。事实上,万物无所谓成与毁,因为成毁都存乎一体。唯有真正悟达的人,才了解道打通万物而为一体的妙理。他们不以自己的"是"去用万物,而能本之于万物的自然之"庸"。这个"庸"就是天生万物,各有其用的"用"。万物各有其用,才能互相平等而"通"。能相"通",才各有所得,而成就自体。能自"得",也就差不多达到道的境地了。这也就是前面一再强调的顺万物之真是。已经顺万物的真是,而不知其所然,这就是所谓的"道"。

(相反地,)我们竭精劳神地把万物硬打成一片,而不知万物的本体是相通相同的,这就有点儿像那个"朝三"的故事了。什么是"朝三"呢?以前有一个耍猴子的人,他每天喂猴子果实,说:"早晨给你们三个,晚上给你们四个。"猴子们都大怒。接着他又改口说:"那么,早晨给你们四个,晚上给你们三个。"于是猴子们便大喜。由这故事,可见七个果实的总数并没有增减,可是猴子们却因此而有喜怒的不同。这个耍猴的人能在果实总数不变下,使猴子们转怒为喜,这也是一种顺物的自性,使它们各得其所啊!所以圣人的用世,就是要调和是非的争论,而回归于天道自然均平的境界中,这就叫作来去自由的双线道。

古代的人,他们的知识追求最高的境界。什么是最高境界呢?他们以为未曾有物的无的境界是最高的,是究竟的,没有比这更高的了。其次的境界是有物,但尚没有物与物之间不同的分别。再其次是已有物与物之间的分别,却尚没有是非的对立。当是非争论一显著,道便因此而亏损。道由此而亏损,爱欲就由此而形成。是真的有所谓"成"和"亏"呢?还是真的无所谓"成"和"亏"呢?所谓有"成"和"亏",就像古代有名的琴师昭文,当他一按琴弦,便有成亏。所谓无"成"和"亏",就如他不动琴弦，便无成亏之可言。古来这些名人，如昭文的善于弹琴，师旷的善于持杖击拍和惠施的据梧而辩谈。他们在各自领域的知识，都是登峰造极的，所以他们的名声才得以流传下来。可是他们所喜好的技艺，都与众不同。因此他们都强调自己的特色，以夸耀于人。他们夸耀不应该夸耀的，就像公孙龙等名家，一辈子只辩论"坚白石"是三个概念或一个概念等论题。而他们的后人，像昭文的儿子，徒拾父亲的余绪，终其一生，而无自己的成就。像他们这样的技艺，如果算得上成就的话，即使不才如我也自有我的才能，也可算是有成就了。如果像他们的技艺不能算是成就的话，那么外物和我都没有任何成就可言。所以这种"成"与"不成"的说法似乎很滑稽，令人疑惑，但其中的智慧火花，却是圣人所小心体悟的。舍弃自以为是，而把自己寄存于平庸之中，这也就是所谓本之于自然的自明。

我所说的这些话，不知与万物的真是相合呢，还是不相合？无论是相合与不相合，既然说了出来，都是一种言论。则与其他言论互相以彼此来对待是一样的。虽然如此，我还是尝试把它说出来。从时间上探讨，万物都有一个开始，而开始追溯到最初，这个开始之前却没有一个开始。再追溯上去，这个开始之前的"未始"，也没有一个开始。再从空间来看，有存有的"有"，也有没有存有的"无"。这个"有""无"都是始于无始。而这个"有""无"的无始，也是无始的。所以两者都归于"无"，那么我们突然有了"有"和"无"之后，我们便不知这个"有"和"无"，究竟是真的"有"呢，或真的"无"呢？现在我说了这些话，也不知我真的有所说呢，还是没有所说呢？天下万物，就自体来说，没有一个东西是比秋天毫毛的尖端更大的,泰山比起它来也应该算是小的。就自体的存在来说,没有谁比少年夭折的人更长寿,彭祖比起他来也不能算长寿。真正能体证这个"我",天地虽长久,却与我共生存;万物虽众多,却与我为一体。既然在本源上都是一体,那还需要去说"为一"吗?既然说了"为一",就已经有了文字语言的概念了。这个本源的"一"和用文字表达的"一",已变成了"二"。这个"二"与我们要去"为一"的一,又衍成了"三"。这样观念的相衍相生,即使神算子也会数不清的,何况平凡的我们啊!所以从"无"去谈到"有",已变成了"三",何况自"有"而谈"有",更不知要发展到什么境地了。因此最好一无所适,完全顺万物之真是吧!

这个道未曾有它的界限,我们的言论更没有不变的标准。由于各自以为是,才有彼此的差别现象。这个差别现象,有左,有右,有伦理,有义理,有分际,有辩白,有竞赛,有争斗,这是一般人所谓八种德行。在上下四方之外的宇宙,圣人只是把它放在一边而不论说;在上下四方之内的现象,圣人只是加以论叙,而不评议。《春秋》治世是先王的心志,圣人虽评议,却不强辩。这是由于现象界的一切,有可分的,也有不可分的;有可辩的,也有不可辩的。为什么呢?圣人只是怀抱万物,而一般人却是辨别万物,以表示自己的高明。所以辨别万物便不能见万物的真是。

大道是没有道名的,大辩是不用言辞的。大仁是不自以为仁德的,大廉是不自言诚信的,大勇是不逞勇狠的。道如果表明自己是道就不是道,言语如果只讲争辩就不能表达真意,仁如果有一定准则就不能周遍,廉德如果清以自显便不能征信,勇如果勇

庄子新说

狠忮求就不能成事。这五者本是圆融的，可是却好像是方的。所以我们的"知"，必须止于所不知的境地，才是最完美的。谁又能知道不用语言文字的大辩，不靠名辞言称的至道呢？如果能知这一点，就是所谓的天府了。天府如宇宙的仓库，不断地注入，也不会满，继续地酌用，也不至于干，使人不知它的水从哪里流到哪里，这叫作掩藏了光芒。

从前，尧问舜说："我想攻伐宗、脍、胥敖三小国，在我临朝时，想到这点总是心有不安，为什么会如此呢？"舜回答："这三个国家的君王，小得就好像生长在蓬草艾草里的生物，你对他们为什么心有不安呢？很早以前，有十个太阳同时出来，照耀万物而不相碍，何况德行比太阳还要高明的圣人呢！"

啮缺问王倪说："你知道万物所以为是的标准是否相同？"王倪回答："我怎么知道啊！"啮缺又问："你知道你所不知的吗？"王倪回答："我又怎么知道呢？"啮缺再问："那么万物都是无知的吗？"王倪再答："我又怎么知道呢！虽然一切都不可知，但我可以试着加以说明。你怎么知道我所谓知，不是一种无知？怎么知道我所谓不知，实际上是一种知呢？我要问问你，人们住在潮湿的地方，便会得风湿的腰病和半身不遂，而泥鳅在同样的地方是否会得病呢？人攀在树上，便会气结、战栗、恐惧，猿猴是否也会如此呢？人、泥鳅、猿猴三者之中，谁知道何处才是真正合适的住所呢？人类吃牲畜，麋鹿吃草类，蜈蚣喜吃小蛇，鸱鸦喜吃鼠类，这四者之中又有谁知道哪种是真正的美味呢？猿以狙为雌，麋与鹿相交，鳅与鱼相游，毛嫱和丽姬是人们公认的美女，可是鱼儿看到她们，便会深深地潜在水底，鸟儿看见了她们，便

齐物论第二

会高飞，麋鹿看见了她们，便拔腿飞跑。这四者中，又有谁知道什么是天下最标准的美色呢？以我的眼光来看，仁义的源头，是非的路子，是混淆杂乱，我又怎么能知道它们的分别呢？"啮缺又说："你既然不知道这一切是利是害，难道至人也不知道是利是害吗？"王倪最后回答："至人已达到神化之境，大泽被焚尽而他却不感觉热，河汉冻成冰而他也不感觉寒，迅雷摧破山岳，飓风摇动大海，而他也一点儿不感觉惊惧。像他这种功夫，可以乘驾天上的云气，骑跨日月两轮，而遨游于四海之外的宇宙。死和生，都不能改变他，何况区区人世间的利害关系呢！"

瞿鹊子问长梧子说："我曾听孔夫子谈起过：所谓圣人不从事于世务，不亲近利，不逃避害，不喜欲求，不攀缘道。不说而说，说而不说，遨游于尘世之外。孔夫子以为这些话都荒唐不羁，而我却认为它们是精妙的道行。你的看法如何呢？"长梧子回答："黄帝对精妙的道行也有所不明，孔夫子又哪能知道妙道呢？至于你认为这些话就是妙道之行也未免言之过早了。你好像是看到了蛋就想到司晨的公鸡，看到了弹弓就想到吃烤鸟的肉。我姑妄跟你谈一谈吧！你也姑妄地听一听吧！我们何不依傍日月，拥抱宇宙，与之合。任万物的滑乱混杂，而自处于低的地位和它们互相尊重。人们都驱役自己的精神，而我却自居于无知的愚人之心，而和万代的生生变化融成纯然的一片。万物都有其自是，而我以此和万物相待相摄。能如此，我又怎么知道贪生不是一种迷惑呢？我又怎么知道怕死不是一种迷途而不知回归呢？丽姬是艾封地方的一个女孩，晋国国王开始召她入宫的时候，她吓得涕泪满襟。后来到了王宫，与国王同睡在华丽的大床上，吃美味的肉品，

庄子新说

于是她大悔以前哭泣时的无知。同样,我又怎么知道人死了以后不后悔以前贪生之不当?就像做梦饮酒作乐的人,醒了以后便哭泣。做梦时伤心哭泣的人,白天便快乐地去打猎,当他们做梦的时候,不知自己在做梦。在梦之中又做另一个梦,梦醒之后,才知都是梦。等到有了大觉之后,才知所做的是大梦。只有愚笨的人才以梦为觉,好像自己知道得很清楚似的。是君主,是臣子,好像确实分明。其实孔子和你都在做梦,我说你做梦,也是一种梦话。这样的说法,似乎是一种诡辩的谈论,只有等万世之后,遇到一位大圣,为我指点迷津,对于以前的梦境,犹如一夕之间的突然而悟。"

"假定我和你辩论。你辩胜了我,我胜不了你。难道你就真的对吗?我就真的错吗?相反的,我胜了你,你胜不了我,难道是真的我对,而你错吗?还是说我们两人中,必有一人对,或一人错呢?还是有可能两人俱对,两人俱错呢?我和你都不知道,这是因为我们两人都各有蒙蔽。我能请谁来做裁判,加以辨正呢?请和你见解相同的人来辨正,此人既与你相同,又怎能客观地辨正?请和我见解相同的人来辨正,此人既与我相同,又怎能客观地辨正?请与我和你都不同的人来辨正,此人既与我和你都不同,又怎能客观地辨正?请与我和你都相同的人来辨正,此人既与我和你都相同,又怎么能客观地辨正?既然我和你和第三者都不能知道,难道还期待其他的人吗?其实,自然变化声息的互相对待,正如它们并没有互相对待。因此我们要'和之以天倪',即以天道自然来调和万物的不同,顺万物的自是以发展,这样才能使各物都尽其所得于自然的命限。什么叫作'和之以天倪'?也就是说:'是'的还它一个是,'对'的还它一个对。如果'是'

齐物论第二

是真正的是，它就很清楚地与'不是'不同，不必去强辩。如果'对'是真实的对，它就很显然地与'不对'不同，也无须去强辩。忘掉年命的长短，忘掉义理的是非，使我们的精神振扬于无限，使我们的生命寄存于无限。"

影子的余影问影子说："刚才你走，现在你停；刚才你坐着，现在你起来，为什么你没有一定的操守呢？"影子说："我是有所待才如此的啊！我所待的东西又有它的所待才如此的。我之所待就像蛇脱去的皮、蝉脱掉的翼一样，都是没有不变的定体。我怎么知道我为什么如此？我又怎么知道我为什么不如此？"

以前庄周做梦变成了蝴蝶，像蝴蝶一样翩翩而舞，自以为得其所哉，不知自己是庄周。突然他醒了过来，发现自己的形体是庄周。不知道是庄周做梦变为蝴蝶，还是蝴蝶做梦变成庄周。庄周与蝴蝶之间，必然有所分别。这叫作物化，就是与物无碍，相与而化。

纲要

齐——齐万物之不齐——不齐而万物自齐。

物——万物。

论——理论——小知——大知——真知。

1. 吾丧我。

（1）丧我——超脱相待（禅宗，截断众流）。

（2）忘我——浑然相忘（禅宗，涵盖乾坤）。

（3）无己——无己之用（禅宗，随波逐浪）。

（4）无我——我的无常。

2. 人籁、地籁、天籁。

　　（1）人籁（音乐、人心）。

　　（2）地籁（大地的空窍）。

　　（3）天籁（真心、自然）。

3. 怒者其谁乎？

4. 真宰。

5. 真君。

6. 成心。

7. 齐物的理论基础。

　　（1）莫若以明（道隐于小成）。

　　　　（a）因是已（彼是之相待）。

　　（2）莫若以明（是非之无穷）。

　　　　（b）因是已（道通为一）。

　　　　（c）亦因是已（朝三暮四）。

　　（3）此之谓以明（无成与亏）。

　　　　（d）因是已（天地与我并生，万物与我为一）。

8. 存而不论。

9. 圆而向方。

10. 吾恶乎知之。

11. 不缘道。

12. 梦中做梦的幻与觉。

13. 和之以天倪的忘与觉。

14. 蛇蚹蜩翼的影子。

15. 蝴蝶梦的物化与神化。

16. 物的真面目。

总论

前篇《逍遥游》是一种远观的镜头，我们看着大鹏的一飞冲天，再直奔天池，使我们不禁惊叹这伟大的奇观。全文讲"无己""无功""无名"，甚至"无待""无用"都是境界语，读了之后，虽然心向往之，可是我们仍然在地上。境界语听起来很美，如果没有功夫，只是一个空幻的想象而已，所以本篇就是专讲功夫的。本篇好像爬山，当我们看到大鹏飞向高高的山顶时，我们没有翅膀，不能跟着飞，我们必须一步步地向上爬。在这条通天的路上，虽然有奇草异花，但也满布了山岩荆棘。所以本文不仅在《庄子》全书，而且在古代的典籍中，也是最难读的一篇，正所谓："不是一番寒彻骨，争得梅花扑鼻香"（黄檗禅师语）。

本篇题名《齐物论》，有两种不同的断句：一是"齐物"论。旧注都作此解，如《文选》刘《注》："庄子有齐物之论。"《文心雕龙》："庄周齐物，以论为名。"这是因为《庄子》书中本以"齐物"连读的，如《秋水》："万物一齐，孰短孰长。"《天下》："齐万物以为首。"二是"物论"连读为齐"物论"。自王安石、吕惠卿直到近代的一些学者都作此新解，如王应麟："庄子《齐物论》，非欲齐物也，盖谓物论之难齐也。"严复："物有本性，不可齐也。所可齐者，物论耳。"其实《庄子》书中明言"万物一齐"，而且"论"字常单独使用，可是"物论"两字合言，却没有例子。就本文来说，谈"丧我"，谈"生死"，谈"物化"，也不是"物论"两字所能限。所以我们仍采取旧注，而作"齐物"之论。在中国文字里，这个"物"字，除了物之外，也包括了人和事，因此说"齐物"自然涵盖了一切人事上的是非之论。

"物性"本来是不齐的，孟子所谓"物之不齐，物之情也"，所以严复说："物有本性，不可齐也，所可齐者，物论耳。"至于"物论"也是不齐的，所谓"是其所非，而非其所是"(《齐物论》)，否则，便不能称为"物论"。不过"物性"和"物论"有点不同。"物性"的不齐是得之于"天"的，大鹏体大，小鸠形小，这也是自然赐予的，没有好坏的差别。如果借大鹏来讥小鸟，或借小鸟来笑大鹏，这便是"物论"。"物论"是一种后天的观念和知见，正和"物性"相反，是失之于"天"的。

虽然"物性"和"物论"不同，但庄子"齐物"的功夫却只有一个，就是以"不齐"齐之。对于"物性"来说，所谓"不齐"就是不以自己的标准去齐同万物，而任顺万物的自性以为真是。对于"物论"来说，所谓"不齐"，就是不参与"物论"中去强分是非，而以天道之明，去照破观念的执着。总括来讲庄子的齐物，不是直接向外去齐同万物，而是向内做功夫，不以差别观念去对待万物。

前面我们比喻研读本篇有如爬山。在山脚下时，我们站在万物之中，因此往往会在千差万别中去比较。可是当我们向上爬到了山腰，再看万物时，往往会把它们看得一样低，而自己也从它们之中超拔出来，不致与它们一般计较，但这时，向下看固然超脱多了，可是向上看仍然被群峰所挡，只看到下面"小"的不对，

齐物论第二

却看不到上面"大"的无限。最后，再爬到山顶时，人与天齐，一片无限光明，向下看时，也虚无缥缈，连"小""大"的差别与无差别都同时抛却。

爬自然之山难，爬精神之山更难。在本篇中，庄子为我们留下了许多记号，我们如果沿着这些线索，便不会迷失。首先庄子提出"吾丧我"，要我们先忘掉这个形体的我、欲念的我，精神才能不受拖累，而向上提升。接着庄子一再提出"真宰""成心"，也就是"真我"，使我们心有所主，而增加了向上提升的力量。然后庄子三次讲"以明"，四次讲"因是"，说的都是"齐物"的功夫，使我们打破重重的观念执着，最后达到"天地与我并生，而万物与我为一"，这是本篇的结语，也是精神的山顶。接着在山顶上有一片平地，即庄子所说的"大道不称，大辩不言"等，这也是本文的结论，是精神的境界。然后便是下山的路，庄子举了许多故事，使我们一路下来，不再为观念所惑，而能欣赏到百花之美。最后回到了平地，又走进了万物缤纷的尘世，这时候，"真我"与万物相融，达到物我一体的"物化"之境。

《齐物论》所讲的，就是一个从"知"上不断超越、不断提升的精神历程。

梦觉真言

一、从"南郭子綦"到"女闻地籁而未闻天籁乎"

本段开首说"吾丧我"，这是承继前篇的"无己"。这里用了一个"丧"字，一个"吾"字，却是本篇的重点。因为这个"丧"字表达了有一个主体去"丧"，不像前篇的"无己"和"无待""无用"连接在一起，而"丧我"却是有一个"吾"去丧。我曾比喻《齐物论》所描绘的情景正像一个人爬山，背着太多太重的包裹，一面吃力地爬，一面要把一些多余的东西丢掉，这个"丧"字就意味着抛掉一切废物，这些废物对世俗的人来说视为宝物，如名啊、利啊、情啊、仇啊，但在庄子眼中，却都是枷锁。如何抛却这些废弃物？这就靠一个"吾"的力量。"吾"是主体，是"真我"，能体证了这个真"吾"，才能对付那个相对的"我"，那个为自己制造麻烦的"我"。"齐物论"的功夫就在"吾丧我"。如何能"吾丧我"？庄子用地籁、人籁、天籁的比喻来说明。

本篇以南郭子綦和他的学生颜成子游的对话为开端，他们都是隐士之流，生平无法详考。

"隐机"是凭倚着面前的几桌，但并不一定是真靠着，而是有静坐的意味。"嘘"是缓缓吐气。为什么要"仰天而嘘"呢？这是指精神上通于天，吐气而使心虚的意思。"嗒焉"，陆德明《释文》作"解体貌"，即若有所失的意思。"耦"，司马彪《注》："耦，身也。身与神为耦。"俞樾说："司马云：'耦，身也。'此说得之。然云：'身与神为耦。'则非也。耦当读为寓；寓，寄也。神寄于身，故谓身为寓。"其实司马彪说"身与神为耦"也没错，因为"丧其耦"是同时忘掉了形体和心智的我。如《大宗师》上描写"坐忘"的"堕肢体，黜聪明，离形去知"。"离形"是忘形体的我，"去知"是忘心知的我。由于这次南郭子綦的静坐是两者皆忘，所以才引出颜成子游的惊讶，因为以前南郭子綦只是忘形，使躯体不动如

齐物论第二

枯木一样，而这次他连心智也静寂得有如死灰一般。颜成子游问："何居乎？"就是何所据，也就是问为什么如此。南郭子綦回答："吾丧我。"这是本篇的关键，整个《齐物论》的思想便是由此而开展，且直贯到底的。这句话中分别说"吾"和"我"，前者是指主体的，真正的我，后者是指客体的、形体心智的我。憨山大师便说："吾，自指真我。丧我，谓长忘其血肉之躯也。"显然，憨山大师替南郭子綦的"吾"字画龙点了睛。因为颜成子游的"心固可使如死灰乎"就是看到南郭子綦的心念不动，而怀疑形体可以不动，而心念岂能完全死寂。南郭子綦认为颜成子游问得很好，所以他说一个"吾"，表示了"吾"的主体犹在，是"吾"去丧了"我"的。而"吾"之所以能丧我，是由于这个"吾"从躯体和心智的我中向上提升。所以前文说"仰天而嘘"，后文接着以人籁、地籁，而托出了天籁，使这个"吾"和天合一。"籁"是箫管，此处指音声的产生。南郭子綦借天地和人间音声的比喻，把"吾丧我"的抽象观念，描绘得极为生动活泼，同时也反喻了在外面的形体来看虽然似槁木，但内在的心念却并不是死灰，而是在熙熙攘攘中，不断超拔，不断提升。

二、从"子游曰"到"怒者其谁邪"

这一段描写自然界的大气吹进了山林中，由于各种洞穴大小、深浅、形状的不同，以及树木盘根错节的相异，形成了各种不同的声响，庄子以他卓越的文学手法，极尽描述之能事。为什么庄子在这里的描述如此卖力？这是因为他有两个目的：一是这不同的声音和下一段人籁的人的心理作对比；一是托出造成这声响背后的主体。前者的一切声响是指的"我",而这背后的主动者是"吾"。所以庄子才问:"怒者其谁邪?"怒者之"怒"是"我"的形成,而怒者本身是"吾",也是无声无响的天籁。

前段人籁是指箫管等乐器之音。颜成子游听过箫管之音声,而不知道大地的音声,所以颜成子游说"敢问其方"。"方",《广雅·释诂》:"方,义也",即意义。于是引出了南郭子綦有关大地的音声的一段描写。

这段话中有许多自然现象的词语:"大块",注家的解释各有不同,郭象《注》:"无物也。"司马彪《注》:"大朴之貌。"又注"天也"。俞樾:"地也。"《淮南子·俶真》高《注》:"天地之间也。"其实庄子这里没有明言,显然有他的用意。"块"是块然不可分的意思,所以"大块"就是指浑然一片的那个自然本体。"噫气"的"噫",《说文》作"饱出息也",即气的满盈而出。"怒呺"即怒号,此喻风声之大。"独"是独自,即指汝。"翏翏",郭象《注》:"长风之声也。""山林之畏佳",有些注家把山林改作山陵,把畏佳当作山势的盘回之形。如奚侗:"林当为陵。"李颐:"畏佳,山阜貌。"司马彪:"山高下槃回之形也。"但根据下文,都是描写风吹进了大树的孔穴中而产生的各种声音,所以此处指山林,即山中的林木,反而更佳。至于"畏佳",注家都释作"崔嵬",其实如司马彪解作树木的高下盘回之形也可通;又如憨山解为"摇动",陈寿昌当作"林木丛集",林云铭释为"山林之低曲隈之处,所以受风者",皆通。"大木百围之窍穴",这是以百人合抱那么大的树木为比喻,所谓"窍穴"就是指树木盘根错节,而形成的各种孔穴。"似鼻"指两孔相连,"似口"指一孔张开。"似耳"

齐物论第二

指孔形斜入。"似枅"指方形似柱之孔，"似圈"指圆形杯圈之孔。"似臼"指圆形似舂臼之孔，孔内不通。"似洼"指孔如洼地。"似污"指孔内藏污泥。"激者"指声音如水的激荡。"謞者"指声音如箭的呼啸。"叱者"指声音如叱骂。"吸者"，指声音如吸气。"叫者"指声音如喊叫。"譹者"指声音如号哭。"宎者"指声音如低语，"咬者"指声音如犬吠。这都是指风吹入了各种孔穴，而产生不同声音。"前者唱于，而随者唱喁"，李颐："于喁，声之相和也。"其实这是指风吹入了窍穴，进去时和出来时之声音相随。"泠风"，指轻凉的小风。"飘风"指回转的大风。"厉风"，郭象《注》："烈风"，但厉有疾之意，可解作快速的疾风。"济"即停止的意思。"虚"指空虚无声。这是指疾风一停，窍穴的声音立刻沉寂。"之调调，之刁刁乎"，郭象《注》："调调，刁刁，动摇貌。"但"调调"是树枝的摇动，"刁刁"是树叶的微动，这是指"众窍为虚"之后，树上的枝叶也逐渐由激烈的摇动而慢慢地变为轻微的摇动，而逐渐地静止下来。这是《庄子》文学手法的生动描写。由树枝摇动的余波荡漾，一方面衬托出风入众窍而产生各种声音的一切作用；另一方面也使我们在风静，众窍为虚之后，看到树枝摇动的余波，而另有深思。

"人籁则比竹是已"之"比竹"，是以竹管排列为箫。李勉《注》："今世以单管为箫，而古箫则以二十三管，或十六管编列于一排而为之。"所以"人籁"就是指箫管的声音。"地籁"乃是前段大树窍穴因风而产生的声音。在这段话中，颜成子游接着便问"天籁"，南郭子綦回答："夫吹万不同，而使其自己也，咸其自取，怒者其谁邪！"这是指人吹气入箫管，或风吹气入窍穴，而产生各种不同的声音。这些声音的不同乃是由于不同孔穴自己形成的，人和风所吹的气本是没有声音的。如果人和风有自己的声音，那么吹入了孔穴中，便只能产生一种特有的声音。可见这几句话所谈的仍然是"人籁"和"地籁"。因此南郭子綦回答"天籁"的话，只有"怒者其谁邪"一句。这个"怒者"的怒，与"万窍怒呺"的"怒"相通，是指振奋使其产生声音的意思。这句话有两种作用：一是前文的总结，是关门的话，也就是指没有一个怒者。如郭象："物皆自得之耳，谁主怒之使然哉！此重明天籁也。"马其昶："万窍怒呺，非有怒之者，任其自然，即天籁也。"这解释并没有错，因为"天籁"即自然的本体，自然本体是无声的，当然没有一个幕后的主持者在有意于为声，就拿"大块噫气"来说，不用"吐气"两字，而用"噫气"，就表示气流乃自然满溢而流出。但这种解释被错用时，往往会潜伏了一个危机。就是把自然当作没有意义，没有生命的机械作用，于是自然本体被锁在自然现象之内，关闭了向上通透之路。就像我们只听到了万窍的怒号，而听不到无声的风。当我们看到了树枝的"之调调，之刁刁"，尽管此时万窍为虚，我们听不到无声之风，但我们却可以由视觉的所感，而体验到风的作用。这时候，我们会再深一层地去探究风的背后是否还有一个主体的问题。这就像人吹箫管，吹的气虽然本身无声，可是毕竟有一个人在那里吹，否则气和箫管同时俱寂，又哪会产生美妙的音响。就"地籁"来说，很容易以自然现象一笔抹杀，可是就"人籁"来说，却使我们由人的存在，而触及了主体的我。所以"怒者其谁邪"的另一作用，在于问题的转变，是开放的，使我们转入了下面一段讲人的心理现象，而引出了"真宰""真君"的问题，也就是由这个"怒者"，使我们触及真我的存在。如憨山《注》："怒者鼓其发言之气，乘气而后方有言也。谁者，要看此言毕竟从谁而发也。但知言从己发，而不知有真宰主之。若不悟真宰，则其言皆是我见，非载道之言。"陈寿昌也注："风之怒，又谁使之邪？可知冥冥中之主宰，莫非天也。故不更言天籁之何属也，此不答之答也。"虽然"怒者其谁邪"是问话，南郭子綦并没有回答。但这个线索却一直贯通下去，他的回答正启开了《齐物论》的全文。我们精神上的高峰，也就循此路线一步步开始攀升。

前面南郭子綦和颜成子游的对话已结束。接着庄子把"地籁"的比喻运用到人间世上，从人类精神的各种现象中，去探索"怒者其谁邪"。

三、从"大知闲闲"到"其所由以生乎"

这一段写人间的"人籁"，即指人与人的争吵，人与人的钩心斗角和情绪意识的心理现象。这是"我"制造出的一切纠纷和烦恼。但最后一句，"其所由以生乎"一语却和前段的"怒者其谁耶"相对应，都是要引出这个"吾"来的，也可看出地籁、人籁、自然界、人事界，都来自同一个主体。

"大知闲闲，小知间间"，这里的"大知"与"小知"与《逍遥游》中的"小知不及大知"意义不同。在《逍遥游》中，是批评"小知"的囿于成见，而无法了解"大知"的境界。而此处的"大知"与"小知"就像前面的孔穴一样，有的大，有的小，只是形体不同而已，并无境界上高低的差别。"闲闲"，陆德明《释文》：

"闲闲，简文云：'广博之貌。'"不过本段多从心理描写，把"大知"解为广博，意义粗浅。其实，"闲"的原义为防杜，憨山："闲乃阑槛，所以防物不逾越者也。"而《易经·家人卦》："闲，有家。"(《初九爻》)《乾文言》："闲邪存其诚"，都有这个意思。所以"大知闲闲"可解作知虑严谨，闲邪存诚的意思。"间间"，俞樾《注》："《广雅·释诂》：'间，覗也。''小知间间'当从此义，谓好覗察人也。"在《庄子》中闲和间常相混，憨山便把此处的"闲闲"当作"间间"，释为"法度准绳，斤斤一毫不假借者"。陈寿昌也作"间间"而释为"分别也"，这和俞樾的"覗察"意义也是相通的。不过"闲"的普通意义是闲散，指思虑不密，用功不勤，这和"闲闲"正好相反，所以就"间"的本义来解也很合适。

"大言炎炎，小言詹詹"，这是由语言反映出心理的不同。陆德明《释文》："炎炎，李作淡。詹詹，李颐云：小辩之貌。"把"炎"当作"淡"是相应于《老子》"道之出口，淡乎其无味"(第三十五章)，但《老子》是描写道的作用，而此处"大言"，是相对于"小言"而论的，并非绝对的至言。而且"炎"和"淡"的意义相差很远。我们仍然依据原字为解，"炎炎"是指大言的气势很盛，如义正词严的语言。"詹詹"，《说文》："多言也"，即唠叨不休。

"其寐也魂交，其觉也形开"是指精神形状。"交"是交错，指睡觉时，精神交错。"开"是开放，指醒了之后，五官开放，精神外驰。

"与接为构，日以心斗"是指心与万物相交接，每天钩心斗角。以下一大段便是描写心理的各种状态。"缦者"是指心思的缓慢，

齐物论第二

"窖者"是指心思的深沉，"密者"是指心思的细密。"惴惴"是指心神忧虑而不安。"缦缦"是指心神惊惧而麻木。"其发若机栝"，陆德明《释文》："机，弩牙。栝，箭栝。"这是指心思的变动，就像飞箭一样的快速。"司是非"，就是察是非。"其留如诅盟"，指心思不动，深藏勿露，就像立下誓盟一样，绝不泄露一点机密。"守胜"是为了把握胜算。"其杀若秋冬"是指心思运用过度，生机被杀，就像秋冬一样，逐渐萧条衰退。"溺之所为之"指仍然沉迷于所作所为，而不知反省。"其厌也如缄"，前面的"溺"是指对外物的沉溺，而此处的"厌"是指内心的贪厌无已。憨山《注》："厌，即厌足饱满。""缄"即封闭，指心机封闭，了无生意。"老洫"，《说文》段《注》："《庄子》书云：'以言其老洫也。''老洫'者，枯静之意。洫，侐之假借。"又"洫"字多指沟洫，即老旧的沟洫，水淤塞而不通。唯《庄子·则阳》曾用过这个字，如："与世偕行而不替，所行之备而不洫"，即败坏的意思。所以"老洫"也指老而枯干衰竭的意思。

以上讲心思和心机。以下讲"喜怒哀乐"等情绪的变化。"虑"是多求，"叹"是多悲，"变"是反复，"慹"是惶恐，"姚"是轻佻，"佚"是纵逸，"启"是开放，"态"是作态。总之，这些都是情绪态度的表现。"乐出虚，蒸成菌"是指前面各种情态，都是因外物的刺激而起。如声乐出于乐器的洞孔，菌类因水汽的蒸发而形成，这些都是由无而有的。所以"日夜相代乎前，而莫知其所萌"，指一切现象迁流变化，就像白天和夜晚的相交替，我们却不知它们究竟是从哪里产生的。"已乎！已乎！"是劝我们停止钩心斗角，停止向外追逐，使心平静下来，就像"厉风济则众窍为虚"一样。在这个时候,"旦暮得此,其所由以生乎"这句话是本段的结论,也是关键。它与前段的"怒者其谁邪"互相呼应。"旦暮"是早晚,即一旦的意思。"得此"的"此"字,庄子没有言明,但非常重要。对应前文,这个"此"指"莫知其所萌"的"所萌",是体悟到各种现象背后的主体,也就是万象之"所由以生"的主体。

然而如何"得此",庄子没有正面地指出,只是描写现象界的各种错综复杂的存在与变化而已。借这些存在与变化,庄子提醒我们去想一想这些存在是否真实,这些变化的背后是否有主使者。套用禅宗的话,是要让我们好好参一参。

四、从"非彼无我"到"吾独且奈何哉"

这一大段可分成两小段。第一小段中,就提出这个"我"来而说"非彼无我,非我无所取",这是指"我"是相对的,是相待而生的。由这个相对的"我"而反证出本段最重要的几个字,"真宰""真君"和"真",这三者是一个意思,就是这个主体的"吾"。

第二小段,由形体的必死,即这个"我"的必死,而反说我们应有一个不随形体而亡的心,这个心不是感觉意识随"我"而变动的心,而是现成恒常的成心,这个成心又贯穿到本段最后一句"吾独且奈何哉"的"吾"字,即"吾丧我"的"吾"。

前面,我们说要参一参,那参个什么?庄子进一步提出了一个"真"字。在"非彼无我,非我无所取"这段文字里,庄子一再地明言"真宰""真君"和这个"真"字。

齐物论第二

"非彼无我，非我无所取。""彼"，郭象《注》："彼，自然也。"宣颖《注》："彼，即上之此也。""自然"两字较为抽象，王夫之更明白地说："彼谓外物。""此"字庄子没有明言，憨山更直接地说："彼，即上此字，指真宰也。"但这个"彼"字，后文曾一再提到，如："物无非彼""彼是方生""彼亦一是非，此亦一是非"。可见这个"彼"是指和"我"相对的一切。"非彼无我"，是强调"彼"的重要。因为没有一切现象界的物体存在，也就没有"我"，因为"我"也是现象界物体中的一个存在。"非我无所取"是强调"我"的重要，没有"我"又怎能去觉知"彼"的存在？前面的"我"是指存在的"我"；后面的"我"是指心知作用的"我"。这是说明"彼""我"互存的真理。这种互存的关系，有深浅两种意义，就浅的方面说，即"彼""我"的相待，也就是前面所描写的万窍因风而成声，人心因外物而产生各种心理现象。如果在这层面上不能向上提升，便会变成"彼""我"的对立和相斥，而成为"我是""彼非"的争辩，这便是本篇后文所谓的"彼是方生"之说。深一层的意义，是由"彼""我"的互存，而证知"彼"和"我"都有真实的存在。唯有能证知真实的存在，物才能齐，我才能逍遥。接着庄子说："是亦近矣。"这句话中大有文章，它一面是肯定的，说明这种互存的关系是近乎真理的；另一面又似乎是否定的，是说这种互存的关系只是"近"乎真而已，尚没有达到究竟的"真"。所以庄子接着说"而不知其所为使"，也就是说"彼""我"虽然互存，但谁使"彼"存？谁使"我"在？如果不能体悟到这个存在的主体，"彼""我"的互存只是一个观念，终究会落空，而成戏论。

庄子新说

"若有真宰，而特不得其朕。"这个"所为使"的，就是"真宰"。"宰"是主宰。庄子用"若有"两字，似乎没有肯定，这有两个原因，一是这个"真宰"不是高高在上，控制万物的主宰，如上帝，或创物主。所以用"若有"两字冲淡了这种对权威的执着。另一是下面一句"特不得其朕"，"朕"是征象，也就是看不到任何"真宰"的形象，所以是"若有"，也"若无"的。显然，在这里庄子提出了"真宰"，但没有肯定得太绝对，而预留了探讨的余地。

"可行己信"以下一段话是就"我"的作用和形体来试探"真宰"的存在。"可行"是指可以行动。西哲笛卡儿有一句名言："我思故我在"，而此处的"可行己信"，正可解作"我行故我在"。也就是说我能坐卧作息，由这个行动的自主性中，足证有一个主动的我存在。只是我们看到了一切行动的形相，而看不到支使这个行动的主体。"有情"的"情"一般都解作"实"，如陈寿昌："情，实也。"这是由感觉作用的"情"来衬托出感应活泼的主体。

"百骸"指身体内的所有骨骼。"九窍"指眼耳鼻口等七孔加上排泄器官的两孔。"六藏"指心、肝、脾、肺，再加上左右两肾。"赅"是包括的意思，这是以身体的器官为喻。如果我们对这些器官一视同仁地爱护，它们都是被爱的客体，就像君主对待臣妾一样，那么，总有一个君主高高在上，也就是说总有一个去爱护一切的主体。如果各种器官有主有客，依次支配，就像四肢听命于心识，那么心识又听命于谁？也就是推到最后，总有一个发布命令的主体。在这里，庄子便肯定地说："其有真君存焉。""真君"和前面的"真宰"意义相通。"真宰"是对万物而言，"真君"是

齐物论第二

对人身而言，都是指存在或动用的主体。

本段行文至此，直指"真君"，意义已很明显，为什么又说"如求得其情与不得，无益损乎其真"而特别强调这个"真"呢？"益损"即增益和减损。憨山《注》说："即所谓不增不减，迷之不减，悟之不增，乃本然之性真者。"这虽然是讲禅的自性，但与《庄子》的主旨可以相通，都是说明这个"真"的超然独立，不受思考和感觉的影响。试想，即使我们得到了这个主体的至精，也并不能使它的真性多添一分，因为"真"就是"真"，是质的存在，而不是量的多少。那么，我们岂能由于无法得到它的至精，以致使"真"有所减损，甚全不存在呢？英国哲学家罗素不相信基督教，他曾为文批评神学家们证明上帝存在的论证有问题。即使这些论证不能证明上帝的存在，那么罗素也不能只是批评这些论证的有问题，而证明上帝的不存在。这都只是在知识层面的"求得其情与不得"，并不能使"真"更"真"，也不能使"真"变假。庄子只是那么简单的两句话，即已戳破了自古以来在文字上是是非非争论的误谬。

在"一受其成形，不亡以待尽"这段文字中，进一步从形体的必亡托出了真心的存在。"一受"是受之于天，"成形"是得到了形体。"不亡"指目前形体的存在，"待尽"是等待死期的到来。"相刃相靡"是指与外物相交，有如刀刃的所加，与万物一同披靡。这是描写我们形体的趋于灭亡，像风驰一样，无法阻止，这是形体的必然结果。"役役"是为物所役，也即为形体所役。"茶然"，陆德明《释文》："简文云：'疲病困之状。'"这是描写我们一生奔波，求名逐利，可是却随形体之亡，而同归消灭，这是人生所追

庄子新说

求的一切随形体而亡的悲哀。但最大的悲哀乃是："其形化，其心与之然。"这句话有两层意义：表面一层是指一般人看到形体的必亡，以为他们的心也跟着消失，一切断灭，人生毫无意义，这是最大的悲哀，所谓"夫哀莫大于心死，而人死亦次之"（《田子方》）；更深一层则是暗示了我们的心可以不随形体而亡，也就是说我们有个真心，不受形体的影响。

这个真心是人人都具有的，所谓"夫随其成心而师之，谁独且无师乎？"这里的"成心"有两种截然不同的注解，一作成见，如成玄英《疏》："夫域情滞着，执一家之偏见者，谓之成心。"一解作真心，如憨山《注》："现成本有之真心也。"这两种注解完全相反，因此不能不审慎地抉择。本书解义偏于后者，以"成心"为真心，理由可从以下三方面来观察：

一是从文势上来看。前面提出"真宰""真君"，强调一个"真"字，接着说"其形化，其心与之然"，是一种大哀。文章的发展很显然的，是层层深入，而扣紧了这个"真心"。如果此处的"成心"，语气一转，而变为"成见"，这便使前面的文字刚点出了一个"心"字，却又突然地失落了。

二是从文字上来看。这个"成"字在《庄子》书中用得很多，除了普通意义的成功、成就，或在"小成""大成"之外，和心连用的"成"字，如"心且成之"（《人间世》）及"无形而心成者邪"（《德充符》），前者指心中有意去促成的意思，是负面的；后者指心的化于道，却是正面的。除此之外，"成"和"心"虽没有连言，但却是指修心的功夫，如："参万岁而一成纯"（《齐物论》）"德者，成和之修也"（《德充符》）"独成其天"（《德充符》）

齐物论第二

"樱而后成者也"(《大宗师》)"成然寐"(《大宗师》)"使我乘成以随先生邪"(《大宗师》)"成于德而不累"(《在宥》)"成于天"(《天地》)"不足以滑成,不可内于灵台"(《庚桑楚》),从这些引句来看,这个"成"字有精神修养上的很高境界,是指完整、纯粹的意思。再就这个"心"字来论,《庄子》书中用得很多,虽然大都是指一般感觉作用的人心,可是庄子讲"游心""用心",都是在心上用功夫,而向上提升,因此在"心"的最高层面上,讲"常心"(《德充符》),有时也称为"灵台"(《庚桑楚》)或"灵府"(《德充符》),其实指的就是真心。

三是从文意上来看。如果把"成心"解作成见,那么下文所说:"奚必知代而心自取者有之?愚者与有焉",便成了一句废话。"知代"是知道外物的替谢,"心自取者",是指心对外物的感应,而知取舍,这指的是知者。愚者就是终身役役、茫然不知的人。如果说这两者,都有成见,只要举知者,就可以概括"愚者",而不必再说"愚者与有焉"了。接着下一句:"未成乎心而有是非","有是非"就是有成见,怎么又说"未成乎心"呢?显然这是语义的矛盾不通。相反的,如果把"成心"解作"真心",意义便明显而有深度。因为一般人的茫然,就是心逐于物而不知所归。真正不茫的人,就是能反观自心,以真心为师。这个真心在此处所以称为"成心"者,就是指完整自成的心,所谓"完整"是不为物相刃相靡,而被割裂破碎。所谓"自成",是自我完成,不逐物而逝。这个"成心"不仅智者与愚者有,任何人都有,正是所谓"如求得其情与不得,无益损乎其真"。接着"未成乎心而有是非"就是指不能通达这个真心,而徒讲是非,就像惠施辩论中的一个题目："今日适越而昔来"（《天下篇》）一样。惠施的意思是指今天我们去越国，第二天我们到了越国之后，便可说昨天我们来越国。可是惠施故意把时间前后的因素拿掉，却站在今天的时间上说："今天我们去越国，昨天我们就到达了。"显然这是一种颠倒事实的诡辩，是以"无"为"有"的，也就是说这种是非之见根本没有标准，即使神明有如大禹，也无法了解。其实并非神禹无法了解，而是不需要去辨别。在这段话里，称禹为神，其境界还比《逍遥游》中所提到的尧为高。禹的成就是治水，有大功于世，所以称为神。《逍遥游》中说："神人无功。"这是由于禹有大功，而不自居功，所以是神人。试想禹连这样的大功都不执着，哪里还会为那些无聊的是非而伤神？

五、从"夫言非吹也"到"无适焉，因是已"

这一大段包括了七个小段，共同建立了《齐物论》的整个理论基础，也就是解决了如何"吾丧我"的问题。这一大段中，有几个重点的术语，三次讲"莫若以明"或"此之谓以明"，四次讲"因是也"或"因是已"。现在我们就跟着这三"明"和四"是"来看庄子是如何从"吾丧我"来齐物的。

第一小段，从"夫言非吹也"到"则莫若以明"，首句"言非吹也"说明了言语不像自然界的风吹一样，因为言语是有心的。这里的言语也包括了心的表现，也指文字见解等，所以庄子说了两句非常重要的话，即"道隐于小成，言隐于荣华"。为了打开这个"隐"，庄子才说"莫若以明"的"明"字。"明"不是来自这个"小我"的是非偏见，而是来自道的大明，最好的注解是老子的"知常曰明",所以"明"是常道,是智慧。这是第一次讲"莫若以明"。

本段再进一步说明如何超越这些言论是非。"言非吹也"是指言论和使万窍怒号的风吹不同。风吹是自然的现象,而言论却是人们为了表达意念而发的,但由于人们的意念飘忽不定,所以说:"其所言者特未定也。"我们整天说话,究竟说了几句有意义的话?我们扪心自问,我们是否真的有所说,或我们根本未曾说过话。佛在《金刚经》中说他讲了四十九年的法,却未曾讲过一个字,实在值得我们深省。"其以为异于鷇音","鷇",司马彪:"鸟子欲出者",《说文》:"鸟子生哺者。"前者指小鸟刚从蛋壳中出来的叫声,后者指小鸟求母鸟哺食的鸣声。前者的意思是正面的,这表示小鸟在蛋壳内成熟之后而向外求出。禅师们用以表示学生的自悟,如云门禅师爱用"啐啄之机"一语,表示小鸟在蛋内啐,母鸟在壳外啄,以喻师生之禅机相遇。这和前面把"成心"解作真心正可相通。后者的意思有点负面,因为小鸟求食,叽叽喳喳,鸣叫不休。这句话表面的意思是指那些言论者以为他们讲的都是有得之见,和小鸟们的叽喳鸣叫不同。庄子说:"亦有辩乎,其无辩乎?"是反问真的不同吗?或许根本没有不同。如果就小鸟的叽喳求食来说,两者之间是没有不同的。可是就小鸟自蛋壳内鸣叫而出,这是真心的体现,两者之间便大不相同了。庄子只投下问话,而没有明言,在这里也值得我们深思。

"道恶乎隐而有真伪?言恶乎隐而有是非?"这两句话把本段转入了正题。"恶乎"是"何所"的意思。"隐"是隐蔽(郭象《注》),也就是遮盖的意思。道本来是纯然至真的,可是究竟被什么遮蔽住了，使人看不见，而有真伪的产生？言本来是真实的一种表达，可是究竟被什么遮蔽住了，使人看不清，而有是非的争论？庄子的这段问话，后面自有答案，在这里值得我们注意的是，为什么说"道"有真伪，"言"有是非？这是因为"道"是靠自己亲身修证而得的，得则真，不得则不真；不得而以为得，不真而以为真，便是伪，所以求道便有真伪的不同。相反地，"言"是用来表达事实的，表达得对与不对，这是是非的问题。譬如任何理论都是根据他们的假设，孟子言性善，荀子讲性恶，都是一种假设，究竟性是善是恶不是理论能够证明，但性善、性恶的理论都有它们的用处，根据它们的用处去判断孰优孰劣，这是是非的问题，而不是真假的问题。所以谈到"言"就有是非的争论。

"道恶乎往而不存？言恶乎存而不可？"这是进一步追问道和言失落的原因。"往而不存"是指道离去而不能存在。本来，道是无所不往的，由于无所不往，也就无所不存。由于无所不存，因此每个人的心中都有道，即前文所谓的"成心"。可是很多求道的人，却把这个道弄得不知去向，远离了我们。所以庄子要问这个道究竟跑到哪里去了，而不能存在我们的心中。"存而不可"是指言的存在却是不对的。本来，言的作用是把意念固定下来，使人可以了解实意，而互相沟通。可是很多人只在言语上堆砌，而实意却被一层层的言语扭曲得面目全非，所以庄子要问这个言为什么越固定，而意义却越有问题？

"道隐于小成，言隐于荣华。"这是前面所提问题的答案。"小成"是小有成就。"小"意味着有所限、有所偏，也就是限于时空，偏于一面。万物的发展，本来始于"小"，身为万物之一，注定了就是"小",但这个"小"是暂时的,是形体的。如果以此"小"为"成",便是自限于暂时,便是自拘于形体。所以"小成"乃是指有了小小的成就后,志得意满,以此为大成。这样就会阻断了向上发展的路子,而不能证大道。"荣华"是指堂皇富丽的话,也就是老子所谓"美言不信"的"美言"。本来"华"指的是美丽,但庄子在"华"字上加个"荣",暗示了一种贪求虚荣的心理。"言"是表达真实的,可是一旦有"虚荣"的希求,便会在言辞上过分修饰,而失去了真实。试看古往今来的哲学家们都是为了追求真理,可是很多的哲学理论过于玩弄名相,变成了语言的游戏,这就是"荣华"之病。从他们的表现来说,不能不说是"小成",可是限于名相,始终不见大道。

"莫若以明"是本篇的关键,在下文中,还会重复强调两次。前面的"隐"和此处的"明"正好是一对照。"隐"是隐于小成和荣华。庄子以儒墨为例,因为在当时儒墨两家是显学,是有成的,而墨家摆明以反儒为招牌,儒家的后学,如孟子等也批评墨家不遗余力,因此他们之间的是非争论也最为激烈,但依庄子看来,他们的是非争论都是各有所"隐",也就是拘限于他们的一偏之见。所以说与其以自己的观点来批评别人,是非争执没有定论,还不如"以明"。这个"明"字虽然是对"隐"来说,不为"小成"所隐,不为"荣华"所隐,就是"明"。但在这里,庄子还没有替这个"明"字做正面的解释。不过就不隐于小成来看,这个"明"是打开了向上之路,而见天道的大;就不隐于荣华来说,是打破观念执着,而见事物的真。

第二小段,从"物无非彼"到"亦因是也"。这段话的"物无非彼，物无非是"的这个"是"出现了。注意这段话里的"物无非是"的"是"是见解上的自以为"是"，是偏见、执着，这也是由于这个相对性的"是"而来的。但最后一句的"亦因是也"的"是"却不同，这个"是"是由"圣人不由，而照之于天"而来的，这个"天"是普遍的、自然的、无意的，也即没有是非偏见。所以经过天的照明，再来看物，就能看到万物的真面目，"亦因是也"就是说也是一种顺万物的真是。这个"真是"不是万物的自是，在万物中，只有人有自我意识，才有自以为是的观念，其他万物都是本能地存在，所以这里的"因是也"是除掉人的自以为是，而顺万物存在的真宝。这是第一次讲"因是也"。

要如何"莫若以明"？庄子从事物的存在，以及我们对事物的观念的歧异，以说明如何舍弃观念的歧异，以还万物的真面目。

"物无非彼，物无非是"，这里的"物"是指万物。就万物本身来说，它们的存在无不是客体的存在，如山是山，水是水，大鹏是大鹏，小鸟是小鸟，它们在宇宙间，是纯客体的存在，都是"彼"。但就它们自己来说，又都有它们自己的天地，即主体的存在，山有山的特色，水有水的性质，大鹏有大鹏的禀赋，小鸟有小鸟的特长，它们在自己的天地内都是主宰，都是真实的，都是"是"。近人把这个"是"解作"此"，与前面的"彼"对立。虽然易解易懂，而且"是"也有"此"的意思，但庄子在这两句话中用"是"而不用"此"，也是有原因的。这是因为一方面承接了前文儒墨的"是非"，另一方面也为了兼及后文"因是因非"之说。不过就这两句话来说，"彼"是指客体，"是"是指主体，这两者就观念来说是对立的；就万物的存在来说却是统一的，郭象《注》:"物皆自是,故无非是,物皆相彼,故无非彼",这是由后面的是非之论来注的,王先谦所谓:"有对立皆有彼此",也是因后文的"彼此"来论的。可是这两句话中,庄子只言"物",是指万物的自身,"无非彼","无非是",也就是无不是"彼",及无不是"是",这是以"齐物"的观点统一来看的,因此是客体,也是主体,没有彼此的对立,没有是非的争论。

"自彼则不见,自知则知之。"这两句话语气一转,从"物"谈到"自"。也就是从本性绝对平等的"物",谈到观念差别的发端者"自"。所谓"自彼"就是以"自己"的观点来看"彼",使得客体存在的"彼"变成了和自体对待的"彼",于是以"自"去观"彼",也就是以我的眼光去看彼,永远也无法突破彼我的间隔,去了解彼。譬如宇宙中,山高水深,各有本色,是自然平等的,如果以我的眼光来看,惧高的厌山高,畏水的怕水深,相反,乐山的说山明,爱水的说水秀。这些都是以"自"为中心的"彼",而不是"物"的"彼",所以说"自彼则不见"。至于"自知则知之"乃是指这个"知"是出于自我的,因此自我的知是明明白白的。如果物只有"彼",只有客体的存在,就没有"知"的作用,这个"知"是出于自我的,所以每个自我眼中的世界是各有其不同意义的。但每个自我都以为他(它)们所看到的是真的世界,也就是真的"彼"。

"故曰:彼出于是,是亦因彼。彼是方生之说也。"这里的"彼"是指被主观意识所视为的他物,也就是不同于自己的"他"。这个"彼"为我们所认识,是由于我们自如的"自是"。譬如说,山不知道有水,因为它也不知道自己是山,无知性作用的物质界的存在都是如此的，即前面所谓"物无非彼，物无非是"。可是有了知性作用，便有了"自""他"（彼）的差别意识。所以"彼"的认识是由于"自是"，即"彼出于是"。而我们的"自是"也是由于"彼"的对立。因为有了对外物的认识，才会有自我主观的作用。譬如：见山见水是见"彼"，而乐山乐水便是自"是"。所以这个乐山乐水的"是"是出于见山见水的"彼"而生的。庄子在这里不说"彼""此"，而说"彼""是"，可能是有原因的，因为"彼""此"，只是一种对立，而"彼""是"便含有很多主观的判断因素。所谓"仁者乐山，知者乐水"，由"乐山""乐水"的自是而有"仁"和"知"的不同。"山"和"水"还是相差不大的自然界，我们对它们已有"仁""知"的不同，如果我们所见的"彼"相差很大，如爱人、仇敌，那么这个"是"自然也就大不相同了。所以"彼"和"是"之间的相应关系，是非常微妙、非常复杂的，说穿了，这就是人类的一切意识作用与心理现象。所谓"彼是方生"就是指这一种作用的相生相应。这里用一个"方"字有"并生"的"并"的意思，指这种关系的同时产生，密不可分。

"方生方死，方死方生。"此处的"方生"，即是前文的"彼是方生"。那么"方死"又是什么意思呢？王先谦《注》说："然其说随生随灭，随灭随生，浮游无定，郭以此言死生之变非是。"固然郭象把这里的"生死"解作躯体的生死，是说粗了，转变了命题，与前后文不相衔接。而王先谦解作"其说随生随灭"，究竟"其说"如何随生随灭，也说得不够清楚。我们推究庄子行文的思路，"方生"既然是指"彼是方生"，那么"方死"，就是指这种"彼是方生"的方死。所以这里的"死"不是指躯体的死，而是指这种作用或关系的消失或破灭。因为"彼""是"既然相生，那么，"彼"不存，"是"也不存；"彼"改变，"是"也改变。它们的相生，是"方生"，而它们的不存或改变，就是"方死"。从它们的不存来说是"方生方死"；从它们的改变来说，又是"方死方生"。譬如我们的心，像一面镜子，当甲物出现在镜前，那么甲物和镜中的甲像便同时存在，这是并生，也是"方生"。当甲物离开后，镜中便空无形象，这是"方生方死"。接着乙物出现在镜前，于是镜中又由无生有，而有乙物的形象，这便是"方死方生"。所以我们的心的作用就像镜子一样，时时刻刻在那里"方生方死，方死方生"。

"方可方不可，方不可方可。"这两句话进一步写主观意识。本来，就万物的真性来说，是没有"可"与"不可"的分别。我们说"可"或"不可"时，都是依照自己的观点，或某一立场所定的标准来立论的。因此当我们说这种情形"可"时，即已表明另一种情形"不可"，相反，也然。譬如《易经》中每一卦的爻辞，有吉有凶。但并不是说你占到这一爻，就一定吉或凶。因为，如果照着这样的情形去做是吉，那么，不照着这样的情形去做，便凶。所以吉凶没有一定，完全在乎你如何去做。同样，"可"与"不可"也没有一定，全在于你的立场或标准。

"因是因非，因非因是"，王先谦《注》说："有因而是者，即有因而非者；有因而非者，即有因而是者。既有彼此，则是非之生无穷"，这个注已很清楚。所谓"有因而是"指的是"自彼"而生的"自是"。也就是由于把我和其他的人或物分开，而产生歧异，因而凸显了自我，于是产生了"自是"的观念。一切都以

庄子新说

自己为"是",这就是"有因而是"。由于以自己为"是",便以他人为"非",这也就是"有因而非"。所以"因是因非"和"因非因是"的是非是相对的、相生的"是非",而不是真正的"是"。

"是以圣人不由,而照之于天","不由"就是不顺着"因是因非"的路子走。"照之于天"的"照"是观照的意思,"之"是指万物。这个"天"字,在《庄子》书中用得很多,除了有形的"天"之外,都是指自然、本然、本源、本真和无为等。所以"照之于天"也就是观照万物的本然、本真之处,也就是不以自我的眼光来看万物,不以是非的观念来看万物,而以万物生化的无为自然处,来体证万物的真实存有。注意这里的"照之于天"和前面的"莫若以明"是一对照。前面的"明"就是"天"之明,也就是万物本真的自明。"自明"不是"自是",因为"自是"是蒙蔽在彼我差别的观念上,而"自明"却是自体的真实显现。

"亦因是也",这里的"亦"字语气一转,表示这也是一种"因是",但与前面"因是因非"不同。因为前面的"因是"会产生"因非",而此处的"因是"只是"因是"而已,不会产生"因非"。这里的"因是"就是顺万物的"自是",这个"自是",不是前面与"彼"对待的自以为是,而是个体独立的真实存在。即山是山,水是水的各有其存在的意义。所以这里的"因是"是对应了"物无非彼,物无非是"的话,由于这个"因是",才能使"彼"与"是"相融,使客体与主体合一,也就是顺万物个体的存有,这是《齐物论》中的关键词,在后文还会再重复强调两次。

第三小段,从"是亦彼也"到"故曰莫若以明"。"彼"也有他自己的我,也有他的自是。如果彼我的对立,各有其自是,都

齐物论第二

认为对方的自，即彼的自是为非，那么这种是非的对立，无有了期，所以要"莫若以明"，以回归"吾"的真明，而抛弃掉"我"的自以为是。这是第二次讲"莫若以明"。

这一段是在接着进一步从前面"彼是"的相对和是非相生，说到"彼是"的相同以及是非的无穷。

"是亦彼也，彼亦是也。"这里的"是"虽然一般注解都当作"此"或"自"，但由于和下面"是非"相连接，所以庄子不用"此"而用"是"。因而这个"是"，可解作自以为是的"是"，由这个"是"才凸显了自我意识。那么这句话是说自以为是，只是你自己的判断，在对方来看，你的"是"仍然是"彼"。同样的，我们认为对方的"彼"，也有他自己的判断，也有他的"是"。在这里，庄子由"彼是"的相对，而转到"彼是"的相同的论点上来了。

"彼亦一是非，此亦一是非。"前面所谓"彼是"相同，是从它们的同为一是非来说的，也即"彼"有彼的是非，"此"有此的是非。"彼""此"自以为是，是"是"。而"彼""此"相非，是"非"。所以"彼""此"的相同，是都有各自的是非判断。不能说"彼"是"此"非，或"彼"非"此"是。

"果且有彼是乎哉？果且无彼是乎哉？"这两句虽然是感叹的问话，却寓有深意。"果且"，即果真，也即究竟的意思。说它"有彼是"吧！却似乎没有，因为"彼""是"都是由于观念的对待而成。所谓"物无非彼，物无非是"，所以就物性来说，本无"彼是"的差别。可是说它"无彼是"吧，却又不然，因为在人类的观念中，有对外物的认识的"彼"，也有自如的"是"，这是事实，不能抹杀。这两句问话乃是引导我们去深思，进一步去超

庄子新说

越"彼""是"的二元对立。

"彼是莫得其偶,谓之道枢","偶"是对偶,也即相匹的意思。这里仍然只说"彼是",而不说"彼此",因"彼此"只是单纯的对立。本来山高水深也是相对的,在自然界的相对,也是相映成趣的,如红花绿叶。可是一有观念上的是非判断,"彼此"便成了"彼是"。即"彼"非,而"此"是,这便引起是非的判断和争执。这种争执,都是以别人为非、自己为是。"是其所非,而非其所是。"所谓"得其偶",即指这种是非的相互批评、对待而生。"道枢"是道的枢要。"枢"即门的枢纽,《释文》:"枢,要也。"道枢即引喻为道产生作用的关键。所以这句话是说,如能使"彼""是"的是非不至于因对立而生,是非的争执也就自然归于寂灭,这就是道的作用。

"枢始得其环中,以应无穷",以门枢为例,"环"是承托门枢的圆洞,门枢置入其中,便可旋转自如。以此来描写是非,如郭象《注》:"夫是非反覆,相寻无穷,故谓之环。环中,空矣。今以是非为环而得其中者,无是无非也。"这是比喻道枢在圆环的虚空处,不逐是非,而能以不变应万变,这句话中,用一个"始"字说明道枢一开始便不沾是非,因此绝不会跟着是非走。接着用一个"应"字说明道虽然超离是非,但绝不流于虚无,它作用于现象界,自有其因应的方法。

"是亦一无穷,非亦一无穷也",是非之所以都是无穷,有两种原因:一就空间的相对来说,彼此以是非争执不休,永远也没有定论,这即是前面所谓"是其所非,而非其所是"。一是就时间的变化来说,今日之是,也许是明日之非,而明日之非,又会是他日之是。譬如我们在圆环上定一点，向右转为"是"，因此一直向右转都为"是"而构成了无穷的"是"；那么向左转为"非"，因此一直向左转，也就变成无穷的"非"。当然这种"是""非"，都是观念的执着。向右转向左转，其实只是同一个圆环而已，并没有所谓是非之分。

"故曰莫若以明"，这句话第二次出现。前面的"莫若以明"是针对道之被隐，或心中有所隐，而各有是非的争执来说的。此处的"莫若以明"是针对是非的转变无穷来说的。但值得我们注意的是"无穷"两字。就是非无穷来看，本是负面的意思，可是真正通向"无穷"之后，"无穷"却又能转化是非的相对。因为放眼"无穷"，是非的对立便自然消泯，就像几何学中的多角形，如果多角形达到无限多的话，便几近无角，而与圆相似。所以真正"是"亦无穷，"非"亦无穷，"是""非"间便无界限。这是庄子在本段中讲"道枢"，而以"无穷"去点化了"是非"的争执，这就是"以明"，以天道之明去转化"彼""是"的是非的对立。

第四小段，从"以指喻指之非指"到"已而不知其然，谓之道"。本段借"指""马"的比喻来强调，"天地一指也，万物一马也"。如果说"指"是"彼"，"马"是"我"，这也是一种彼我的对立，但这个"一"却是打破对立，而达到彼我皆一的一致性。所以接着讲"然不然""可不可"都是一种是非之见，不能偏执了。是非如此，推之，人的成败也如此，所以说，"万物无成与毁，复通为一"。接着为什么庄子要"寓诸庸"呢？因为这个"庸"就是最平庸的万物，它们都是一个个的个体，但"天生我材必有用"，都各有其用，各有其自得，所以说，"亦因是也"，就是顺

庄子新说

万物的真是，即它们的各有其用。这是第二次讲"因是"。

这一段再进一步就物体自身来强调它们存在的真实。

"以指喻指之非指，不若以非指喻指之非指也；以马喻马之非马，不若以非马喻马之非马也。"这几句话历来的注解都不够清楚，但很显然，这里以"指""马"为喻，正好和公孙龙著作中的两篇名著《指物论》和《白马论》相合。近代学者刘师培、王叔岷等都认为《庄子》此处的"指""马"与公孙龙所论的"指物""白马"的主题不无关系。不过这种论题也是当时名家常谈的，所以《庄子》此处所言也并不一定是针对公孙龙而发的。这里的"指"，虽然是手指的"指"，却是用指指物的意思，因此引申而为指称或名相。这两句话的意思是：如果我们用指物的名相去说明名相所指不是所指之物的本身，还不如不用名相去表现名相所指不是所指之物的本身。因为我们已用了名相，又说名相虚妄，这样便永远在自己建立的名相上打转。例如别人的理论，我们批评它的不是，而我们的批评却是根据它而发的，无形中，我们便依它而行，不能自主。因此还不如放弃对它的评论，任它自是自非，这样反而能使它（彼）与我（是）各顺自性，而不互相妨碍。下面两句以"马"为例。"马"也是一种名相，是去指那种我们称它为马的动物。这里和前面讲"指"不同的是："指"是抽象的概念，而"马"是特殊实物的名称。这两句话的意思是：如果以马的名称去比喻我们用马的名称（如白马）不能完全表达马的实体，还不如放弃这个马的名称，去表达马的名称不能完全表达马的实体。因为我们一用了"马"的名称，我们便会纠缠在这个名相的许多观念上，如"马"是用来供我们坐骑、驱使的，就像许多喜欢赌马的人，一听到"马"字，便会想到马的好坏和赌博的输赢。这又哪里是真正马的实性呢？所以我们不用"马"的名相，反而能真正体察马的真性。公孙龙讲"白马非马"，庄子则更彻底地要"忘马"。因为忘马之后，人与马才能同游于自然，人不必骑马而乐，马也不必为人而驰。

"天地一指也，万物一马也"，这两句话是前面"指""马"之论的结语。在这里，关键是这个"一"字，天地虽大，但天地的名字也是一种指称。万物虽多，但万物的名称约归来说，都是一种称呼，就同称为"马"一样。天地是指整个宇宙来说，如果以各种名相来看宇宙，便会形成各种学说理论，现在我们以"一指"来齐之，便知天地为一，就不致为指物而频生异见。同样，天地中的万物各有称呼，如称山称水，叫牛叫马，如果我们了解这些名称虽异，它们的作用只是一个。我们如知道万物之名都是称呼，我们就称万物为马，这样就不会因名称而有歧视，而产生争执。所以这"天地一指也，万物一马也"的意思，不是要我们看这个"指"字"马"字，而是要我们悟这个"一"字。悟了"一"后，便知"天地一指"而无指，"万物一马"而非马了。

"可乎可，不可乎不可"，这两句话，近代学者因不可解而认为是错出的。其实，这两句话是承接"一指""一马"而来的。既然天地万物就名相来说，都是一种指称，那么称马为马，固然可；而称牛为马也未尝不可。但既然是一种指称，便不是天地万物的自体，因此任何名称都不是真的自体，诚如《老子》所谓"名可名，非常名"（第一章），所以执着这些名相都是不可的，称牛为马固然不可，称马为马，也有所不可。

"道行之而成，物谓之而然"，前一句虽可解作"路是人走出来的"，但这样解释会把意义说浅了。此处的"道"对应前面的"道枢"和后文的"道通为一"，所以是指天道，或自然之道。这个"道"是它自己运行而成的，不是靠人们的意识观念所构成的。其实"道"字也是个空名，道所指的是天地万物的自体的存在和变化。由于它们的自然形成，就称为道，如山高水低，或山明水秀，这就是道。至于下一句的"物"，固然是万物，但"谓之而然"就是我们给予它们称谓，称山为山，称水为水。大家约定俗成，都是如此称呼，也就以为当然，好像山就该叫山，水就该叫水。

"恶乎然？然于然，恶乎不然？不然于不然。物固有所然，物固有所可。无物不然，无物不可。"这里的"然"是承接"物谓之而然"来的，万物的称谓既然是约定如此的称呼，如此就是如此，不如此就是不如此。称马为马，就是如此，不称马为牛，就是不如此。然而这都是名相，都是人的意识赋予的，不需要为此而争论。因为争来争去，还是属于名相。值得深察的是，物本身有它的本然，有它的价值。而不是人以自己的意识规定万物应该如此，或有什么价值的判断。譬如以人的观点，马应该是负重的，供坐骑的；可是马如果有灵性，它的以为"然"、以为"可"却和人的评价不同。人以为的"驯马"，从马的角度来说也许以为是个孬种。如果我们超离了人的观点来看物性，或舍弃了自我的观点来看万物，那么万物都各有它们存在的意义和价值。

"故为是举莛与楹，厉与西施，恢恑憰怪，道通为一。""莛"，《说文》："茎也"，是指草茎，喻小；"楹"，木柱，喻大。这是小和大的不同。"厉"，司马彪《注》："病癞"，喻丑；"西施"，美女，

齐物论第二

喻美，这是丑和美的不同。《释文》："恢，大也。李云：'恑，戾也。憰，乖也。怪，异也。'""恢"是大而无当。"恑"是反于常态。"憰"是变幻莫测。"怪"是怪诞不经。总之，前面是指相对的事物，后面是指怪异的变化。可是道却能打通它们，使它们齐而为一。道如何能"通"，能"一"？这是因为"道行之而成"，也就是说道顺着物性而使它们各自成就它们的特性，它们的功能。"通"就是通于它们的特殊性能，"一"就是使它们各自发展它们的功能。万物之所以有小大、美丑、恢恑憰怪的不同，乃是由于执着一面，而歧视另一面，如果万物都能顺着本性，各遂其生，便没有这些差别的争执了。这句话中的"道"字很重要，唯有能合乎道才能"通"才能"一"。

"其分也，成也；其成也，毁也。凡物无成与毁，复通为一。"这是再进一步说明，道之所以能"通为一"，并非道有何神力，而是道和万物一体。道之能"通为一"是由于万物能"通为一"。万物之能"通为一"，并非万物的殊相使然，而是殊相所本的共相能"通为一"。譬如小草的"小"，大树的"大"，都是殊相，这些殊相是个体的，当然不能"通为一"。可是小草有小草的生命，大树有大树的生命，就生命的本质来说是一致的；小草有小草的功用，大树有大树的功用，就在宇宙中的功用来说也是相通的。所以这些殊相的个别物，就整体的自然大化来说，是相通为一的。基于这个道理，庄子便进一步说："其分也，成也；其成也，毁也。""分"是分化，譬如树木被砍伐，这是"分"，砍下的木材，做成家具，这是"成"。家具用久了，变得破旧而被遗弃，这又是"毁"。所以站在一面来说，有分、有成、有毁的不同，可是就整体的宇宙来说,只是物体的不同转化,材料的重新组合而已,无"成"与"毁"之可言。所谓"复通为一",就是在万物的殊相变化中,再回到整体的自然大化中,再"通为一"。这个自然的大化,也就是大道。

"唯达者知通为一,为是不用而寓诸庸","达者"是指达道者,也就是知道整体的自然大化的人,"为是不用"就是不用"为是"。"为是"的"是"就是前文"彼是"的"是",指用自己的观点看待、判断别人,而自以为是。所以"为是不用",就是不执着主观的成见。"寓诸庸"的"庸"字,依照下文的解释是"用"的意思,但此处不以"用",而以"庸"字来表达,乃是因为这个"庸"字还有平庸一义,这和"中庸"的"庸"字相通,是指平常的事物。"寓诸庸"就是存于平常的事物之中,即不以我观物,而顺万物之本然。

"庸也者,用也;用也者,通也;通也者,得也;适得而几矣。"近代学者有以为这几句是前人的注解而误入者(如严灵峰),有以为这个"庸"即是功用的意思。这几句话是否该删是属于考证的问题,如无理论上的必要,我们不想随意附会。事实上,就思想上来说,这几句话非常重要。由于这里的"庸也者,用也",可反证前面的"寓诸庸"的"庸"虽有功用之意,并不能直接解作"功用",否则庄子无须用这个"庸"字。这个"庸"是指平常的事物。然后此处接着解释为什么要存于平常的事物,因为平常的事物都各有其功用。我们要正视平常的事物,从平常的事物中,深体一物有一物的功用,而从一物有一物的功用中,更能体察到宇宙大化的功用。这样便能打通殊相的小格局,而能融通万

齐物论第二

物，这就是所谓"用也者，通也"。能融通万物，才能在外使万物各得其所；在内使自己心有所得。这就是"通也者，得也"。所谓"适得"是万物与我各有所适、各有所得，然后才能几于道，也就是和道相合了。

"因是已"，也就是由于"寓诸庸"，使万物各适其性、各得其位，这就是顺万物的真是，也就是顺万物的本然。这里的"已"是指已经或本来的意思。

"已而不知其然，谓之道。"这里的"已"是承接"因是已"而来，所以"已"是指"因是已"的意思。"因万物之自然"而不知其然，这就是道。这句话正好和本段前面的"道行之而成"相对照，因为"道"的行是透过了万物的，所以道的成，就是万物的成，也就是已而不知其然。

第五小段，从"劳神明为一"到"是之谓两行"。这段故事即大家都熟悉的成语"朝三暮四"。养猴子的人给猴子果实，早上三个，晚上四个，猴子不乐；相反地，早上四个，晚上三个，猴子非常高兴。这故事说明了实际上是七个，前三后四和前四后三，却为养猴人和猴子两方不同的坚持，这就是彼我的分别之见，即是这个强调自"我"所产生的偏见，所以庄子要"亦因是也"，即下文接着说的"休乎天钧，是之谓两行"，"两行"即两方面都可通。这是第三次讲"因是也"。

在这一段中，庄子就"为一"的问题，进一步加以说明。

"劳神明为一而不知其同也，谓之朝三。""神明"是精神心知之明的意思。此处"为一"和"道通为一""复通为一"完全不同。"道通为一"，是由道的成就万物，自然地通而为一。"复通为一",是万物的归于大化,自然地通而为一。可是此处的"为一"却是劳神明去勉强地为一。就像"为是不用"的"为是"一样,是以自己的观点、立场去迫使别人或他物与我的私见私意为一。孔子说:"君子和而不同,小人同而不和。"(《论语·子路》)这里的"为一"就是小人的"求同",要求外物与我一致,而抹杀了各物的特殊性。"而不知其同",就是不知道在道之中,或整体的大化之一,各物的性体都是相同的,这是万物的本一。"朝三"即下文"朝三暮四"的故事。

"狙公"是养猴子的人。"赋芧"是给猴子果实。狙公说早上给它们三个,晚上四个,猴子们便不悦,换过来,早上四个,晚上三个,它们便大乐。"名实"就是名之实,"名"指数目,"实"指果实。这些果实的总数,仍然是七个,可是分配不同,却令猴子们产生喜怒不同的情绪。我们看猴子的做法也许觉得好笑,可是我们自己也常处在猴子的角色而不自知。其实猴子的做法也有它们自己的想法,如果猴子能言,它们也会一本正经地说:"我的想法并没错,早上四个比早上三个好,因为多了这一个,我就有这一个的自主权,即使我留到晚上再吃,和朝三暮四一样,而我却享受了这一个的自主权,你们人类还不是一样,假如这个月薪水四万、下个月三万,当然比这个月三万、下个月四万要好,因为先拿一万,就有一万的利息啊!"所以猴子的想法也无可厚非。那么庄子以猴子的故事为例,究竟用意何在呢?庄子的用意不在讥笑猴子,而在寻求出对应的方法。

"亦因是也",这是第三次提到"因是"。前面的"因是"都是就理论上来讲,此处的"因是"却是以猴子的故事来讲,是涉及运用,所以较为复杂。就行文的次序来看,这里的"因是"是指狙公给猴子果实,由朝三暮四,改为朝四暮三,使猴子由怒而喜,所以是顺猴子的心理来说的。猴子的心理,就是人的心理,由于以自己为主,因而产生是非之见。这是前面讲的"彼是"的相因和方生,也是此处所谓的"名实未亏而喜怒为用"。那么"因是也",又如何去因顺猴子的自是呢?猴子的喜朝四,而怒朝三,固然是是非之见,那么狙公如果坚持朝三暮四,告诉猴子们加起来的总数都是七,这就是"劳神明为一",无异和猴子一样去争是非。既然总数都是七,狙公便应改为朝四暮三,对自己无亏,可是又能使猴子转怒为喜,这就是"亦因是也"。借顺着猴子的喜好,而"复通为一"。所以庄子的"因是"是一种极高明的处世方法,这是一面顺万物的自是,使它们各适其是,而不致产生争端,因而"自是"自泯,以达到宇宙大道的真是。

"是以圣人和之以是非而休乎天钧,是之谓两行。""和"是调和的意思。再从前面的故事来说,有的注把芋解作小粟,朝三暮四,是朝三升暮四升粟。如果以升来算的话,很简单,把它们合起来,平均分配,朝三升半暮也三升半,岂不是无话可说了。问题是人间的是非不像数目一样可以合起来,再平均分配的。那么又怎样才能"和之以是非"呢?这句话的意思是调和"万物的是非"以"是非"。也即是的任它是,非的由它非,"是亦一无穷,非亦一无穷",我处道枢之中,以应无穷。就像猴子要朝四暮三吧,就给它朝四暮三,皆大欢喜。然而问题又出来了,如果是这样对付的话,岂不是"是非不分",没有真理了吗?其实不然,庄子接着补上一句"而休乎天钧",非常重要。"钧"字与均相通,成

庄子新说

玄英《疏》:"天均者,自然均平之理也。""休"就是归休的意思,也就是回归到自然大化的均平之道。这个"均平之道"是两行的,也就是双线道。譬如朝三暮四、朝四暮三是双线的,就猴子或人类的心理来说,只认定一种是对自己有利的,可是就道,或天钧来说,总数都是七,都是相等的。因此这两条路都可用,都可通。所以"休乎天钧"即归于天道的自然均化。

第六小段,从"古之人"到"此之谓以明"。本段由我们的认知的层次来说,最高的层次是无,其次是无分别,再其次是有分别而无是非,这就是前面所说的"两行",也就是有彼此或彼我,而无彼非我是的是非之见。接着下一层次就是是非之见了。在这里庄子用了名人昭氏、师旷、惠子为例,他们都是如逍遥游中的第一种人物,以一技之长赢得世人的推崇,但这只是一技,博得一好。但庄子说得好,"若是而可谓成乎?虽我亦成也",因为万物中每一物都有它的特点,如果昭氏鼓琴是他的特技,那么,每个人都有他的特质,如庄子前面说的"愚者与有焉",我们不要笑愚者,老子不是也说过"我愚人之心也哉"吗?所以这种"滑疑之耀",即以一技显耀,"为是不用而寓诸庸,此之谓以明"。即还归于万物最平实的本色,这即是照之于天的没有分别是非、好坏、成毁的"明"。这是第三次讲"莫若以明"。

这一段转到人间来,由古人的知识的混同,到指斥世俗是非的争论。

"古之人,其知有所至矣。恶乎至?有以为未始有物者,至矣,尽矣,不可以加矣。""知有所至"是指知识的最高境界。有的人认为这个最高境界,是"未始有物"的。"未始有物"就是"无物",

即"无"的境界。如老子的"太上不知有之",六祖慧能的"本来无一物"。这是游心于万物之宗,即道体的境界。

"其次,以为有物矣,而未始有封也。"有的人认为这个最高境界是"有物"的,就是"有"的境界。但我们可以观照万物的存在,与万物合一而没有"封"。"封"是界限,"未始有封"即没有彼此的界限。这是游心于万物之中而无分别意识的境界。

"其次,以为有封焉,而未始有是非也。"再有的人认为这个最高境界是"有封"的,即有差别现象的,如山高水低,花红柳绿,甚至有各种的名相,如小大、长短等。但我们面对这种形相,虽然知道它们的差别,但不以自己的主观去做是非的论断。也就是游心于形形色色的万物之中,而任其自然。

以上三种境界,如以庄子前面的话来比较,第一种"无物"即道体的境界。第二种"有物"而"无封"即"道行之而成","成"即成物。第三种"有封"而"无是非",即"道通为一"和"复通为一",就是归于自然之化。

"是非之彰也,道之所以亏也。道之所以亏,爱之所以成。"在现象世界中,万物都有它们差别的殊相。万物各安其殊相,共融共化,这就是道。如果我们有了是非观念,又以这种观念去将万物强加分别,就破坏了这个平衡和谐的道。"道之所以亏"并非指道本身的亏损,而是指我们自己生活的道受到了亏损。什么是道受到了亏损?譬如道在现象界的作用是一气的变化,这个气禀赋于我,也禀赋于万物,都是同一个气。虽然我和万物形体有不同,但我和万物各顺性而发展,互不相扰,便是同归于一气,就像鱼生活在水中一样。这就是平衡和谐的同一个道。现在如果我们有了分别心，有了是非的争执，我们便由相对的二，而执着自己的殊相，便不能归于一。我们所禀赋的气，便有了亏损，由一而二，如果二不能和谐地归于一，那么这个二对于一来说，岂不是亏了一半。由二而三而四，则亏得更多（按本篇下文，有一而二、二而三之说，这和《老子》的"道生一、一生二、二生三"完全不同，这一点我们后面再详细讨论）。道一有亏损，自我的私爱便凝聚而成。值得玩味的是，为什么庄子这里提出的"爱"字，是在"是非之彰""道之所以亏"之后？这有两个原因，一是本篇的主题虽然讲真我和万物的自体，但立论的方法却是从知识方面着手的，所以庄子行文至此，都是论小知大知，是非言说。二是由"道之所以亏"来说"爱之所以成"，这是把这里的"爱"限定在观念的偏执上，而不是发乎至情至性的爱。

"果且有成与亏乎哉？果且无成与亏乎哉？有成与亏，故昭氏之鼓琴也；无成与亏，故昭氏之不鼓琴也。"这里的"成"和"亏"是承接前文的"爱之所成"和"道之所以亏"而来的。庄子先提出"果且有成与亏乎哉"和"果且无成与亏乎哉"的问题，这是庄子行文的笔法，重在引导我们做深一层的思考。接着庄子以昭氏的鼓琴为例，提出他对此问题的看法。昭氏即昭文，按《吕氏春秋》所载，是郑太师，善于弹琴。庄子说："有成与亏，故昭氏之鼓琴也；无成与亏，故昭氏之不鼓琴也。"这两句话，郭象《注》说："夫声不可胜举也。故吹管操弦，虽有繁手，遗声多矣！而执籥鸣弦者，欲以彰声也，彰声而声遗，不彰声而声全。故欲成而亏之者，昭文之鼓琴也；不成而无亏者，昭文之不鼓琴也。"这段话解得很不错，但都是就形而上来说的。我们如果扣紧前文，把它落实来看，昭文的鼓琴，当然在琴艺上有特别的造诣，这是"成"。但琴艺上再高的成就也是有所限的，譬如琴音表达鸟音，表达得再好，也不如真正的鸟鸣。所以一有所"成"，对真正的自然之道来说，便有所"亏"。那么昭文的不鼓琴，当然是无成也无亏了。但庄子前面曾说："果且无成与亏乎哉？"这句话颇有深意，很值得我们玩味。庄子在这里没有言明，但我们在这里却不能放过。如果这句话是指昭文在不鼓琴的时候，无成无亏，那么一般不懂琴艺的人，从来都不鼓琴，也是无成无亏的，这样的说法便无深意。假如昭文在琴艺达到登峰造极的程度后，自觉有成有亏的道理，有段时间不再鼓琴，或终生不鼓琴。这也有两种情形：一是经过这段不鼓琴的体验，他的琴艺势必有新的突破，然而就算他的琴艺再高超，他一鼓琴，仍然是有所成，也有所亏。另一是他终生不再鼓琴，当然是永远地"无成""无亏"了。后人对于他的评价，也只能以他"有成""有亏"处来论。至于他的"无成无亏"处，可能已由琴之"艺"，而进入琴之"道"了。我们这些推论，虽然庄子没有提及，但从他"果且无成与亏乎哉"的问话，使我们相信"昭氏不鼓琴"一语，必有向上一路的深意。问题重点不在鼓琴与不鼓琴，而在以"无成无亏"的最高境界引导我们向上提升，也就是自觉有所成就的渺小，而把心胸向没有局限的大道开放。前面所谓"道隐于小成"，即是这个意思。

"昭文之鼓琴也，师旷之枝策也，惠子之据梧也"，接着是描写"小成"之所以为小。师旷，字子野，是晋平公的乐师。前面昭文鼓琴，如果此处又写师旷奏乐的话，似嫌重复，所以改用师旷的一个特色"枝策"。"枝"是动词，做拄持讲，"策"是杖的意思。陈寿昌《注》:"旷,瞽者,柱策以行,而不见如见。故于鼓钟之类,善击考也。"这是指师旷目不能视,在行走时用杖,而在奏乐时,虽看不见,却善于奏乐。所以"枝策"本非奏乐,只是引喻师旷虽盲,却能转变盲的缺点而有成就。惠子即惠施。"据梧",有许多注解硬把"梧"解作琴瑟,这是为了配合前面两人都是乐师,其实惠子以善辩而闻名,并没有他善于琴瑟的传闻。在《天运》上曾说:"倚于槁梧而吟",这句话虽然没有明言惠子,但描写出这幅图画是靠在枯槁的梧树旁吟咏不休。这里用"吟"字不一定指的是歌唱,而是精疲力竭的呻吟,这和"枯槁"的梧树正好形成对比。总之此处惠子的"据梧",是指惠子常在梧树旁发表高论,或和人辩论。这是借"据梧"的特色来写惠子的"小成"。

"三子之知几乎,皆其盛者也,故载之来年。"这里用一个"知"字很特别,因为昭文、师旷都是善于奏乐,是才能,只有惠子的善辩才能算为"知"。但庄子都统称三人的才能为"知",这是把问题转入了知性的范畴,也正是本篇一开始讨论小知大知和彼我是非的思路历程。就昭文、师旷的音乐造就来说,各有他们自己的特色,本无不可。如果把这种才能称为"知"的话,就暗喻他们不只是为乐而乐,陶醉于为乐,而是以乐为知,自诩其音乐成就。以乐为乐,只是不断地为乐,而无自以为知、自以为成的感觉,相反的以乐为知,便自以为有所成,便有成有毁。所以说在"知"的成就,这三个人物在他们的领域中都差不多达到很高的境界,这里的"几"不是几于道,而是"几"于他们所认为的最高境界。"盛",有的注本解作"成",虽然意思不错,但就"盛"字的本义也很好,乃是指他们的成就盛传一时,所以为

齐物论第二

史书所载，直到于今。

"唯其好之也，以异于彼，其好之也，欲以明之彼。非所明而明之，故以坚白之昧终。而其子又以文之纶终，终身无成。"这里的"好之"与前文"爱之所以成"的"爱"正好对应。这种"好之"是一种私爱。"以异于彼"，就是标榜自己之所好、所爱，而显示自己和别人的不同。"欲以明之彼"就是拿自己所好、所爱的，来夸耀自己比别人高明。"非所明而明之"就是不应该"明"的而去"明"它。前面讲"莫若以明"，这是归于天道之自明。这是我们应该称颂的，至于个人的一点儿小才能、小技巧，便不值得一提。相反地，如加以夸耀，就会"以坚白之昧终"。"坚白"是指公孙龙的一个有名的辩论叫作"离坚白"。这是用一块坚硬的白石为例，一般人只知道这是一块白色的石头，或分开来是"坚""白"和"石"的三个概念，但公孙龙却认为是"坚石"和"白石"的两件事物。庄子举这个例子，目的在于说明像惠施和公孙龙等名家整天辩谈这些昧于事实的论题而终其一生。"其子又以文之纶终，终身无成"，这里的"其子"，有的说是惠施的儿子，有的说是昭文的儿子。但惠施和昭文是否有子承父业，实不可考。在这里我们不必执着于解释，可当作泛指他们的后人。"文之纶"，"文"是指文采，或表现；"纶"是指纶绪，或绪业。也就是说他们的后人只是依靠前人的余荫，连前人的成就都没有，所以说终身无成。这就同许多学派的后人，虽然以该派自居，却无创始者的精神，徒拾渣滓，非但无成，反而变为该派的罪人。

"若是而可谓成乎？虽我亦成也。若是而不可谓成乎？物与我无成也。""若是"指前面所指那些人物的成就，在庄子看来，

庄子新说

都是一技一能，都是"小成"。如果说他们的技能是成就的话，那么万物都各有他们的技能，譬如，鱼儿会游水，猴子会爬树，人类会走路。同样，每个人也有每个人特殊的技能，这些都算是一种成就，所以说我也有我的成就。如果说这些技能都不是成就，那是因为这些技能都是每物所自具的，不应该夸耀于人，而以为是了不起的成就，从这个观点来看，我与万物都是发展自己的特性，算不了什么成就。

"是故滑疑之耀，圣人之所图也。"这句话有点儿难解，前人的注解极为不同。一类是把"滑疑之耀"解作好的意思，如憨山："滑疑之耀者，乃韬晦和光，不炫己见之意。言光而不耀，乃圣人之所图也。"陈寿昌也注说："滑疑，不明貌。耀者，不明中之明也。图，务也。"另一类是把"滑疑之耀"解作不好的意思，如王先谦："司马云：'滑疑，乱也。'案虽乱道，而足以眩耀世人，故曰：'滑疑之耀。'圣人必谋而去之。"马叙伦、蒋锡昌、王叔岷多持此说。然而这两说真正的意思都相通，其所以不同，问题的症结在"圣人之所图"的这个"图"字上。前者是正面去解"图"字，当作图谋、希求之意。后者因解不通，因此把"图"字改字求解，蒋锡昌："图借作啚"；马叙伦："图借为否"；王叔岷："图当作圖，古鄙字。"这种改字求解，除非万不得已，不能多用。因为第一证据不足，第二求解是为了求易解，往往会忽略了原字的深意。如果把"滑疑之耀"和前文相衔接，承着"若是而可谓成乎？虽我亦成也。若是而不可谓成乎？物与我无成也"而来，因为这两句话一下子讲"成"一下子又说"无成"，语句滑溜，也滑稽，所以称"滑"。文义寓有深意，却不能浅尝即知，所以有

"疑"。"滑疑"即"吊诡"的意思。但这并非玩弄文辞，而是在"滑疑"不明中，有智慧的火花，所以称为"耀"。"圣人所图"的"图"，正如《老子》"图难于其易"的"图"，是具有小心将事，善于运用的意思。

"为是不用而寓诸庸，此之谓以明"，这就是圣人从"滑疑之耀"中所体悟的智慧。由于我和万物各有所成、各有特长，因此不必是己而非人，所以说"为是不用"，即不以自己为是。而我和万物各有所成，等于我和万物各无所谓成，也就是没有值得夸耀的所谓成就。我和万物都是各适其所用而已，这就是所谓的"寓诸庸"。明乎此，才是真正的"明"。"以明"，就是由天道的自然，来明万物的各有所用。

第七小段，"今且有言于此"到"无适焉，因是已"。这里开始举言语为例，前面曾说"言非吹也"，即是指言语是有心有意的，当然不能表达万物的真是。庄子为了解释这个道理，他借时间上的论说，指出在时间上的追溯，从有到无，我们无法确定有无的界限。接着他从空间上来说明，一般人都认定泰山是大，秋毫是小，庄子却说，"天下莫大于秋毫之末，而泰山为小"，因为在形体上泰山大，秋毫小，但就性体来说，却没有大小的不同。这一点用"吾丧我"来说，丧我的"我"是有形的体，有大小是非的不同，而这个"吾"却是超形体的性体。至此，庄子说出了《齐物论》最重要的两句话，就是"天地与我并生，万物与我为一"。这里的"我"就是丧我之后的"吾"。并生是这个"我"与天地共同生生的发展，也和万物都各自同有一个自体。因为万物在形体上虽千差万别，但每物都是绝对的"一"，所以最后说"无适焉，因是已",也就是说不要逐物形体去讲二讲三讲万,而回归万物的各个自己的"真我",它是"一",也是"吾",这是庄子第四次讲"因是已"。

这一段,庄子又把话题转回来,反观自己的论辩。

"今且有言于此,不知其与是类乎?其与是不类乎?"这里的"言"是指庄子的这番言论。"与是类乎"的"是",指万物的真是。也就是说庄子自反他的这些话是否真能合乎万物的真是?

"类与不类,相与为类,则与彼无以异矣。"这是说无论与万物的"真是"相合或不相合,都是一种言论,都不能执之以为是,而认为是绝对的真理,或以为是了不起的成就,这样就会如前面所说的各种言论互相以"彼"对待,就是认为自己都是对的,别人都是错的。对于这几句话,王船山以为"防人摘己,而先自破之"。也就是说庄子为了下面提出他的见解而铺路,表明自己并不是"好辩",而是"尝试言之"。这是庄子以退为进的写法。

"虽然,请尝言之。有始也者,有未始有始也者,有未始有夫未始有始也者。"这几句话是从"时"方面向上追溯,万物都有它们的"开始",这是"有始也者"。而这个"开始"却没有它的"开始",也就是"开始"的"开始"是无。因为"开始"如果有始的话,它就不再是"开始"了。所谓"有未始有始也者",是说未有开始的有始,也即是"无始"。而这个"无始"更没有它的"开始",如果"无始"有个"开始",它就不再是"无始"了。所谓"未始有夫未始有始"是说未有开始的未有开始的有始,也即是没有开始的"无始"。总括这些话,就是把万物的开始,追溯到无穷无始的境界。

齐物论第二

"有有也者，有无也者，有未始有无也者，有未始有夫未始有无也者。"这几句话是从"空"方面超越对待而向上提升。"有"和"无"是《老子》书中的两个重要观念。《老子》第一章说："无，名天地之始；有，名万物之母。"又第四十章："天下万物生于有，有生于无。""无，名天地之始"，和前文"有始也者"的一段话相似。而"有，名万物之母"，与本段话的"有"相似。这是指现象界的存有。但有"有"，也就有"无"，所谓"有无相生"(《老子》第二章)。但"有"的开始是"无始"，如前文所示，而"无"的开始也是"无始"，所以说"未始有无也者"。再向上提升，这个"无始"的开始，绝不是"有"，否则便不是"无始"，所以说"未始有夫未始有无也者"。

　　综合这两段话，可以用图表示如下：

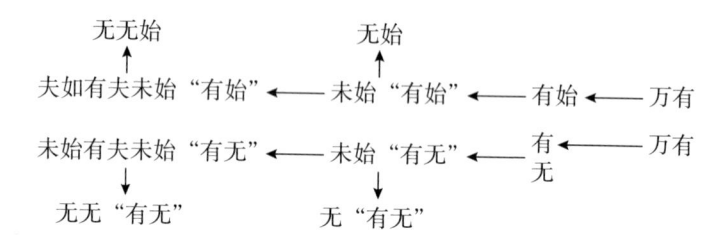

```
          无无始              无始
           ↑                   ↑
夫如有夫未始"有始" ← 未始"有始" ← 有始 ← 万有

未始有夫未始"有无" ← 未始"有无" ← 有 ← 万有
           ↓                   ↓     无
       无无"有无"          无"有无"
```

　　"俄而有无矣，而未知有无之果孰有孰无也。今我则已有谓矣，而未知吾所谓之其果有谓乎，其果无谓乎？""俄"是忽然的意思。这是依据前面所说的无"有无"，和无无"有无"而来。所以当前的"有""无"，不知所始，只能说是"俄"然而有"有无"。但产生了"有""无"之后，在现象界，又是"有无相生"(《老子》第二章)的，所以"有""无"并没有一个固定的标准。执"有"

庄子新说

执"无"都是片面的见解。由此而推之,庄子自喻他所说的话,究竟是"有谓"或"无谓"他也有所不知。这话在表面上,好像是自谦之词,其实是颇有深意的。庄子说了这些话,当然是"有谓",而庄子问"果有谓乎",就是要我们不应执着"有谓",而要知道其"无谓"。但他又紧接着问"果无谓乎",这是唯恐我们又执着"无谓",而忽略了从"无谓"中所显现的真"有谓"。这几句话作为前面一大段话的结语,就是为了读者不致因前面所说"未始有夫未始有始"和"未始有夫未始有无"而落入了虚无的洞窟中,而不知其中的深意。

在这里还有一点值得我们注意的,本篇从开始以来,都是庄子的言论,为什么前面他不说"有言于此"和"今我则已有谓矣",而在此处却特别强调他要说的话?这是因为前面的话都是在批评"彼此""是非",要我们不以己见为是。而在这里庄子却提出了他正面的理论。就像爬山一样,至此已爬到山顶,达到了本篇的结语,就是下面所说的一大段话,所以庄子才特别要说"有言于此"。

"天下莫大于秋毫之末,而大山为小;莫寿于殇子,而彭祖为夭。天地与我并生,而万物与我为一。""秋毫"是秋天的毫毛。毫毛的尖端到了秋天,变得非常细微,这是形容最小的东西,可是庄子却说它极大。"大山"即泰山,当时的人都以泰山比喻最高最大,可是庄子却说它极小。殇子是少年夭折的人,庄子却故意说他高寿,而彭祖活到八百岁,庄子却说他夭折。这些话在表面上都是指大小长短并没有一定标准,然而其中还有深意。因为"没有一定标准"是由于我们用"一定标准"去衡量。在这里,不是以秋毫和泰山相比,殇子和彭祖相较。秋毫如果是大的话,

齐物论第二

泰山毕竟大过秋毫，无论如何泰山总不能比秋毫为小。同样殇子如果是长寿的话，彭祖总比殇子多活几岁，又怎能比殇子还短命？所以这几句话的意义可分两个方面。首先"天下莫大于秋毫之末"，是就万物的性体来说，秋毫之末在形体的比较上虽然极为微小，但就自体来说，它和其他万物是一样的，它不比万物大，万物也不比它大。其次"大山为小"，是就万物的形体上来说的。如果从性体上来说，泰山和秋毫之末一样，不能说"大山为小"。可是我们常以泰山为例来比喻，所以庄子故意说它小，因为在比较上来说，泰山比起天地，岂不又是小吗？同样"莫寿于殇子"，这是就性体来说，万物都是同一的永恒，因此没有任何东西比殇子长寿的了。至于"彭祖为夭"乃是就年岁的比较上来说。彭祖尽管活到八百岁，比起千年的神木，或永恒的宇宙，岂不又是短促有如殇子？所以这几句话在这里的用意是借形体大小的差别没有标准，而托出性体的超越相对，而为下面两句结论铺路。

"天地与我并生，而万物与我为一。"如果读《齐物论》就像爬山的话，那么这两句话就是山的顶峰，也是全文的结论。"天地"代表久长，"并生"是指同生。这个"我"在天地间，只是一瞬，又如何能与天地同生？或共长久？其实这个"我"有三方面的存在，一是"时间"，一是"空间"，一是"性体"。"我"在时间上和空间上，都是短暂的、局部的，可是在性体上，却是整体的、永恒的。这里的"我"，自是就性体上来说的。"并生"的"生"字很有深意，不是说"天地"和"我"在开始的时候同时产生，或将来"天地"与"我"同时消灭。而是指"天地"和"我"相合于一个"生"，也就是同一个"生"之体。"天地"在形体上虽

庄子新说

然比"我"耐久，但在无穷的宇宙上，仍然只是短暂的一段。它和"我"之相比，就像彭祖与殇子一样。不过彭祖和殇子只是就时间的长短来相比。此处却不是就年岁的相比来论，而是拈出一个"我"字将天地与"我"相融，相融于一个"生"字上，把"我"融入了天地的生生不已。这个"生"字正是《齐物论》的眼目。全文从观念的辨析，到此精神毕露。就是这个"生"字，不仅使我和天地共永恒，而且也把我和万物打成一片。"我"本为万物中的一个极小的部分。前面秋毫与泰山的相比，已打破形体上的大小观念。此处更从"生"字上，把我和万物合为一体。所谓"为一"，并非从外面，硬把它们整合为一。像唯物论者，把人贬为物，把万物都以机械化的物质来统一。也不从里面，把它们拆散了而归于一，像印度佛学，讲四大皆空，使万物无自性而于空处为一。此处是从生生处说为一。"并生"是就现象处来看，"为一"是从本源处来看。《老子》说："道生一，一生二。"（第四十二章）这个"一"就是道的始生，也就是万化的源头。所以"万物与我为一"是指在生生的本源上，万物和我是一体的。

"既已为一矣……而况自有适有乎！"这一段话是接着"万物与我为一"之后，特别对"为一"两字加以说明。因为"为一"是指本来的一体，是自然的一体。可是这个"为"有施为的意思，因此易被误解为使其合一，甚至误以为使万物与我合一。所以庄子认为既然本来是一体的，说它们"为一"已是多余。但现在既然说了"为一"，是不得已的，因此不应执着于这个"一"。否则，万物的"本一"，和我们用语言描写的"一"，已变成了"二"。然后我们又念念不忘去"为一"，拼命努力去"合一"，这岂不是又形成了"三"。即是万物的本"一",语言的为"一",以及观念的合"一"。单单这个"一"字,便衍化而为"三",更何况对"本一"的误解,对语言"为一"的误用,以及对"合一"的方法的纷纭,更形成无法计算的观念。"巧历"是指巧于计数的人,就连这种最善于计算的人也无法算得清,更何况普通一般人?庄子说"为一",本是为了打破人我的间隔,而还归于"无"的境界,可是一执着于"一",便使"无"变"有",而衍生了不少葛藤,更何况一开始便执着于"有",执着于名相的分别,岂不是更纷纭复杂了吗?

"无适焉,因是已。""无适焉"的"适"承前面"自无适有"和"自有适有"的"适"字,是指观念的衍生无穷。在"无适"之后,斩断了观念执着,才能"因是已",即顺物自然。这是《齐物论》第四次强调"因是已"。"我"之所以能与"天地并生""万物为一",就是没有分别之心,"无"吧就任它去无,"有"吧就任它去有,这样便不会"自无适有",也不致"自有适有"。这才是无适而无不适。

六、从"夫道未始有封"到"而况德之进乎日者乎"

这一段可分三小段,都是描述大道的浑然一体,不可分析。第一小段从前面的丧我之后而证真我,再去看大道,深知大道没有界限,只能以真我去怀之,不能以知识去分辨它。

第二小段说道之用。虽然运用德,德是规矩,是方的,道是圆的,所以我们要把握圆而"几向方",也就是用德后,又要掩盖它的光芒,这叫作"葆光",也即老子所谓的"挫其锐,解其纷,和其光,同其尘"的意思。

第三小段是借传说最古十日并出,互不伤害,来写大道之下,万物兼容。

下面我们一一来看。

从"夫道未始有对"到"故曰辩也者有不见也"。至此,《齐物论》已爬到了最高的山顶,就是道的境界,所以接着《庄子》有两大段文字论"道"的。

"夫道未始有封,言未始有常,为是而有畛也。""未始"是本来就没有。"封"是界限,也就是指分别。道是万物生生不已的境界,在这境界中,万物各依其性分而生,这个"生"的本质是一体的,绝没有不同的分别。至于"言"是发乎人的观念意识,随生随灭,因是因非,根本没有一定的标准。用这个没有定常的"言",去描写"道",当然是不可能的,可是人们偏偏执着于这个"言",用"言"去勾画出自己以为是的"道"。这就是所谓的"为是",即自以为是。一切的问题便出在这个"为是"上。"畛",是界域,也即观念的分别。

"请言其畛:有左,有右,有伦,有义,有分,有辩,有竞,有争,此之谓八德。"这里的"八德"并非指八种德行,而是指八种自以为是的观念。前人对这段话的注解都各不相同。不过这段话是承接"为是而有畛"而来的,所以都是因"自以为是"而产生的自以为"得"。"德"是"得"的意思。"左"是以"左"为是,"右"是以"右"为是,这是以方位而言,以自己所处的立场、角度为是。《中庸》所谓"所恶于左者,无以交于右;所恶于右者,无以交于左",正是批评这种偏执。"伦"和"义",《释文》:"崔本作'有论、有议'。"也可通,但原字并不难解。"伦"是伦常,指尊卑次序,即以尊为是。"义"是理,即以自己有理为是。这两者是以礼义而言。"分"是不同,即以不同于众,树标新立异之言为是。"辩"是好辩论,即强辩而以为是,这两者是以言论而言。"竞"是竞逐时尚,以自己领先别人为是。"争"是争取,以自己争而有得为是,这两者是以用力取胜而言。总之,这八者都自以为见道而有得,自称为"德",其实都是歧见,使"我"和万物被割裂了。

"六合之外……圣人议而不辩","六合"是指东西南北的四方,加上下的两向,也即指有形的天地。"六合之外"是指天地之外,其理玄深,不是思想所能及,所以圣人"存而不论"。"存"是把它存放在一边,不去谈论它,也不否定它。"子不语怪力乱神"(《论语·述而》),所谓不语正是不论的意思。"六合之内"是指天地之内,即自然的人生的各种现象。"论而不议","论"是论述,只是对各种现象加以描写;"议"是评议,指加以批评。譬如知山高水深,但并不因爱山高,而批评水深,反之亦然。"《春秋》经世"当然是指孔子写《春秋》为了治世。"议"即指《春秋》的一字褒贬,使乱臣贼子惧。"不辩"指《春秋》的笔法虽然是评议,但都是据理而论,所谓微言大义,绝不是观念游戏,徒逞口舌之辩。

"故分也者……故曰辩也者有不见也","分也者"是自以为是,而把人我加以分割。但"万物与我为一",人和我本质是一体不可分的。"辩也者"是好辩以求胜人。其实真正的理是超越语言观念,所以不是辩所能及的。"圣人怀之"的"怀"字是抱

庄子新说

的意思。《老子》中有"圣人抱一"（第二十二章）之句。这个"一"，也是"为一"的"一"。如何才能"抱一"呢？吴怡《老子新说》释为"虚而生物"，也即是虚其心，而使物自生。这正可以做此处"怀"字的解释。俗语所谓虚怀若谷，能虚其心，才能和道相合，和万物为一。一般人却好辩以为是，以求胜人，所以一旦辩谈，心智便被自以为是的观念所蒙蔽。正如《老子》所谓"不自见故明，不自是故彰"（第二十二章）。

接着，进一步去描写道的境界，以及如何"怀之"。

"夫大道不称，大辩不言，大仁不仁，大廉不嗛，大勇不忮。"这里所论的五者，第一个是道，其他四个是德，也即道之用。"大道不称"是指大道不可名，因此不是任何语言文字观念思考所能表示的，所以大道不在"辩之"，而在"怀之"。"大辩不言"，是指真正的辩白在乎事实本身，而不需要靠言辞的争论。孔子说："天何言哉！四时行焉，百物生焉"，这就是大辩。"大仁不仁"是指最高的仁德，使万物生长，而不自以为有仁恩于万物，正如《老子》所谓"上仁为之而无以为"（第三十八章）。"大廉不嗛"的"嗛"字，据王叔岷《庄子校诠》引诸家考释以为即"谦"字的假借。但大廉何以不谦？意思还不够清楚。根据下文："廉清而不信"，可见这个"嗛"字含有"信"的意思。事实上"谦"字本和"诚"字有关。《大学》："夫诚者，毋自欺，如好好色，如恶恶臭，此之谓自谦。"古注疏家都把自谦解作自足，其实以义为解，即自诚也。而"嗛"字在《汉书·艺文志》上明言"《易》之嗛嗛"，而《易经》的"谦"正是"诚"的表现，所以用诚释谦本为正解。不过"大廉不嗛"的"嗛"是用它的负面意义，可作小诚小信解。

齐物论第二

"大勇不忮"的"忮",据《说文》:"忮,很也",即狠的意思。又《诗经》有"不忮不求"(《雄雉》),《毛传》:"忮,害也。"但此处"忮"和"求"对比,"求"是有所求,有卑顺的意思,而"忮"是狠、嫉害,有高骄的意思,所以"不忮不求"可解作"不亢不卑",所以这里的"大勇不忮"就是大勇而不骄亢的态度。

"道昭而不道,言辩而不及,仁常而不成,廉清而不信,勇忮而不成。""昭"是指表达清楚。道是自然的法则,它是存在于自然运化中。表达清楚的道,已是加添了许多人为意识,已不是原来的道了。如果有人特别提出来说那就是道的话,显然那只是他的意见,而不是真正的道。"言辩"是用语言去辩别,这已为语言所限,而不能彰显真实。"仁常"是指固定的仁,已落于一种德目,而不能周流各种德行。譬如《论语》中的"仁",依据程伊川的解释有"专言之仁"和"偏言之仁"。"专言之仁"是指统合所有德行的仁,"偏言之仁"是指属于一种德行的"仁",如"知仁勇"并言的"仁"指的是"爱"。"仁常"就是指这种偏于讲"爱"的仁,只是一德,而不是诸德之本,所以不能周流普遍。"廉清"指讲究自清的廉德,因执着于小信,反而不是至诚的大廉。"勇忮"是疾恶斗狠之勇,只能逞一时的快意,而不能成就大事。

"五者园而几向方矣。故知止其所不知,至矣。""园"即"圆"字。奚侗曾根据《淮南子·诠言》"五者无弃而几向方矣"之句把"园"改为"无弃"。其实,不以《庄子》原书为本,而以晚出的《淮南子》来更改《庄子》原文,这是颠倒次序的做法。何况"园"字远比"无弃"两字深而有味,更切合庄子原意。此处"园"和"方"是一对比。正如《易·系辞上》所说:"蓍之德圆而神，卦之德方以知。"(《上传》第十一章)"蓍之德"是指易道，"圆而神"是指圆融而神妙，无所不通，"卦之德"是指卦象；"方以知"，是指限于卦的方位，即形相，而有知。这对比正好与"园而几向方"相通。"园"是指"大道""大辩""大仁""大廉""大勇"等都是道的境界，所以是圆融神妙，无所不达的。"几近方"，是指它们在运用上，落于现象，所以是几乎近于方的。这里的"方"就是"方以知"。"方"是方方正正，即道德义理的规矩。这是属于知性的作用，即本段所谓的"称""言""仁""嗛""忮"，都是一面德行的表现，执着它们便易流于固蔽。诚如陈寿昌《注》："圆则灵明四达，方则滞迹一隅。"此处"几近方"就是指没有变成方，而是在运用上，易于近方而已。因此我们要化方而为圆，向上超拔。所谓"知止其所不知"，这个"不知"就是"圆而神"的境界，也就是道体的境界，我们的知从"方"，即已知，而到"圆"，即"不知"，便是从小知而升入大智，从知识而智慧了。

"孰知不言之辩，不道之道？若有能知，此之谓天府。""不言之辩"是大辩，是理的本身。"不道之道"是大道，即道的本体。能知此至理大道，即智慧。称之为"天府"，陈寿昌注"天府"为："旷然虚空，包括万有。"这个"天府"，在外，就是自然，在内，就是真心。

"注焉而不满，酌焉而不竭，而不知其所由来，此之谓葆光。""注焉而不满"是写不增；"酌焉而不竭"是写不减。不增不减是性之体。"葆"，《释文》："音保，崔云：'若有若无，谓之葆光。'"朱骏声："葆，假借为包。"林希逸："葆，藏也。藏其光而不露，谓之葆光。"前面讲"天府"是指天之虚，可以覆盖一切。

齐物论第二

此处"葆光"是指地之有,可以包容一切。《易·坤象辞》"含弘光大",及《坤文言》:"含万物而化光"正是"葆光"的意思。这是光的内蕴。"天府"写"圆",而"葆光"写"近于方"。《齐物论》写到这里,一面是登上了高峰,达到圆融神妙的境界。如大鹏之游于天池,我们心智之入于"天府"。接着又将下山,回到现象世界。运用之妙在"近于方"而不为方,在"葆光",有其光,而不耀其光。

"故昔者尧问于舜曰……而况德之进乎日者乎!"这段话接着"葆光"而说,如何回到现象界的运用。"宗、脍、胥敖",是三个小国的名称,不见于经传,可视为寓言。尧想征伐这三国,为什么"南面而不释然"?"南面"是君临天下,"不释然"是心有不安。尧之所以心有不安,是因为他有仁心,不忍征伐。可是他尚没有达到大仁的境界,所以反而因仁而不安。"三子"是指三国之君,"存乎蓬艾之间"是指他们小得有如生存于蓬艾之间的生物。"十日并出,万物皆照"是寓言,描写"十日"能够"葆光",所以既不相烧,又能遍照万物,使万物非但不因强光而灼毁,相反地,却能各遂其生。"德之进乎日者"是指德不滞于一方,而达于圆妙,即上面所谓的"大仁"。在这一境界上,庄子的意思,是劝尧不应以征伐这三小国为事,如真能达到"大仁"的境界,自能以德感化他们,何劳征伐?

七、从"啮缺问乎王倪"到"而况利害之端乎"

这段先提出三个问题,都涉及"知""不知""无知",但都回答"吾恶乎知之?"一概答之以不可知,也就是说超越了

"知""不知""无知"的范畴，即对"知"本身的超越，而不是否定，因为否定还是落在"知"与"不知"之间，仍然是一种知，所以用反问的话"吾恶乎知之？"如果咬文嚼字地来分析的话，这三个回答中都用了个"吾"字，而不是"我"，接着庄子说"自我观之仁义之端，是非之涂，樊然殽乱，吾恶能知其辩！"这里也是"我"和"吾"对待而用，是否对应了前面"吾丧我"之说，也值得玩味。总之这个由"我"而生的相对的知，这个主体的"吾"必须予以超脱，所以本段以至人为结尾，因为至人无己，就是由于他能"丧我"。

在现象界的运用，就是用知。用知的毛病就是自己树立知的标准，自以为知，而以这种小知去看事物、判事物。这就是自己画了一个"方"的框框，以这种框框去规范天下。尧之所以要攻三小国，就是这种框框在作祟，以下庄子铺陈了三段，就是说明这种"知"的误导。唯有打破这种小知，才能用知而不执着于知，用知而能上达圆妙之境。

"啮缺问乎王倪曰……'吾恶乎知之？'"啮缺和王倪都是庄子虚构的人物。这段话有三问：第一问："子知物之所同是乎？"陈寿昌《注》："所以同于自是之故。"也就是说万物所以为是的标准是否相同。如你认为美，我是否也以为美。你以为好，是否我也以为好。如孟子所谓"心也有所同然"。王倪回答"吾恶乎知之"。我既不能知，这便已否定了同以为是的标准。所以有第二问："子知子之所不知邪？"这个问题问得很巧妙。如果王倪回答"知我之所不知"，那么问题又出在"知"字上，因为凭什么去"知"你之所不知。这有两种可能：一是我们通常说我不知真理，这是

齐物论第二

已认定了有真理，而说自己的知有所不及；二是我们根本怀疑有真理，而推说不知。所以这两者，一有一无，都是两边。王倪避免掉入这个窠臼中，便整个否认而说："吾恶乎知之？"即我怎么知道我的不知，我又怎么知道"知我之不知"。这是一个非常狡猾的逃脱法。可是啮缺仍然不肯放过他，继而追问："然则物无知邪？"其实这也是啮缺的结论。当然王倪不会回答"否"而说物有知，因为这完全推翻了前面的回答。如果王倪回答"是"，这又产生了矛盾。既然"物无知"，那么我们又凭什么知"物无知"。所以王倪仍然巧妙地用同一个回答说："吾恶乎知之？"这三个回答，只是一个意思，即是我凭什么知道它们。这段话借三个回答以托出知的标准的问题。

"虽然……吾恶能知其辩！"接着这段话解释一般的知是没有一个固定标准的。"庸讵"，《释文》："李云：'庸，用也，讵，何也。犹言何用也。'"其实"庸讵"即是指用什么标准。整句意思乃是凭什么知道我的知是不知，我的不知却是知呢？这是对知和不知的双重否定。因为说"知"与"不知"，都假设了一个标准。符合标准的是知，不符合标准的是不知。如果这个标准根本不成立，哪里还有"知"与"不知"的分别呢！庄子这段话一开头便斩断了我们的观念意识的执着。接着他举许多事物为例。"湿寝"，睡在潮湿地方，"偏死"，半身麻木。"鳅"，泥鳅。"惴栗恂惧"，指喘息、战栗、眩目、惧怕。"刍"，食草之兽，如牛羊。"豢"，食谷类之兽，如猪等。"荐"，美草之类。"蝍蛆"指蜈蚣，"甘带"，喜食带状之小蛇。"鸱"，猫头鹰。"猿猵狙"，猿即猿。猵狙，也是猿猴类。"毛嫱"，越美女西施。"丽姬"，晋献公的璧妃。"决骤"，快速奔逃。以上一大段乃是借各种飞禽走兽和人类，来说明各有偏知偏好，而没有标准的地位、标准的食物和标准的颜色。如果不知道我们的知没有标准，而以自己的观点为尺度，便会造成知识判断的混乱。"仁义之端"，是指仁义的端点，端点一错，便各有各的仁义，如盗跖批评孔子是假仁义（见《盗跖》）。"是非之涂"指是非的路子。路子不同，自然各有各的是非，如儒墨，各是其所非，而非其所是。"樊然"，烦乱貌。"肴乱"，即淆乱也。

"啮缺曰：'……而况利害之端乎！'"啮缺接着把话题一转，由是非转到利害。是非指对外在的判断，而利害却是有关于自己切身的问题。啮缺发现王倪一问三不知，如再问利害，他也会同样回答不知，所以啮缺提出至人来问"至人固不知利害乎"？问"至人"，其实就是问"至人"的真知。因为普遍的知识固然有所限，不能知是非利害，那么至人的真知是否也无所知呢？王倪的回答："至人神矣！"这里的"神"指的是神化，也就是超乎物质，完全地精神化。所谓"至人"，即至性之人，也就是指性体的境界。大泽烧焚，天上的河汉因冻结而干涸，疾雷摧破山岳，飘风震撼海洋，这些都是现象界的变动，只能对现象界产生作用，而不能影响性体。所谓"乘云气，骑日月，而游乎四海之外"都是描写性体顺自然的变化，与天地万物合一。即前面提到的"天地与我并生，万物与我为一"的境界。"死生无变于己"指死生不能影响我。这是说我的躯体虽有死生，但我不惧死、不求生、任顺自然，所以死生不能改变我。"利害之端"是指利害的端点，一切利害的争执起于这个端点，其实利害本是事实，譬如生就是生，死就是死。可是怕死求生就是一个取舍的观念。同样"利害之端"

齐物论第二

就是一个分别利害的取舍观点。由于这个观点的不同，便你有你的利害，我有我的利害，而形成了一切利害的争端。"至人"神化，连死生都能超脱，还有什么利害的争端可言。这一大段话是把真知从利害的争端中超拔出来。

八、从"瞿鹊子问乎长梧子"到"是旦暮遇之也"

这段话中，先由瞿鹊子提出"圣人不从事于务，不就利，不违害，不喜求，不缘道；无谓有谓，有谓无谓，而游乎尘垢之外。"在孔子（庄子编造的故事）以为荒唐的无稽之谈，而瞿鹊子以为是妙道之言。长梧子的回答，认为孔子和瞿鹊子两人，一个无知，一个自以为知，都是知之病。真正圣人之行乃是"旁日月，挟宇宙，为其脗合，置其滑涽，以隶相尊。众人役役，圣人愚芚，参万岁而一成纯。万物尽然，而以是相蕴。"这段话简单地说，是与天地万物合一，也就是庄子讲的"天地与我并生，万物与我为一"。最后本段以梦为结尾，而说"丘也与女，皆梦也；予谓女梦，亦梦也。是其言也，其名为吊诡"，这是把一切的知解与言说都归之于梦话，这不是否定掉它们，因为否定也是一种相反的肯定，仍属判断的知，而诉之于梦，则是根本上不要自以为知，不要自以为是。

这一大段说明"知"的大病在乎迷执，不能见道。

"瞿鹊子问乎长梧子曰：'……吾子以为奚若？'"瞿鹊子和长梧子都是庄子笔下假托的人物。"夫子"是指孔子，因为后文曾提到孔子之名"丘"。不过下面的这一大段话，不是孔子所说，而是瞿鹊子引出孔子对该段话的批评。"不从事于务"的"务"，

庄子新说

《尔雅·释诂》："务，强也。"郭象注为"勉强"，这与圣人无为对称，陈寿昌解作"世故"，即世俗的事务。综合起来，"务"是"为"的意思，也就是在有为的事业上有所成就。"就利"是趋就于利益，"违害"是远离损害。"喜求"是贪求。"缘道"是指攀缘于道，也即执着自己的观念以为道。"无谓有谓"是不言而言，是指虽不用言语，但已表达了真意。"有谓无谓"，是言而不言，是指虽然说了语言，但真意却在言外。这正如《寓言》所谓："终身言，未尝言。终身不言，未尝不言。""游乎尘垢之外"即不为世俗所累，而游心于虚无逍遥之境。"夫子以为孟浪之言"是指孔子以为这些话不切实际，只是空谈。"而我以为妙道之行也"是指瞿鹊子以为这正是玄妙之道的实行。注意这里用了一个"妙道之行"的"行"字，是特别对前面这些行为的肯定。

"长梧子曰……见弹而求鸮炙。""听荧"，司马彪作"疑惑"。"荧"有火光跳动、不清楚的意思。这是指黄帝对这些话尚不置可否，而不是心中有疑惑。因为黄帝在《庄子》中修道的境界很高，何至于对这些话心存疑惑。如有不解是不解这些是否是妙道之行，而不是这些话太深奥了，黄帝也有不明。前人注解，都错会了这段文意，而把黄帝之"听荧"，解作对这段话的疑惑。其实黄帝所"听荧"的是妙道，而不是这几句话所说的行为。"丘"是孔丘，"女"是瞿鹊子。这是指孔子不懂妙道，批评这段话孟浪，是不知。而瞿鹊子的"亦大早计"是因为他尚没有体证妙道，而说这段话就是妙道之行，也未免言之过早。就像看到了鸡蛋，便想到公鸡司晨的报晓。看到了弹弓，便垂涎烤鸟的香味。

"予尝为女妄言之……而以是相蕴。"其实长梧子以下的这段

齐物论第二

话，比起前面的"妙道之行"来还要虚玄得多。因为长梧子所尝试去描写的是这个"妙道"，自己也不敢肯定以为是，所以说是姑妄言之。不论长梧子的"姑妄"是如何表达言语的有限，但很显然的是，他没有答复瞿鹊子所谈妙道之"行"的问题，而是揭出了另一个境界。"旁日月"是指和日月相伴。"挟宇宙"是指手把宇宙，即怀抱宇宙。"为其脗合"是指和日月、宇宙相合。"置其滑涽"，"置"是任置，"滑"是乱，"涽"是混。这句话是指任由现象界的参差不齐。前面和日月、宇宙相合，实际上，就是和万物相合，正如《老子》所谓的"同其尘"。接着的"以隶相尊"，"隶"是指最低贱的事物。"相尊"，就是互相尊重，也就是不轻视最低贱的事物。"众人役役"指一般人为尘劳所役。"圣人愚芚"，"芚"，司马彪："混沌，不察分也。"即圣人自处愚钝，浑然无知。即老子"愚人之心"之意。"参万岁而一成纯"，这句话是指圣人并非真的愚昧，而是他的性体，通古今，与万化相合。"一成纯"，是指成为纯然的一体。"万物尽然"，即万物皆有其真性，虽然在一般人眼中，是"隶"，是"役役"，但就性体来说，却是平等的，这就是所谓的"一成纯"。"以是相蕴"，这里的"是"即真是，也即"万物尽然"的"然"，"一成纯"的"纯"。"蕴"，郭象《注》："积"，也是含的意思，也就是指万物都含有"真是"。这段话与前面瞿鹊子的话相比，显然前面的"妙道之行"，只是一般道家的修养，而这段话，却是在心性上的直证道体的境界。难怪连黄帝也未必能达到，何况孔子和瞿鹊子的批评和赞美，都只是在表面上的理解而已。

"予恶乎知说生之非惑邪！……是旦暮遇之也"，"说生"是

庄子新说

"悦生","弱丧"是沉溺于迷失,"蕲"是期求。"君乎,牧乎"是指君主和被管之民。"固哉",固陋的意思。"吊诡",即诙诡,指奇异怪诞。这段话先以生死为例,说明我们的贪生怕死都是心理的作用,就像做梦,人生似梦,可是我们还要做白日梦,这是梦中又有梦。在做梦的时候,都自以为是,自以为有知,等到醒了之后,才知道之前所做的是梦。所以我们对是非的争论,对生死的取舍,都是在做梦。可是一般的梦,总会醒过来,而人生的梦却未必能醒。所以这段话最后说:"万世之后,而一遇大圣",这里说"万世",是指时间的久长,也即觉醒之不易。很多人是一辈子做梦,至死也不醒。"大圣""知其解者"是比喻见道。"旦暮遇之"是指见道之后,就像早晚一样近在眼前。这里"万世"和"旦暮"对言,即表示不见道,犹如万世而不醒,见了道,就像晚上睡,早晨醒,一切现成,活泼而鲜明。

九、从"既使我与若辩矣"到"故寓诸无竟"

这段话首先举人与人之间的是非争辩,各是其所非,非其所是,而没有根本的定论为例子,来说明万物变化的道理也是一样的,我们是人,不要以为人是万物之灵,一得人身,便以人为是,轻视其他物类,所以我们要打开人的自限,而"和之天倪"。"天倪"是天的分际,也就是自然的分际。这个分际没有是非好坏,只有得之于天的性体,即山高水深,花红草绿,各有其分。物是如此,但人不一样,人有意识,有欲念,人会越出本分,去追求超乎本分的名利,也就是说人的"我"不会安分,所以要"丧我",要忘我,即"忘年忘义"。

齐物论第二

因此接下来这一大段话借是非没有标准，以托出"忘"为入道的功夫。

"既使我与若辩矣……而待彼也邪？""若"字和"而果非也邪"的"而"字都是指"你"。"黮暗"，李颐《注》："不明貌"，此处实指有所蒙蔽而不明。这段话说明了是非之见都是由于每个人囿于某种成见，所以互相辩论，并没有一个正解。这似乎走入了怀疑论的路子，否定了"知"的标准。可是"而待彼也邪"一语，却又转出了一片天地。在表面上，这句话是指没有可待以判断是非的。这个"待"是依靠的意思，"彼"是指外在的标准。事实上，这是句问话，在我、你与其他的人都无可待的时候，我们究竟要如何自处？是否还有在我、你、他人之外的存在可以解决这个问题？

"化声之相待，若其不相待，和之以天倪，因之以曼衍，所以穷年也。""化声"，注家都把它解作"是非之辩"，其实，"化"是指万物的变化，"声"是指声响。这是引喻人们是非的争辩，固然喧哗不已，而万物的变化，也是声声不止。如生之声、死之声、雌雄求偶之声，所以"化声"是总括万化的声息。这些"化声"在表面上是相待的，如生死的相续。但"若其不相待"，也就是说各物都各有其生，死只是一瞬的转化，譬如人的生虽然短暂，也能活上几十年，死只是瞬息之间的变化，死了之后，变为他物，又以另一种生存在于世间，所以真正分析起来，都是生生的相续。而每一个生都是永恒的存在，如僧肇《物不迁论》所谓"各性住于一世"。也就是每物在它们所存在的单位时间内，都是永恒的。"和之以天倪"，《释文》："天倪，李音崖，云：'分也。'

庄子新说

崔云：'或作霓，际也。'"合起来，就是分际，"天"的分际，即自然的分际，也就是万物得之于自然之分的不同，而有分际。"和"即是调和，也就是使它们的不同能够和谐相合，相得益彰。如红花配绿叶，山高衬水深。"因之以曼衍"，《释文》："司马云：曼衍，无极也。"陈寿昌："曼衍，犹游衍也。"按曼是漫，衍是生，即顺万物之性相而生。该长的长，该短的短，宜高的高，宜低的低。"所以穷年也"，这句话是这一小段的结句，也是此段的关键之语。前面我们不把"化声"解作是非之辩，与这句话有关，因为是非的辩论和穷年的意义并不甚相切。事实上，就人来说，是非是最大的分歧，而就物来说，并没有是非的纷争，而只有生命长短的不同。所以我们把"化声"解作万物变化的声息，就是指它们的生命而言。因此最后说"穷年"，意思便能一贯。"穷年"并非活得无限，而是活到它们应活的年龄。

"何谓和之以天倪？……则然之异乎不然也亦无辩。"接着，再申说"和之以天倪"。前面只是大化来说，此处指如何运用。"是，不是"，指观念的是非而言，"然，不然"，指万物的当不当而言。是与不是都各有它们的见解，诚如前面所谓的没有客观标准，所以不须去争辩谁是谁非，同样，然与不然都各有它们存在的意义。如果去强分然与不然，就把各物存在的意义变成了是非的观念了。所以"和之以天倪"即：是也好，不是也好；然也好，不然也好，都任由它们去。于是，"不是"也是它们自己的"是"，"不然"也是它们自己的"然"。因为只有两物交相批评时，才有是非；交相比较时，才有然与不然，如果各各平行发展，互不相斥，则都是"是"，也都是"然"了。

齐物论第二

"忘年忘义，振于无竟，故寓诸无竟"，"忘年"是忘生命的长短，"忘义"是忘是非的争辩。"振"，林希逸注"振动鼓舞"。这一个"振"字很重要，使这个"忘"字不致变成糊涂不分的忘，而是生命上扬的振起，有"觉"字的意义，和前面的"大觉"相对照。"无竟"即无止境。因为讲是非然否，都是俯首注视有限的年命、有限的义理，可是当我猛然醒觉，仰首苍穹时，却是面对无限的宇宙，任我邀游。"寓"，是寄寓的意思，也就是以无穷的宇宙为家，存身其中，与大化共游。

十、从"罔两问景"到"恶识所以不然"

影子的余影跟影子而动，影子又跟身体而动，身体却跟心而动，但这个心又是跟谁而动呢？回答这问题，必须先了解这个心又是什么？在拙著《我与心——整体生命心理学》中，我把心分四个层次，即心脏、心意、心智和心神。就我们一般讲的心，也可以说庄子书中的心至少有两部分，一是意识的心，包括情绪、欲望等，也即庄子要"丧"的我；另一是精神的心，即"成心""直心"，也即这个"吾"。所以身体跟心而动的心是意识的心。但最后有一个不跟意识而走的心，却能使我们的身体、影子和余影非常稳定，确立不移，不随便乱动与盲动，这就是我们的真心。

此处是以影子和影子的影子写观念和真我的关系。

"罔两问景曰：'曩子行，今子止；曩子坐，今子起；何其无特操与？'""罔两"是指影子的外圈，即余影。"景"即影子。"曩"即刚才。"特操"，指特立独行的操守。这里是借影子的余影，跟着影子动止，穷于奔命，而怀疑影子没有一定的操守。影子的余影如是非的争执,影子如是非的判断。

"景曰:'吾有待而然者邪!……恶识所以不然?'""蛇蚹蜩翼",成玄英《疏》:"蚹者,蛇蜕皮也。蜩翼,蜩甲也。言蛇蜕旧成,蜩新出甲。"这是指蛇蜕掉的皮,和蜩换掉的翼,都不是蛇和蜩的自体。另陈寿昌《注》:"蚹,蛇腹下龃龉也。蚹之行随乎蛇。翼之飞,随乎蜩。"这是说像蚹随蛇动,翼从蜩飞,皆有所待,而不能自主,两注以前者较佳。本来蛇皮是蛇的一体,可是蜕出的蛇皮却已非蛇体,同样蜩翼也是一样的,这里是比喻我们的身体本是和我们的真我自体不可分的,可是身体却会衰亡,有如蛇蚹蜩翼。在这段话中影子所待的就是身体,而身体所待的是真我。可是这个身体却变化不实,所以使影子所待而无特操。前面我们以影子喻是非的标准,那么影子所待的身体,就如我们的思想观念。本来思想观念也为真我所发,可是思想观念形成之后,却为我们的欲望所左右,因此虚幻不实有如蛇蚹蜩翼。这种关系可以下图表示:

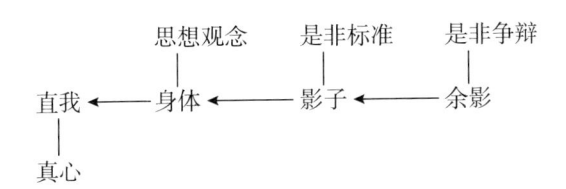

```
          思想观念    是非标准    是非争辩
             |          |          |
真我 ← 身体 ← 影子 ← 余影
 |
真心
```

影子的回答:"吾有待而然者邪!"这是指影子有待于身体。可是身体不能自主,必须有待于我们的精神。所以影子又说:"吾所待又有待而然者邪?"这句话是关键,如果这所待的是蛇蚹蜩翼,便是有待于欲望观念,镜花水月,真是梦中做梦,没有觉醒

齐物论第二

之时。相反地，如待于真心，或真我，这所待便立刻转成无所待，而一任大化而游。这时罔两即真体，还有什么怨言？所以庄子问了两句："恶识所以然？恶识所以不然？"这并不是加强怀疑之论，使我们更添一头雾水，而是借这反问，让我们更加清醒，看出什么是蛇蚹、什么是蜩翼。

十一、从"昔者庄周梦为胡蝶"到篇末

最后一段是历史上有名的蝴蝶梦。为什么《齐物论》全篇写了那么多的理论，却用一个似乎非常戏剧性的梦来结尾？简要地说，有以下三层意思：

一是美化。前面的思路就像爬山，非常吃力，爬到最高顶峰，已用尽了气力，接着下山，虽然较容易，但心情仍然不轻松，必须小心翼翼，否则一滑，便会失足下坠。现在到了山脚下，可以放松一下，好好地做一个梦了。这个梦至少有两个特质：一个特质是它是美丽的，因为蝴蝶的栩栩而舞是美的，这把艰深的理论都美化了。另一个特质是它有分隔的作用，在美学上讲，我们对现境如能分隔，才会产生美感。而这段故事不说我去做梦，如我们平日做梦，做了噩梦，就是由于我是主角，才有恐怖之感。但这个故事作者不说"我"做梦，而说一个庄周，这是分隔的作用。

二是物化。庄子讲齐物，强调我们人是万物中的一种，死后变虫肝、鼠臂，这在理论上可以讲得通，但毕竟不易为人所欣然接受，而这个"蝴蝶梦"，却把物化用一个美梦来表达，是梦是幻，是真是觉，给予人无限的遐想。

三是神化。庄子的物化思想常会被误解为人的物质化了，而

这个"蝴蝶梦"真正的意思不是人变成蝴蝶之后,这只蝴蝶又遇到被捉被杀的悲惨命运,这个梦中,这只蝴蝶又化为庄周。这是庄周的转化,是庄子把蝴蝶提升到精神的层次而转化,所以物化实际上是一种神化。

因此这段是以庄周梦蝴蝶来描写觉的境界。

"昔者庄周梦为胡蝶,栩栩然胡蝶也,自喻适志与,不知周也。""栩栩",崔撰本作"翩",成玄英《疏》作"忻畅",即逍遥快乐的意思。这是写梦境,人生如梦,梦中自以为志得意满,犹如蝴蝶般翩翩而舞,不知是庄周在做梦。这段话中提出"庄周"一名,这是庄子故意把"庄周"客观化了,看成和蝴蝶相等的一个人物,这样才能互相共梦而同化。

"俄然觉,则蘧蘧然周也。不知周之梦为胡蝶与?胡蝶之梦为周与?""俄然"是忽然,"蘧蘧",李颐《注》:"有形貌。"陈寿昌:"觉貌",即觉醒而有知。这里的"觉"是对前面的"梦"而言。照理应该是明明白白知道是庄周在梦中变为蝴蝶了,可是庄子语气一转,又说不知是庄周梦蝴蝶,还是蝴蝶梦庄周,这一转语,又把觉推向了梦境,而转出了下面大觉的境界。

"周与胡蝶,则必有分矣。此之谓物化。"石永楙以为"周与胡蝶,则必有分矣"一语为注文误入,文义难通,应删。其实,这句话非但删不得,而且极为紧要。没有这句话,庄周蝴蝶不可分,糊涂一片,便会落入了黑暗的"物化"之中。让我们回到这故事的本身,当庄周梦为蝴蝶时,蝴蝶只知自己,而不知有庄周,这就同在这个尘劳世间中,每个人都只有自己,而不知有他人。我们虽然眼看到在形体上有我有他人的不同,而我们所谓分别

齐物论第二

心，不是真正知道有我也有他人，而是只有我而没有他人。所以在觉醒之后，如果说庄周仍然只知有庄周，而不知有蝴蝶，这与蝴蝶的只知有蝴蝶，而不知有庄周有什么差别？但在这里不同的是，已意识到"不知周之梦为胡蝶与？胡蝶之梦为周与？"这一反思，已把蝴蝶和庄周平放在一起，一视而同仁了，接着"周与胡蝶，则必有分矣"，更深入两者的真体，而有真的分别。这句话，很多注解都把它当作一般形体的分别，而忽略了庄子在此处特别用一个"必有分"的"必"字的真意。陈寿昌注得好："以本真论，必有分矣。"这是说证到了真我之后，才知庄周有庄周的真我，蝴蝶有蝴蝶的真我，庄周与蝴蝶有分，即各有其分，而互相转化，不仅庄周可以梦蝴蝶，蝴蝶也可以梦庄周，而且庄周可以化蝴蝶，蝴蝶可以化庄周，这即是"物化"。用青原惟信禅师的比喻来说，未修道以前的见山是山、见水是水，就像蝴蝶之知蝴蝶，而不知有庄周。修道之时的见山不是山，见水不是水，就像庄周觉醒之后，不知庄周梦蝴蝶，还是蝴蝶梦庄周。证了道之后的见山只是山，见水只是水，就像知道庄周蝴蝶的必有分，认清真我之后，又使庄周和蝴蝶同化。所以这里的"物化"，不是把我降下来，变成了物，再和物同化，而是在修养达到"真我"境界后，把物提升上来，和物同化。

《齐物论》一开头，说"吾丧我"，标出一个"真我"，到了最后谈"物化"。整篇文字的脉络，都很清楚地贯穿在一个"真我"上。有"真我"，才能主导"物化"，而不被物所化；才能齐"万物"，而不为"万物"所齐。

我们必须注意一个现象，很多读庄的人，由于蝴蝶梦的这个结尾太美了，往往落入似幻的梦境中，而忽略了《齐物论》所强调的万物齐一的主题，所以在这里我们不得不把这个梦打破，来看看《齐物论》中的"物"的本来面目：

1. 物的自体性——每物都有它自己的存在。

2. 物的真实性——每物的存在都是真实的，有血有肉有体。

3. 物的平等性——物物的性体都是平等的，泰山与毫毛不相胜。

4. 物的自得性——每物都自得其所有，无求于外。

5. 物的通化性——在道的生化中，万物皆通而为一。

基于这一认识，我们可以说，《齐物论》的齐物，不是有一个人，或有一个我去齐物，在"吾丧我"之后没有了"我"，而这个"吾"即提升入天或自然，因此"齐物"乃万物本性的自齐，万物自然的能通而为一了。

养生主第三

原文

吾生也有涯，而知也无涯。以有涯随无涯，殆已；已而为知者，殆而已矣！为善无近名，为恶无近刑。缘督以为经，可以保身，可以全生，可以养亲，可以尽年。

庖丁为文惠君解牛，手之所触，肩之所倚，足之所履，膝之所踦，砉然向然，奏刀騞然，莫不中音，合于《桑林》之舞，乃中《经首》之会。文惠君曰："嘻，善哉！技盖至此乎？"庖丁释刀对曰："臣之所好者道也，进乎技矣。始臣之解牛之时，所见无非牛者，三年之后，未尝见全牛也。方今之时，臣以神遇而不以目视，官知止而神欲行。依乎天理，批大郤，导大窾，因其固然。技经肯綮之未尝，而况大軱乎！良庖岁更刀，割也；族庖月更刀，折也。今臣之刀十九年矣，所解数千牛矣，而刀刃若新发于硎。彼节者有间，而刀刃者无厚；以无厚入有间，恢恢乎其于游刃必有余地矣，是以十九年而刀刃若新发于硎。虽然，每至于族，吾见其难为，怵然为戒，视为止，行为迟，动刀甚微，謋然已解，如土委地。提刀而立，为之四顾，为之踌躇满志，善刀而藏之。"

文惠君曰:"善哉!吾闻庖丁之言,得养生焉。"

公文轩见右师而惊曰:"是何人也?恶乎介也?天与,其人与?"曰:"天也,非人也。天之生是使独也,人之貌有与也。以是知其天也,非人也。"

泽雉十步一啄,百步一饮,不蕲畜乎樊中。神虽王,不善也。

老聃死,秦失吊之,三号而出。弟子曰:"非夫子之友邪?"曰:"然。""然则吊焉若此,可乎?"曰:"然。始也吾以为其人也,而今非也。向吾入而吊焉,有老者哭之,如哭其子;少者哭之,如哭其母。彼其所以会之,必有不蕲言而言,不蕲哭而哭者。是遁天倍情,忘其所受,古者谓之遁天之刑。适来,夫子时也;适去,夫子顺也。安时而处顺,哀乐不能入也,古者谓是帝之县解。"

指穷于为薪,火传也,不知其尽也。

语译

我们的生命有限,而知识却是无穷的。以有限的生命去追逐无穷的知识,这是耗精损神的。而以这种耗精损神的追逐知识为知识,追逐不已,更是危害心身的。对于善事,去做时,千万不可为了贪名而做。对于不好之事,不要靠近它,使自己免于任何内外的刑罚。以顺着身心的自然之理为正路,这样才能保存自己的身体,保全自己的生命,护养自己的精神,以颐养天年。

有位姓丁的厨师被征召去为文惠君示范解牛。他在解牛时,手的碰触,肩的倚靠,足的践踏,膝的相抵,哗然有声。他的刀子向上推进,豁然而开。这一举一动,都是音乐的节奏。合于《桑林》的舞步和《经首》乐曲的韵律。文惠君看了后便说："啊！太好了，想不到宰牛的技术达到这样的境界！"这位厨师便放下了刀，回答说："我所喜欢追求的是道，它是超越了一切技术的。在我开始解牛时，我所看到的，就是实实在在的牛。三年以后，我在解牛时，所看到的，就不再是整个的一头牛了。到了十九年后的现在，我解牛时，是以我的精神去与牛相遇，而不是用肉眼去注视牛。这时，我的感官知觉停止了，而精神意识却前行。我顺着天然的肌肤纹理，刀子划开皮肉的空隙，进入了筋骨的空隙，一切都因应着那固有的情状。所以那些枝生的经脉，附在骨上的肌肉都不是阻碍，何况那些较大的骨骸呢？一个善于用刀的厨师，通常都须一年换一把新刀，那是因为他常用刀去切割。至于一般的厨师几乎一月须换新刀，因为他们要用刀去砍折牛骨。现在，我的刀用了十九年，解剖了数千只牛，可是我的刀刃锋利得好像是刚在磨刀石上磨过的一样。这是因为牛身上的骨节是有空隙的，而我的刀刃却薄到几乎没有厚度。以几乎没有厚度的刀刃进入有空隙的骨节间，当然是宽大得好像在其中悠游一样。所以十九年了，我的刀刃还好像是刚在磨刀石上磨过的一样。虽然有时候，我也遇到筋肉相缠结的地方，那时，我知道很麻烦，便很小心地，集中注意力，刀下精神意识缓缓而行。用刀非常精微，忽然间，整只牛已被解了开来，好像是泥土一样撒在地上。这时，我提着刀站了起来，看看四周的观众，志得意满。我很爱惜我的刀，仔细地把它珍藏了起来。"文惠君听毕，便说："太好了，我听丁师傅的一席话，也知道养生的道理了。"

公文轩有一次看见右师，非常惊讶地说："他是怎么样的一个

养生主第三

人啊，为什么只有一只脚？是天生的，还是人为的？"接着他自答说："想必是天生的，而不是人为的。天生使他只有一只脚，所以他由天所禀，也就只有一只脚了。所以他的独足是天生的，不是人为的。"

草泽旁的野鸡，走十步啄到一粒食物，走百步饮到一口水。它不愿被养在鸡笼中。它的精神虽然能自主自得，却不求世俗的善名。

老子去世时，秦失去吊唁。只哭了三声，便离去。老子的弟子奇怪地问："你是否是我老师的朋友？"秦失回答："是啊！"弟子又问："可是你这样轻率地吊唁怎么可以呢？"秦失回答："可以的！开始时，我以为老子是人，可是现在我觉得他已不是人了。刚才我进去吊唁时，看到有年老的人哭他，好像丧子一样。有年轻的人哭他，好像丧母一样。他们心中所感触的，恐怕是不想说却不能不说，想不哭也不能不哭的。他们这种对老子去世的哀悲之心，是违反了天道自然和人生至情的，他们忘了生命是自然所赐，最后又须回归自然。老子来到这个世间，是时的变，使他来，现在他离开人间，也是顺着时间变化而去的。我们如果能安于时的变化，顺着变化而走，一切的悲哀和快乐便不会进入我们的心中。这就是古人所谓的解脱了天帝生化的执着。"

薪木的燃烧是有穷尽的，但薪木所化的火焰，却传之永远而无穷尽。

纲要

养——涵养、培养。

生——生命、精神。

主——主体。

1. 知之患。

    缘督以为经。

2. 庖丁解牛。

    依乎天理。

3. 天而非人。

4. 遁天之刑。

5. 养生的主旨。

总论

本篇承前篇《齐物论》而来。前篇由应付物而说到知。于是提出一大套如何转小知为大知，也就是如何超知、化知的理论。而本篇由知说到生，于是把知放在一边，提出一段养生的方法。

本篇题名《养生主》，是养生之主的意思，"养生之主"有两义：一是"养生"之主。也就是说养生的方法很多，这里是谈养生中最主要的精神。这里的"主"，是主旨之意，和前面"逍遥"之游，"齐物"之论的"游"和"论"，是同一层次的。另一是养"生之主"，即养"生命之主体"，是指本性或精神。如憨山《庄子内篇注》："此篇教人养性全生，以性乃生之主也。"王夫之《庄子解》："形，寓也；心知寓神以驰，役也；皆吾生之有而非生之主也。"这是说我们的肉体和心智都不是生之主，生之主乃是精神。

养生主第三

"生"是生命，人们一提到生命，就只想到躯体的存在；一提到养生，就只想到肉体的长寿。后来道教讲长生，虽然在理论上，主张性和命双修，但一般人追求长生，也只是为了躯体的不死。其实在庄子眼光中，这种只求躯体的长寿和长生，也是一种欲望。有了这种欲望，根本就违反了养生的主旨。试看古今不知多少人，吃丹药，求长生，反而速死。也有不少人，讲究特别的补药，甚至追求各种锻炼身体的秘方，到头来，还是不能长寿。这都是由于他们只注意表面的保身，而不知真正的养生之道。

本篇所讨论的真正的养生之道，乃是庄子思想的两把钥匙：一是忘，一是化，合起来，就是忘生而后能化其生。"忘生"是不执着躯体生命的长短，一切顺其自然；"化其生"就是使生命化于大道，与自然共化。

梦觉真言

一、从"吾生也有涯"到"可以尽年"

本段最重要的一句话是"缘督以为经"。"督"是主呼吸的任督两脉的督脉，它在人体的背后，顺着我们的中枢脊椎骨走。无论是道家（教）修炼的运气，还是中医针灸的穴道，督脉都是最主要的一脉。在这里庄子提出这一句话，当然是因为本篇讲养生，除了精神外，也离不开身体，可是贯通了肉体和精神的，在修炼中能把握的，由有形而至无形的东西是什么？就是气，而气又是庄子思想中强调宇宙到人生的一气之化，所以这里讲"缘督"就是讲的缘"气"。这个由形质的气的变和化,也对应了《逍遥游》的鲲化为鹏的故事,也是一气之化。但究竟如何修"气"？这个"气"的特质是虚,在《齐物论》的开端所讲的天籁就是虚的,所以本段"缘督"的另一个更重要的意思就是缘气的虚。在身体上虚,能除掉欲望的一切浊气,就"可以保身";在精神上虚,能涵养清明的心性,就"可以以全生",即保全生命之真。

庄子一开端便抓住生和知的相对而说:"吾生也有涯,而知也无涯。以有涯随无涯,殆已;已而为知者,殆而已矣!"此处的"生"是指躯体的生命,当然是有限的。而此处的"知"有两层意义:一是对外物的认知;一是指人事上的知谋。庄子曾说:"知者,接也;知者,谟也。"(《庚桑楚》)"接"是心识与外物的相接。由于物量的无限,所以这种知识是无穷的,也即无有边涯的意思。"谟"即是谋,《庄子》书中常常将知和谋连用,如"知谋不用"(《天道》)"知者,谋之"(《让王》),也就是说这种知识和心中的欲念有关,所以"知"是"争之器"。在人事上的一切是非争斗,都是"知"。庄子说:"是亦一无穷,非亦一无穷。"可见是非之知是无穷的。以有限的生命去追逐无限而又是没有标准的知识,自然是"殆已"。"殆"有二义:一是疲殆;一是危殆。"已"是已然如此的意思。所以这里的"殆已",是指精力的耗损已是如此。接着"已而为知者"的"已"是承接前文的"殆已",指如此地耗损。"殆而已矣"的"殆"较前文的"殆"为严重,是指危殆的意思。因为前者,以有涯随无涯,纵然耗损精力,仍是对外在客观知识的追求,本无可厚非。可是"已而为知者",非但没有放眼外在的真知,而是误把这种耗损精力的迷执为真知,这是迷上加迷，正如《齐物论》所谓的"近死之心，莫使复阳也"。举例来说，人类对宇宙人生真理的探索，尽管我们所得的，犹如大海中的一片贝壳，甚至穷毕生精力，也得不到这点小小的成果，但这种探索本身，自有它的价值和意义。这正是哲学、宗教和科学的精神。可是在这三个领域中，有很多理论见解和方法，非但没有带领我们面对无限的真理去追求，相反的，却制造了许多观念、术语和成见，像乌云蔽日一样，把这条本来光明的道路，层层围住，犹如迷宫一样，使我们穷毕生的精力，不是去求知，而是在他们设计好的知识上转，以"殆"为"知"，岂不可悲？

"为善无近名，为恶无近刑"，这两句话，前一句易懂，后一句难解。因为后一句好像教人为恶的方法，如何不受刑罚。前人为了替后一句找出合理的解释，如成玄英《疏》："为善也，无不近乎名誉；为恶也，无不邻乎刑罚。"这是把否定的"无"改为肯定的"无不"，当然不合行文的原意。张默生以为："按以上二句，当系倒句，当解作：'无为善近名，无为恶近刑'也。"究竟是否为倒句，仍值得商榷。王叔岷作新解说："所谓善恶乃就养生言之。'为善'谓'善养生'。'为恶'谓'不善养生'。"这也可备一解。不过就庄子思想来说，这三种解释的主旨都是一致的，因为是非两忘，善恶不用，正是庄子所谓的修养的精神。但就本段的文义发展来看，前面说明了知的不可求，也就是对是非观念的超越。接着说善恶，正是顺着是非的知来谈善恶的念头，所以"为善""为恶"可解作"一念为善""一念为恶"。当我们有一念为善之心，千万小心，不要为名所累，使为善变了质，伤害了我们纯真的精神。同样，当我们有一念为恶之心，千万留心，不要为刑所及，这样为恶之心自除，心身自归平静。此处"恶"字，王夫之曾解为："声色之类，不可名为善者，即恶也。"也就是说"恶"不只是作奸犯科，罪大恶极，而是一念不善，或一念邪心。这可以从庄子用"刑"字的意义中看出，《庄子》书中的刑有三种：一是天刑，二是外刑，三是内刑。"天刑"即自然的生死，如本篇中的"遁天之刑"。"外刑"指法律上的刑罚。内刑即心中的忧患，如《列御寇》上说："为外刑者，金与木也；为内刑者，动与过也。宵人之离外刑者，金木讯之；离内刑者，阴阳食之。夫免乎内外之刑者，唯真人能之。""内刑"是指内心欲念之动，而有过错，受到了良心的责备，或患得患失等忧虑的折磨，这是内心的自我刑罚。所以"为恶无近刑"，就是有一念为恶之心起时，就应警惕，不要使自己内心受到良心的责备，这样邪心自会消失。我们再认真琢磨这句话，还可以发现更深一层的意义，如果我们有一念为恶之心产生时，面对这恶，加以正面的破除，这样又会偏到"为善"一边去了。前一句"为善"近名既然不立，那么如何对付"为恶"？庄子避过了正面对付"为恶"，而转了个弯说："无近刑"，要我们做到保持内心安宁，没有一点忧虑的过患，这与本篇结尾处的"哀乐不能入"正好对照，也正是《养生主》的精神，善恶双忘，而顺乎自然。

"缘督以为经，可以保身，可以全生，可以养亲，可以尽年。"在不近名、不近刑之后，接着说"缘督以为经"，显然这句话是养生的方法。成玄英《疏》："缘，顺也。督，中也。经，常也。夫善恶两忘，刑名双遣，故能顺一中之道，处真常之德。"郭庆藩《释文》更引王夫之的《注》而具体地说："船山云：奇经八脉，以任督主呼吸之息。身前之中脉曰任，身后之中脉曰督。督者，居静而不倚于左右，有脉之位而无形质。"在《庄子》全书中，"督"字只出现一次，我们无从知道该字的其他用法。但"督"和"督脉"有关，在庄子的思想中也是可以找到旁证的。本文讲养生自然和身体有关。后文以庖丁解牛为喻，便谈到"技经肯綮"等经脉。《大宗师》提到"真人之息以踵"，便是以呼吸周流，从脚跟而发的修炼有关。至于《人间世》上讲心斋而强调"听之以气"，因为"气也者，虚而待物者也"。可见谈到实际的修养，庄子仍然有一套身心上的修炼功夫。当然这和后代神仙丹道并不一定相关，那很可能是后人附会而加以发展而成的。再回到"缘督以为经"来论。因为督脉所运行的气是虚的，没有善恶的念头，所以庄子要我们从知的追逐中回头来转向自己，顺督脉的中空，而虚其心，然后以"虚而待物"，自然得在万物之环中，而不耗损自己的精神。

"保身"是保护身体，"全生"是保全生命，"养亲"是保养精神。这里的"亲"不是指双亲，因为本文和奉养双亲没有关联。这个"亲"是指自己身体的各个部位，如《齐物论》："百骸，九窍，六藏，赅而存焉，吾谁与为亲"，不过本篇"养生"重在精神，所以这里的"亲"宜解作精神。"尽年"是指尽其天年，也就是享尽天赋的寿命。每个人的寿命都有最高的极限，只是由于各种原因，如疾病、忧虑和身体的损伤，使我们不能活到该活的年限。相反地，我们如果能善于养生，一任自然，便能活到应有的天年。在这里可以看出庄子的养生，既不像世俗之人，只贪肉体生命的延长，因为若生这一贪念，反成忧虑；也不像神仙丹鼎家，只求

庄子新说

肉体的长存不死。古来求长生者没有一人达到目的，相反，为求长生而吞食金丹者，多半暴毙而亡。

二、从"庖丁为文惠君解牛"到"得养生焉"

这一段讲庖丁解牛的故事，是《养生主》中最传神的一段，以文学写哲理，手法极为高明。但很多人往往被故事的趣味性所吸引，而忽略了解牛的真精神。我们先看三个要点，也是三句话：第一是"臣以神遇而不以目视，官知止而神欲行，依乎天理"，这几句话中有两个重要的词，一是"神遇"，一是"天理"，即以精神去顺天道的自然。第二是"彼节者有间，而刃者无厚。""有间"即空隙，无厚即薄得几乎无质，两者都是描述一个虚。第三是"善刀而藏之"，"刀"喻精神，即不要再用精神。所以这三个要点合起来，也就是内在先虚，再看出万物的虚，以虚致虚而已。笔者曾在某佛教学院讲庄子，讲到庖丁解牛时，僧徒有以为解牛杀生未免残忍，养生是多么美好之事，何以用残忍之解牛作比喻？笔者笑答这正是庄子文学的手法，常以丑陋之人写有德行之士，这是故意打破丑陋与美德之分别。对于这个故事，笔者以自己所译德国学者海瑞格的《禅道与箭术》的故事作例子，这位学者先学西方的箭术，后来又到日本学禅宗，日本禅师认为以西方人的观念很难进入东方的禅理，必须先通过一种艺术去转入，所以先让他学日本的箭术。这位学者所学的西方箭术，是精神的集中，而日本的箭术却是完全的放松，甚至放松到不把箭靶当作靶，而当作佛。射箭不是射靶，而是射佛。最后不是射佛，而是射自己。我说这故事，也就是拿来引喻庖丁解牛的真正意思不是在杀外在的牛，而是解我们自己的身体。也就是说把自己虚掉。这也可当作"缘督以为经"的一个生动的故事来看。

这一大段庖丁解牛的故事，描写生动，常被当作《养生主》的正文，其实这段话是象征式的比喻，言中寓理。不可因其故事的有趣，轻忽而过。

自"庖丁为文惠君解牛"至"乃中《经首》之会。""庖丁"，《释文》："庖丁，庖人，丁，其名也。"即姓丁的厨师。"文惠君"，旧注都作梁惠王。"解牛"，本是宰牛，但庄子故意用"解"字，含有分解之意，这和普通的宰割不同。这一个"解"字便托出养生的方法。宰牛是一件令人恶心的丑陋之事，可是庄子却用它来描述如此美妙的养生境界，这种不寻常的对照写法，已透出了庄子的养生是如何面对这个恶浊的世间，以及必腐的躯体而能使精神出污泥而不染。庄子笔下的"牛"，一面喻外在的世间，一面也喻内在的世界。"解牛"，即以我们精神的刀，游刃于内外的世界与世间，不为物所困，不受欲所牵。顺乎天理，而任于自然。"手之所触，肩之所倚，足之所履，膝之所踦"，这是写庖丁解牛的动作。"触"是探触，"倚"是倚靠，"履"是踏着，"踦"是抵着。这是肢体与牛体的相接。"砉"，《释文》："崔音画。司马云：'皮骨相离声。'""奏"，《说文》："进也。""騞"，崔云："音近获，声大于砉也。"按照文意来看，"砉然向然"是指庖丁用手足的所触所踦，使牛的骨节松开的响声，然后"奏刀騞然"，用刀刺入，而发出骨肉分离的声音。"中音"是合乎音节。《桑林》《经首》，《释文》："《桑林》，司马云：'汤乐名。'《经首》，向、司马云：'咸池乐章也。'""会"是指音韵的相合。这是写庖丁解牛非但没有听到牛被宰的嘶叫声，相反地，却优美得有如古典的乐曲。

自"文惠君曰：'嘻，善哉！技盖至此乎？'"至"而况大軱乎！""嘻"，《释文》："叹声。""盖"，也作盍，《广雅》："何也。"因文惠君对庖丁解牛之技的赞叹，而引出庖丁的一大段解牛的哲理。庖丁自认他喜爱的是道，"进乎技矣"的"进"是超过的意思。宰牛本来是一种技术，当技术纯熟之后，便进入技艺的范围。但就宰牛本身来说，无论技术如何纯熟，总是一件令人生厌的事，又如何有美感而进入艺术的领域？甚至和道相连？所以这两句话并不是谈解牛之技的进乎道，而是先揭出庖丁所求的是道，这个道是超越任何技艺的。

接着写庖丁开始宰牛时，把牛当作牛，三年之后，了解牛身之结构，一眼望去，已把牛整个拆了开来，所以不再是整个牛了。"方今之时"指十九年后。"臣以神遇而不以目视"，"神遇"两字是关键。说明此时不再用肉眼，而是用精神，不是"见"，而是"遇"。眼的"见"物，必为物形所限；而神的遇物，却能超形体，与物相融合。"官知止"是指官能的认知停止了作用。"神欲行"是指精神的意识自然地发展。这里的"欲"不是指欲望，而是指自然的心念而已。"依乎天理"是指顺乎天理。"理"本指玉的纹理，此处引喻牛体上的腠理，如成玄英《疏》："依天然之腠理。""腠"是皮肤，即皮肤的纹理。不过值得注意的是"天理"两字的哲学意义。在《礼记·乐记》首先把"天理"和"人欲"对言，后来宋明儒家便把"存天理""去人欲"当作最重要的修养功夫。而"天理"两字也和天道、天命相等。至于在庄子的哲学来说，"天"字可解作自然，"理"是本具的道理，在《天下》

养生主第三

上曾说:"析万物之理",可见万物都有其本然的理路。这里"依乎天理",一面指自然的理路,一面也是指牛体的理路。"批大郤",《释文》:"批字,林云:'击也',郤,崔、李云:'间'也。"把"批"解作击不是此处庖丁解牛的方法。这里的"批"是划开皮肉,指刀锋切入的意思。"郤"是指皮肤和肉的空隙。"导大窾","导"是引导而入,"窾"指骨节的空处。"因其固然"和"依乎天理"正好对照,前者是指自然的理路,后者是指这些空隙和空处。"技"是指支脉,"经"是主要的脉络。"肯"是粘在骨上的肉,"綮"是指筋肉的相结。"大軱"是指大骨。这几句话是写庖丁解牛是顺牛体的自然结构,刀锋插入空隙之中,而没有阻碍。

自"良庖岁更刀"至"是以十九年而刀刃若新发于硎。"这段话描写如何用刀。"良庖"即技艺好的厨师,"族庖"即一般的厨师。"割"是用刀切割,"折"是用刀去砍折。"硎"是磨刀石。"有间"指有空隙。"无厚"指薄到极点几乎没有厚度。"恢恢"指空阔。"游刃"指刀刃入于空隙,而没有阻碍。这个"游"字极为传神,和《逍遥游》恰好对应。此处刀刃游于牛体,正是象征了精神的游于人间世。

自"虽然,每至于族"至"得养生焉",谈过用刀之法,游刃有余,好像很轻松,如果如此等闲视之,却又变为养生的大忌。所以庖丁又语气一转,而说:"虽然,每至于族",这个"族"是指筋脉骨肉的交错相聚。这时,不能掉以轻心,而"怵然为戒"。这个"戒"字极为重要。普通一提到戒,就会想到道德戒律,那些都是外在的教条。在养生来说,就是"为善无近名,为恶无近刑"的心戒。不过此处解牛的"戒"乃是谨慎小心的意思。"视为止"的"止",是停止,即停下来,止于一处。"行为迟",即刀刃的分解动作慢下来,似动非动,所以说:"动刀甚微。""謋然",成玄英《疏》:"骨肉离之声也。"但"謋然已解"乃是指肢体分裂的样子。"如土委地",是指整只牛的肢体就像泥土般撒在地上。"踌躇满志",《释文》:"踌躇者,从容也",即志得意满的意思。"善刀而藏之",这个"善"字,注家都作拭字,如郭庆藩作"拭刀",《释文》:"善,犹拭也。"其实"拭"只是擦刀的动作而已。庄子不用"拭"而用"善",显然是含有善待之,或小心保养的意思。"藏"字极为重要,刀刃用过之后,必须藏于鞘内,使锋芒不外露。以此比喻养生,神过用则劳,所以必须藏神于虚。

文惠君因庖丁的话,而悟养生之旨。虽然文中并没有再论养生之旨,但养生重在养神,就像庖丁的操刀,以无厚入于无间,不为名缰利锁等筋络所缚,知"戒"能"藏",使神全而命不亏。

三、从"公文轩见右师"到"非人也"

右师断了一只脚,这可能是人为的,但公文轩却故意说是天生的,而不是人为的。这故事指出在我们人生遇到挫折,或不如意事时,如果无法改变,都可以天生自然来疏解,不要在心中念念不忘,这也是内心致虚的一种方式。

接下来的三段故事,都是反复申明养生的主旨的。

"公文轩",姓公文,名轩,据说是宋人。"右师"是官名,姓名不详。这段话一般都以为公文轩问,右师回答,但据憨山大师《注》中认为是公文轩一人的自问自答。仔细体味文气,憨山所说也合情理。因为从语气上来看,"以是知其天也"的"其"

字含有他人之意，而不像右师的自况。"介"是独特，即指独足。公文轩看到右师的独足而惊讶地说："天与，其人与？""天"是天然，"人"是人为。即奇怪右师的独足是天生的，还是人为的？所谓人为的可能是受刑被断一足，或受伤而失去一足。照一般情形来说，天生一足的畸形很少见，右师的独足多半是人为的。但公文轩没有去请教右师，而自言说，是天生的，不是人为的。因为"天之生是使独也，人之貌有与也"，郭象解："两足共行曰有与"，即是说一般人的相貌都是两只脚的，现在他只有一只脚，可见是天要他独足的。另有一解，如陈寿昌、马其昶等认为"有与"即由天所赋予，也就是说天生成为独足的，他的形貌为天所与，因此也就成为独足了。这两说都可通，但庄子借公文轩的话真正用意乃是，无论右师的独足是如何形成的，都可视为天生的。即使右师的独足是人为，在他未断足以前，本应好好地保身。可是人生有很多事是出乎意料，无法避免的，因此在不幸断足之后，也无须怨尤，因为所有的遭遇也是"天之生"使然的。唯有这样的归之于天，才不致因肉体的缺陷，而影响了精神的完满无亏。《养生主》所养的就是这个"天之生"。这段故事也可作"为恶无近刑"的发挥，能养"天之生"，自然不致为恶近刑了。

四、从"泽雉十步一啄"到"不善也"

这段故事是指畜于笼中的鸡，"神虽王，不善也"。照理说"神"应该是正面的，为什么"神虽王"反而不善呢？我们要了解，神的正面意义，应该以虚为体用的，因为虚才能清明。如果"神"是实的话，便成为后来道教的神仙炼丹之流，把神落实成神仙人物了。这里的"神虽王"指精神的旺盛，精神一旺盛，便不虚了，便不是庄子所谓的神，而是一般人把精力，或意志当作神了。就像今天一个人的精神旺盛往往是指他能拼，好斗，每天工作十七八小时，这反而是养生、养神的大忌。

"蕲"是祈求，"樊"是樊笼。这是写野鸡在草泽旁，十步才啄到一粒食物，百步才喝到一口水，它却甘于这种生活，而不希望被畜养在鸡笼中。"神虽王，不善也"，有两解，一是把这句话的主词当作笼中之鸡，"王"作"盛、旺"解，即指它的神态虽旺盛，可是被人豢养，所以不善，即不好的意思。另一解的主词是野鸡，"神虽王"，"王"是自主的意思，即指它十步一啄，百步一饮，精神自得，不求养在笼中。"养在笼中"乃是暗喻高官厚禄，为名利所困。所以"不善也"，陈寿昌《注》："不自以为善"，即"为善无近名"的意思。

五、从"老聃死"到"不知其尽也"

这段故事以老聃之死为开端，本来《庄子》中许多人物的故事都是庄子编造的，往往都不是史实。但就这段故事来说也许不是史实，可是老子的死毕竟被庄子写下来了，这与《史记》中写他出关后不知所终有所不同。依中国古代的习惯，大多数人在外游历到了年老时都会叶落归根，回到故乡，依据这个推理，老子不会再去塞外，甚至有传说，他到了印度。所以老子回到江南也是有可能的。正巧在《庄子·外杂篇》中，有许多他论道的故事，虽非史实，但也可以看出一点儿老子周游江南的足迹。因此在这里庄子叙述了老子之死的故事。本段的重点并不在老子的死，而在庄子借秦失之口说出"安时而处顺,哀乐不能入也"。这里"安时而处顺",就是"依乎天理",顺时而行。哀乐本是内在的情绪,哀乐不入,即哀乐不生,也即是虚其心而已。

这是借老子的死,来写生死自然,安时而处顺的养生之旨。

"老聃"即老子。"秦失",又作秦佚,为老子朋友。秦佚吊老子的丧,只号哭了三声,便离开,好像悲哀得不够,所以老子的弟子才怀疑秦佚是否是老子朋友。秦佚的回答:"始也吾以为其人也,而今非也。"这句话里的"其人",有的注本作"至人"(陈碧虚、奚侗等),甚至还以为秦佚对老子不满,开始以老子为至人,后来发现不是(如张默生等),其实这里的"其人",只是泛指"为人",也就是说起初秦佚以老子为人,所以用人的礼节去吊唁。后来发现老子的死,只是归于自然,所谓"非人",即是说不是世俗眼中的人,而是与自然为一,因此他不再号泣而出。

接着秦佚描写那些老者少者去吊唁,哭得很伤心。所谓"不蕲言而言,不蕲哭而哭"。"蕲"即前文"不蕲畜乎樊中"的"蕲",是祈求的意思。也就是不想言却不能不言,不想哭却不能不哭,也即情难自已的意思。这样的悲哀,都是把老子看作人,而不知老子已回归自然。这种做法正是"遁天倍情,忘其所受"。"遁"是逃避,"倍"是违背。即违反天道自然,人生至理。因为我们的生命是天赋的,也是自然的给予,死了之后,还归于天和自然,这正是理所当然。贪恋于生,而逃避死,是违反了自然的规律,这即是所谓"遁天之刑"。在《庄子》书中,"天"相当于自然,万物都有死,这就像天的刑罚一样。对于这种"天之刑"我们只有顺着走,便不会因死而悲。"适来,夫子时也;适去,夫子顺也。""夫子"即指老子,"来"是来到世间,"去"是离开世间,即指生死都是"时"的变化。只要能安时而处顺,便不为生死所影响。如能不因生而加乐,不因死而添悲,这就叫作"帝之县解"。成玄英《疏》:"帝者,天也。为生死所系者县,则无死无生者县解也。"前面讲"天刑",此处讲"帝之县",也即"天刑",所以把"帝"解作天帝也是可通的。唯仔细分别,帝和天仍然有所不同。在《庄子》书中"天"多作自然解,但帝却不是自然。《大宗师》描写"道"能"神鬼神帝,生天生地"。可见"帝"与鬼合言,而有别于天地。所以由此处可看出"帝"乃是造化创生的力量,和《老子》"吾不知谁之知,象帝之先"的"帝"都是指创造之始。所以"帝之县"可解作造化之帝创造万物而有生命,有了生命便对生命有所执着,这就是"县",也作"悬"。贪生便怕死,就像人在临死时,关心这个关心那个,这种放不下之心,就是"县"。"帝之县解",就是了解生死是自然的规律,有生必有死。能悟此理,安于生,而顺于死,便能视死生为一体。使造化所创造的生死的循环,豁然而解。这段故事可以对照首段的"缘督以为经",能够养神以虚,使生死不入于心,便能虚以待物,不为生死所"县",也就不为哀乐所惑。人生一切苦难,如庖丁解牛,刀未到时,牛早就謋然而解了。

六、"指穷于为薪,火传也,不知其尽也"

这几句写"神",是养生的主体,可独立在前段故事之外,作为本文之结尾,与首段养生的主要思想前后呼应。

"指",近人有解作脂,如朱桂曜以为"'指'为脂之误,或假"(《庄子内篇证补》),闻一多、陈启天都从之。但用"指"字本身并非不能解。"为薪",俞樾解为"取薪",即用手拿薪木放在炉中燃烧。薪木很快燃尽,所以手指忙着拿薪木,即"指穷于为薪"的意思。然而薪木燃烧的火焰,却不断地向上传,没有尽止。这句话,一般都解作薪木如躯体,会燃尽,而精神如火焰,却传之永远。我另有一解,不必把"穷"字刻板地当作"尽"字解,而是描写忙于不断地取薪,此薪化为火焰,然后再取另一薪而燃。这个"指"不一定是人的手指,而是象征大化的"指","取薪"就是生物,物有了生,便有死,死了又转化另一种生,生命的转化不止就像火传也,不知其尽。我们个体的生命,就像许多薪木中的一根而已。大化之指,给予我们生命,我们的生命燃出了光和热,个人的生命纵有燃尽,但这大化的流衍,却是无尽的。能明白这个道理,便能把握养生的主体。对于肉体生命所遭遇的一切,自能迎刃而解,甚至不解而自解了。

为什么这三句是《养生主》的结尾呢?就薪木来说,是很快就会燃尽的,这是借形体的有限来说的,也是大家看得见的,我们没必要虚掉它。这也是很容易为人接受的。至于"火传也,不知其尽也"这句话,当然可解作精神的不死。但精神的不死,是否可看作灵魂的不死呢?这是一般宗教的看法,也是一般读庄的人对庄子真心真我的怀疑。其实我们在这里用"神"的本质是"虚"来解释,"火传也,不知其尽也",我们不要以不知为知,硬要去找出一个知的客体,是灵魂或不朽的精神,我们要还它一个"不","不知其尽"就是一个永恒的"虚"而已。这也回应了本文一开端讲的"已,而为知者,殆而已矣"。所以我们不要以知乱心,要保持这个心之虚,这才是养生的真谛。

最后我们总结养生的要旨,可以概括以下各义:
1. 养气——在一个"虚"字,虚己以待物。
2. 养神——在一个"闲"字,气定而神闲。
3. 养心——在一个"无"字,无念无欲,哀乐不能入。
4. 顺天——在一个"顺"字,顺自然,依天理。
5. 离形去知——在一个"忘"字,即忘年、忘义、忘是非、忘得失。

人间世第四

原文

颜回见仲尼，请行。曰："奚之？"曰："将之卫。"曰："奚为焉？"曰："回闻卫君，其年壮，其行独，轻用其国，而不见其过。轻用民死，死者以国量乎泽若蕉。民其无如矣！回尝闻之夫子曰：'治国去之，乱国就之，医门多疾。'愿以所闻思其则，庶几其国有瘳乎！"仲尼曰："嘻！若殆往而刑耳。夫道不欲杂，杂则多，多则扰，扰则忧，忧而不救。古之至人，先存诸己而后存诸人。所存于己者未定，何暇至于暴人之所行！且若亦知夫德之所荡而知之所为出乎哉？德荡乎名，知出乎争。名也者，相轧也；知也者，争之器也。二者凶器，非所以尽行也。且德厚信矼，未达人气；名闻不争，未达人心。而强以仁义绳墨之言术暴人之前者，是以人恶有其美也。命之曰灾人。灾人者，人心反灾之，若殆为人灾夫！且苟为悦贤而恶不肖，恶用而求有以异？若唯无诏，王公必将乘人而斗其捷。而目将荧之，而色将平之，口将营之，容将形之，心且成之。是以火救火，以水救水，名之曰益多。顺始无穷，若殆以不信厚言，心死于暴人之前矣！且昔者桀杀关龙逢，纣杀王子比干，是皆修其身以下伛拊人之民，以下拂其上者也，故其君因其修以挤之，是好名者也。且昔者尧攻丛枝、胥敖，禹攻有扈，国为虚厉，身为刑戮，其用兵不止，其求实无已。是皆求名实者也，而独不闻之乎？名实者，圣人之所不能胜也，而况若乎！虽然，若必有以也，尝以语我来！"颜回曰："端而虚，勉而一，则可乎？"曰："恶，恶可！夫以阳为充孔扬，采色不定。常人之所不违，因案人之所感，以求容与其心。名之曰日渐之德不成，而况大德乎！将执而不化，外合而内不訾，其庸讵可乎？""然则我内直而外曲，成而上比。内直者，与天为徒。与天为徒者，知天子之与己皆天之所子，而独以己言蕲乎而人善之，蕲乎而人不善之邪？若然者，人谓之童子，是之谓与天为徒。外曲者，与人之为徒也。擎跽曲拳，人臣之礼也。人皆为之，吾敢不为邪！为人之所为者，人亦无疵焉，是之谓与人为徒。成而上比者，与古为徒。其言虽教，谪之实也。古之有也，非吾有也。若然者，虽直不为病，是之谓与古为徒。若是，则可乎？"仲尼曰："恶！恶可！太多政法而不谍，虽固亦无罪。虽然，止是耳矣，夫胡可以及化！犹师心者也。"颜回曰："吾无以进矣！敢问其方。"仲尼曰："斋，吾将语若！有而为之，其易邪？易之者，皞天不宜。"颜回曰："回之家贫，唯不饮酒不茹荤者数月矣。若此，则可以为斋乎？"曰："是祭祀之斋，非心斋也。"回曰："敢问心斋？"仲尼曰："若一志，无听之以耳，而听之以心。无听之以心，而听之以气。听止于耳，心止于符。气也者，虚而待物者也。唯道集虚。虚者，心斋也。"颜回曰："回之未始得使，实自回也；得使之也，未始有回也；可谓虚乎？"夫子曰："尽矣！吾语若！若能入游其樊而无感其名，入则鸣，不入则止。无门无毒，一宅而寓于不得已，则几矣。绝迹易，无行地难，为人使易以伪，为天使难以伪。闻以有翼飞者矣，未闻以无翼飞者也；闻以有知知者矣，未闻以无知知者也。瞻彼阕者，虚室生白，吉祥止止。夫且不止，是之谓坐驰。夫徇耳目内通而外于心知，鬼神将来舍，而况人乎！是万物之化也，禹舜之所纽也，伏戏几蘧之所行终，而况散焉者乎！"

叶公子高将使于齐，问于仲尼曰："王使诸梁也甚重，齐之待使者，盖将甚敬而不急。匹夫犹未可动，而况诸侯乎！吾甚栗之。子尝语诸梁也，曰：'凡事若小若大，寡不道以欢成。事若不成，则必有人道之患；事若成，则必有阴阳之患。若成若不成而后无患者，唯有德者能之。'吾食也，执粗而不臧；爨，无欲清之人。今吾朝受命而夕饮冰，我其内热与？吾未至乎事之情，而既有阴阳之患矣，事若不成，必有人道之患。是两也。为人臣者，不足以任之，子其有以语我来！"仲尼曰："天下有大戒二：其一，命也；其一，义也。子之爱亲，命也，不可解于心；臣之事君，义也，无适而非君也，无所逃于天地之间。是之谓大戒。是以夫事其亲者，不择地而安之，孝之至也；夫事其君者，不择事而安之，忠之盛也。自事其心者，哀乐不易施乎前，知其不可奈何而安之若命，德之至也。为人臣子者，固有所不得已。行事之情而忘其身，何暇至于悦生而恶死！夫子其行可矣。丘请复以所闻：'凡交近则必相靡以信，远则必忠之以言'，言必或传之。夫传两喜两怒之言，天下之难者也。夫两喜必多溢美之言，两怒必多溢恶之言。凡溢之类妄，妄则其信之也莫。莫则传言者殃。故《法言》曰：'传其常情，无传其溢言，则几乎全。'且以巧斗力者，始乎阳，常卒乎阴，泰至则多奇巧。以礼饮酒者，始乎治，常卒乎乱，泰至则多奇乐。凡事亦然，始乎谅，常卒乎鄙。其作始也此间，其将毕也必巨。言者，风波山也；行者，实丧也。夫风波易以动，实丧易以危。故忿设无由，巧言偏辞。兽死不择音，气息茀然，于是并生心厉。克核太至，则必有不肖之心应之，而不知其然也。苟为不知其然也，孰知其所终！故《法言》曰：'无迁令，无劝成，过度，益也。'迁令劝成殆事，美成在久，恶成不及改，可不慎与！且夫乘物以游心，托不得已以养中，至矣！何作为报也？莫若为致命，此其难者！"

颜阖将傅卫灵公太子，而问于蘧伯玉曰："有人于此，其德天杀。与之为无方，则危吾国；与之为有方，则危吾身。其知适足以知人之过，而不知其所以过。若然者，吾奈之何？"蘧伯玉曰："善哉问乎！戒之，慎之，正汝身哉！形莫若就，心莫若和。虽然，之二者有患。就不欲入，和不欲出。形就而入，且为颠为灭，为崩为蹶。心和而出，且为声为名，为妖为孽。彼且为婴儿，亦与之为婴儿；彼且为无町畦，亦与之为无町畦；彼且为无崖，亦与之为无崖。达之，入于无疵。汝不知夫螳螂乎？怒其臂以当车辙，不知其不胜任也，是其才之美者也。戒之，慎之，积伐而美者以犯之，几矣！汝不知夫养虎者乎？不敢以生物与之，为其杀之之怒也；不敢以全物与之，为其决之之怒也。时其饥饱，达其怒心。虎之与人异类，而媚养己者，顺也；帮其杀者，逆也。夫爱马者，以筐盛矢，以蜄盛溺。适有蚊虻仆缘，而拊之不时，则缺衔、毁首、碎胸。意有所至，而爱有所亡，可不慎邪！"

匠石之齐，至乎曲辕，见栎社树，其大蔽牛，絜之百围。其高，

庄子新说

临山十仞而后有枝。其可以为舟者，旁十数。观者如市，匠伯不顾，遂行不辍。弟子厌观之，走及匠石曰："自吾执斧斤以随夫子，未尝见材如此其美也。先生不肯视，行不辍，何邪？"曰："已矣，勿言之矣！散木也，以为舟则沉，以为棺椁则速腐，以为器则速毁，以为门户则液樠，以为柱则蠹。是不材之木也，无所可用，故能若是之寿。"匠石归，栎社见梦。曰："女将恶乎比予哉？若将比予于文木邪？夫柤梨橘柚，果蓏之属，实孰则剥，剥则辱。大枝折，小枝泄，此以其能苦其生者也。故不终其天年而中道夭，自掊击于世俗者也。物莫不若是。且予求无所可用久矣，几死，乃今得之，为予大用。使予也而有用，且得有此大也邪？且也若与予也皆物也，奈何哉其相物也？而几死之散人，又恶知散木。"匠石觉而诊其梦。弟子曰："趣取无用，则为社何邪？"曰："密！若无言！彼亦直寄焉，以为不知己者诟厉也。不为社者，且几有翦乎！且也彼其所保与众异，而以义我誉之，不亦远乎！"

南伯子綦游乎商之丘，见大木焉有异。结驷千乘，隐将芘其所藾。子綦曰："此何木也哉？此必有异材夫！"仰而视其细枝，则拳曲而不可以为栋梁；俯而视其大根，则轴解而不可以为棺椁；咶其叶，则口烂而为伤；嗅之，则使人狂酲三日而不已。子綦曰："此果不材之木也，以至于此其大也。嗟乎！神人以此不材！"

宋有荆氏者，宜楸、柏、桑。其拱把而上者，求狙猴之杙斩之；三围四围，求高名之丽者斩之；七围八围，贵人富商之家求樿傍者斩之。故未终其天年，而中道夭于斧斤，此材之患也。故解之以牛之白颡者，与豚之亢鼻者，与人有痔病者，不可以适河。此皆巫祝以知之矣！所以为不祥也。此乃神人之所以为大祥也。

人间世第四

支离疏者，颐隐于脐，肩高于顶，会撮指天，五管在上，两髀为胁。挫针治繲，足以糊口；鼓筴播精，足以食十人。上征武士，则支离攘臂于其间；上有大役，则支离以有常疾不受功。上与病者粟，则受三钟与十束薪。夫支离其形者，犹足以养其身，终其天年，又况支离其德者乎！

孔子适楚，楚狂接舆游其门曰："凤兮凤兮，何如德之衰也！来世不可待，往世不可追也。天下有道，圣人成焉；天下无道，圣人生焉。方今之时，仅免刑焉。福轻乎羽，莫之知载；祸重乎地，莫之知避。已乎！已乎！临人以德！殆乎！殆乎！画地而趋！迷阳！迷阳！无伤吾行，吾行郤曲，无伤吾足！"

山木自寇也，膏火自煎也。桂可食，故伐之；漆可用，故割之。人皆知有用之用，而莫知无用之用也。

语译

颜回去见孔子，向他辞行。孔子问："去哪里？"颜回说："去卫国。"孔子又问："去卫国做什么？"颜回说："我听说，卫君正值壮年，行事专横。治理国事很轻率，从来不知自己的过错。他任意奴役人民，不顾人民死活。全国死亡的人数，多到尸陈河泽，有如草芥，人民无所依归。我曾听你说过：'治理得很好的国家，不需要我，我就离开它；政治很乱的国家，需要我，我就去帮助它。就像医生替人治病，所以医生的门庭之内，一定多疾病之人。'我愿把平日所听闻的道理，变成一些可行的原则，这样也许可以帮助卫国的人民，解脱祸患。"孔子回答说："啊呀！你这样地去，恐怕是自寻刑戮吧！我们行道，最忌杂念。有了杂念，欲望便多。欲望多，心就困扰。心困扰，便有忧虑。忧虑产生，自救不暇，何以救人？古代的至人，先要自己有所立，然后才能去立人。自己所立不稳，又如何能去劝阻暴君。你也知道'德'因何而荡然不存？'知'因何而层出不穷？'德'是因求名而荡然不存，'知'是因为争竞而层出不穷。'名'是互相倾轧而生的，'知'是争竞的工具。两者都是凶恶的武器，又如何能完成你的任务呢！尤其你虽然道德深厚，信念笃实，尚未必能通达对方的意气。虽有名闻，而又谦逊不争，尚未能通达对方的心理。如果勉强地用仁义道德等绳墨规矩来规范暴君，这正是以别人的不好来凸显自己的美好，这叫做给人灾祸。给别人灾祸的人，必然也会得到别人给他灾祸。你此行恐怕会遭受到来自别人的灾祸吧！如果卫君真的是喜欢贤能的人，而厌恶不好的人，又何必要你去显示你的与众不同呢？届时你不开口则已，一开口劝说，君王一定乘人君之势，和你比赛他的辩才。那时你屈为人臣，便会眼神迷乱，面色低沉，言语讨好，态度卑顺，一心只想迁就君主了。这是以火去救火，以水去救水，可谓越减越多。这样下去，非但无法改变他，相反地，恐怕你将会由于忠言逆耳，而死于暴君之手。而且，在过去，夏桀杀关龙逢，商纣杀王子比干，都是因为这些臣子修养自己的德行，爱护国中的百姓，也就是用爱百姓来显示君主的不好。所以君主也正因为他们的修养而排挤他们，这都是因贪求美名所致。再说，以前，尧帝攻打丛枝、胥敖，禹帝攻打有扈。使国家空虚，百姓病厉，人身为刑戮之场。这种用兵不穷，乃是为了想成就实际功业的缘故。这两种例子，都不外于求名和求实两途。你

人间世第四

难道没有听说过吗?虚名和实利,圣人有时也不能克服,何况是你呢?虽然如此,你也许有你的方法,不如说出来看看。"颜回说:"我先修养自己,做到外貌尽量端庄而表现谦虚,内心尽量克制而求专一。这样可以吗?"孔子回答:"不,这怎么可以呢!卫君有阳刚之气充于内,外表飞扬跋扈。他的为人喜怒无常,一般人都不敢违背他,而你却想把握对方的心理反应,而希求为他所接纳。像这种在日常生活上去改变一个人的小德,未必能达到目的,何况用大德去规谏他?结果是对方仍然固执不化,只是外表敷衍你,而内心却没有丝毫自省自责,这样你的努力又如何行得通呢?"颜回又说:"既然这样,那么我内心正直,而外表委曲。言之成理,则上比于前人。所谓内心正直,是一切心念与天道自然为伍。与天道自然为伍,使我内心自觉天子与我都是上天的子民,我又哪里在乎我的话是为别人所赞美,还是为别人所批评?这样的话,就是一般人所称的天真的童子,这也就是我所谓与天道自然为伍。所谓外表委曲,是与人群为伍。例如执笏、跪拜、鞠躬,这是人臣之礼,大家都这样做,我岂敢例外!照着大家所做的去做,别人也就无法挑毛病,这就是所谓与人群为伍。所谓言之成理则上比于前人,这是与古人为伍。我的言论虽然实际上是对君王的教训批评,但这些话古人已说过,并不是我自造的。因此,虽然直言,但也不能挑我的毛病,这就是所谓与古人为伍。像这样,可以吗?"孔子回答:"不!这如何可以呢?你有太多策略、方法,而不能深察对方的意思。虽然也勉强可以使你不受刑戮,但也只能做到这一点,又哪里谈得上感化暴君呢?你只是师心自用而已。"颜回说:"我没有更好的方法,请老师指导。"孔子回答："你斋戒吧！我再告诉你。你有所为而为，你以为很容易成功吗？如果你以为这是易事，即使高明如皇天，也是办不到的。"颜回说："我家贫穷，单单不饮酒、不吃荤也已有好几个月了。这样做，可以算作你所谓的斋戒吗？"孔子回答："你所说的是祭祀的斋戒，而不是我所谓心的斋戒。"颜回又说："请问什么是心的斋戒？"孔子回答："你专心一意，先不要用耳去听，要用心去听。再接着不要用心去听，而用气去听。你的耳不听，你的心不用。只有气是以虚来对应万物的，而道是和虚相合的。这个虚，就是我所谓的心斋。"颜回说："以前我未曾顺气时，是以自我为中心。我顺气之后，便不以自我为中心。这是否就是所谓的虚呢？"孔子回答："你已说得很透彻了！我再告诉你，如果你能悠游于卫君的樊篱之内，而不为他君主的声名所影响。他听得进你的话，你就说；他听不进你的话，你就不说。你如果能处心于没有门路，也没有阻碍的境界，把自己完全寄托于不得已的自然，这样才差不多。要绝迹而不走路容易，要走路而不着痕迹则困难。完全根据人为观念来做很容易走入虚伪之途，完全顺着天道自然来走便不会有伪妄。我们只知道有翼才能飞，却没有听说无翼而能飞的。我们只知道有知才能去知，却没有听说以无知去知的。看看那断绝外欲的心扉，由于心中无欲，所以光明自现，一切吉祥便降临于这个静止的虚空之处。如果我们不能使此心静止虚空，那么即使我们只是坐着，我们的心也会向外驰求。所以我们应使耳目向内收敛，而断绝向外求知，那么鬼神都会亲近你，何况是人呢？这是感化万物的道理，是古代禹帝舜帝的治世枢纽。也是伏戏几蘧等人所终生实行的修养方法，何况我们这些心神散乱的人呢！"

人间世第四

叶子高曾奉命出使到齐国,他去请教孔子说:"吾王交给我的任务非常重要。齐国对待使臣的态度,也许是外表很敬重而实际上却拖延其事,一般普通人我们尚且不容易去改变他们,何况对方是诸侯呢!所以我非常惶恐不安。夫子曾告诉过我说:'无论事情是小是大,没有一件事是不合于道而能成就的。一件任务如果不能完成,则必然遭受君王的惩罚。相反的如果能成功,可是也早已遭受到内心阴阳相煎熬的痛苦了。所以无论成与不成,都没有后患者,只有有德的人才能达到。'我是一个不在乎食物粗糙或精致,即使在闷热的厨房内也不企求清凉的人。可是今天早朝时,我接到了这个命令,到了晚上,便拼命地喝冰水。这是因为我内心焦急如火烧啊!我还没有实际出使任务,面对事实,早已有阴阳不调的忧虑之患了。将来任务如不成功,更遭君主惩罚的人道之患。这是两患兼至。作为一个臣子的我,实在没有能力来担当,夫子能否告诉我一些道理?"孔子回答:"天下有两个大法戒:一是命,一是义。子女的爱父母,这是天命。是无法从我们心中拔除的。人臣的忠事君主,这是义,没有一个地方没有君臣,这个关系在天地之间也是无法逃避的。这两者就是所谓的大法戒。所以事奉双亲的人,不管在什么地方都能安于行孝道之事,这才是至孝。事奉君王的臣子,不论到任何处所都能安于行忠君之事,这才是尽忠。一个人如能这样修心,外在的一切悲哀和快乐便不能影响他。知道任务的困难,不是人力之所能及,却尽力去做,把成与不成寄托给天命,这就是至德之人。为人臣和人子的人,固然有时会碰到不得已的事情,但只要照实去做,不要考虑自己,又何至于贪悦生命,而讨厌死亡呢?你就照着我的话去做吧!我再把所听到的一些道理告诉你，所谓：'凡结交邻近的国家，必然以事实使对方完全地相信。凡结交较远的国家，则只有靠言语的忠实来维系了。'由言语相交必须传达言语。凡传达两方君主讲得好听的话，以及两方君主发怒的话，这是天下最难的任务。因为两方面都喜欢听的话，必然会多加溢美之言。两方面都发怒的话，也必然增加了溢恶之言。凡传达言语有溢美溢恶，便是不真的妄语。言语失真便不会被相信。不被相信，则传话的人便会遭殃。所以《法言》有谓：'要传达切实的真情，不要传达增添的言语，这样才差不多能保全传达的任务。'再说了，用技巧来角力的人，开始时都是正面的，最后常会转成了反面。技巧运用得太过分，便会产生诡奇的方法。又如合礼的饮酒，开始时都守法，最后往往大乱。因为饮酒太过，便会产生很多淫乐的行为。就像我们办一件事情，开始的时候有谅解、有信用，到了后来，却变得生偏见，有欺诈。在开始的时候看似简易的小问题，结果却变成复杂的大问题。言语，就像风波，执行传达言语的任务，往往使事实走了样。风波变动无常，事实的走样便会有危险。所以当君王无端怒起，乃是由于传话者的那些取巧的话语和偏颇的言辞。野兽临死的时候，完全不顾音调而乱吼乱叫。由于它的气息勃然而怒，心中同时也产生了杀机。如果传达者的言辞锋芒逼人太甚，则对方便有害人之心产生，而传达者还不知为什么如此。如果触犯了对方还不知道为什么，事情会有什么好结果呢！所以《法言》所谓：'不可改变你所交托的命令，不可急于成就你的任务。如果超过了应有的范围，便是增加了你自己的看法。'改变命令，急于求成，都会坏事的。美满的成就在于持久的努力。恶事一旦

人间世第四

造成，就无法改变了。能不谨慎吗？只有乘顺万物的自然，使自己的身心悠游其中，寄托于万事万物的不得不然，而涵养心中的平和，这才是最佳的方法啊！如何去做才能回复君王所交的任务呢？最好的办法莫如能顺致天命的自然。这是最难能可贵的啊！"

颜阖将任命为卫灵公太子的老师，便去请教卫国大夫蘧伯玉说："假如这里有个人，天性好杀。如果我不以原则来教导他，他将来便为害国家；如果我以原则来匡正他，我可能会因此而遭祸。这位太子的聪明足以知道别人的过错，而不知自己的过错。像这样的情形，我该怎么办？"蘧伯玉回答说："你问得好！要警惕，要小心。要先端正你自己。你在表面上最好亲近他，你的内心最好与他和合。虽然这两者也会有毛病。亲近他不可迁就他，与他和合不可显露你的用意。如果外表亲近他而迁就他，那么你便被他所颠倒、所毁灭、所崩溃、所击败。如果内心与他和合而表露了出来，你便是为了求声誉、争名望。你也会被认为是使诡计、善欺诈。对方如有婴儿之心，你就以婴儿之心与他相处；对方没有分别心，你就以无分别心和他相处。对方没有任何目的，你就以无目的的态度和他相处。然后再使他通达，而进入纯然无疵的境界。你知不知道螳螂？当它奋力举起手臂去抵挡车轮时，它根本不知道自己的力量不能胜任。这是因为它只肯定自己才能之美。你要警惕和小心，一再地自负，而自以为美的人便会犯此毛病，他和螳螂的无知相似啊！你知不知道养虎的人，不敢用活的东西给老虎吃，这是因为不使老虎由杀生而引起凶暴之性。他也不敢把整个形体的东西给老虎吃，这是因为不使老虎由于撕物而产生毁物的残酷之性。他必须注意老虎的饥或饱，以适时地打消它因饥饿而产生的怒气。老虎与人虽然不同类,但都讨好养它们的人,这是由于养它们的人总是顺着它们。而它们之所以要杀生,也是因为对方忤逆它们。那个爱马的人用竹制的篮子盛马粪,用贝制的尿器盛马尿。当有蚊子等飞虫停吸在马身上时,便不顾是否合时,猛然拍打马身,使得马儿受惊而挣脱了嘴上的嚼子,头上及身上的链子。这是因为这个爱马的人专心过度,而使他的爱马反而有所失,我们能不小心吗?"

一位姓石的木匠去齐国,走到曲辕地方,看见一株社祀坛的栎树。树大,其荫可以遮蔽牛群。树身,有百围那么粗。树高如临山,在七十尺的树干之上才有树枝。旁枝可以做小舟的就有数十条之多,前来观看的人有如赶集。这位老木匠看也不看,径直往前走。他的弟子们看了个够,追上了石匠时便问:"自从我们拿着刀斧随师傅入山砍伐以来,未曾见过树木有这样壮观之美的啊!你为什么不看,就一直地走呢?"石匠回答:"算了吧!不要谈它吧!那是一株无用的松木,用它来做舟会沉,用它来制棺材会很快地朽腐,用它来作器物很容易破坏,用它来做门窗,则木头易湿朽,用它来制屋柱,则易蛀。这是一株没有用的木材,就因为它的没有用,才活得那么久。"石匠回去后,栎社树便托梦给他说:"你把我比成什么啊?你把我和那些良木相比吗?像那些柤梨橘柚等果树和瓜类等树木,当它们果实成熟时,便被人剥落。被剥落,则使它们受辱。大的树枝被折断,小的树枝被扭曲。这是因为它们的有用之才使生命遭受苦难,所以它们没有活到生命的年限而中途被折死亡。这是因为它们为世俗之人所逼害打击。万物都是如此的。且说我追求达到无所可用的境地已很久了,差一点儿丢了命。现在总算能保命，而有我自己的大用。假使我也一样有用，又怎能够长得如此的高大呢？而且你和我都同是物，为什么你竟然如此把我当作物来批评呢？你也只不过是快死的没有精神的人罢了，又如何能知道我这株没有用的烂木头呢！"石匠醒了之后，便和弟子讨论梦境，弟子问："既然它有意于做无用之木，为什么却成为社祀的树木呢？"石匠回答说："闭嘴吧！不要多说。它这样做也是一种特殊的寄托而已。它为了那些不知道它的人骂它无用，如果它不处身为社祀的树木，恐怕早就被砍为柴烧了。并且它的保全生命的方法和一般人物不同，你用一般义理来批评它，不是远离了事实吗？"

南伯子綦漫游到商丘地方，看见一株大树，与众不同。四马结成的一千辆马车，都可以隐蔽在该树的树荫下。子綦便说："这是什么树木啊！它一定有特殊的材质。"于是仰头观看它细小的树枝，都像拳头一样弯曲，无法做大屋的梁柱；低头看看大树根，木轴疏松不可以做棺木。用舌舔叶，会使口烂伤；用鼻子去嗅它，它的味道使人发狂，昏醉三日都不醒。子綦接着说："这株果然是不成材的树木，才能生长得这样的高大。啊！神人才能使这不材之木长得那么高大！"

宋国有一个名叫荆氏的地方，宜于种植楸、柏、桑等树木。这些树木长到手掌一握两握粗时，便被人砍去当作拴猴子的木棒。长到三围四围粗的，便被人砍去做华屋的栋梁。长到七围八围粗的，便被人砍去做富贵人家的棺木板。因此这些树木都不能活到它们应有的天年，半途便被刀斧所砍伐，这就是由于它们是有材之木而招致的祸患啊！所以古时在祭神消灾的典礼中，头上长白

庄子新说

额的牛，鼻子朝天的猪，以及有痔疮的人都不能做河祭的牺牲品，凡是巫祝的人都知道它们是不祥之物。可是神人却以它们为大祥。

有一位名叫支离疏的人，脸颊因背驼而隐在肚脐之下，头顶下陷使肩高于顶。发髻因头面向下而朝天。五脏的血管都向上凸起。两股夹住身体就像两条肋骨。他做缝衣的工作，可以糊口；他做筛米的工作，可以供养十口之家。当政府征兵打仗的时候，他却因残疾而可以优哉游哉！当朝廷有大工程征劳役时，他却因肢体不全而不受劳役之苦。相反地，当政府赈济病患者粟米时，他却可以得到三钟米和十捆柴。这个人在形体上支离不全，反而能保养他的身体，使他活到应有的天年。何况在德行上做到支离不全的人呢！

孔子到了楚国，楚国的狂人接舆来拜访孔子说：

凤鸟，凤鸟！你的道德何以如此的失落！

未来的世界不能期待，

过去的世界也无法挽回，

天下有道的时候，圣人可以有所成就，

天下无道的时候，圣人只求保全生命。

现在之世，我们只求能免于刑戮而已，

幸福轻得像羽毛一样在飘荡着，

却没有人知道去载它，

祸患重得似大地一样展现着，

却没有人知道躲避它。

快停下来，快停下来！

不要以自己的道德去驾驭别人！

人间世第四

危险啊,危险啊!

不要自筑牢狱而往里钻!

多刺的荆棘啊,多刺的荆棘啊!

不要挡住我的去路,

我已小心地绕道而走,

不要刺伤我的足!

山木有用,而自招刀斧。膏脂生火,而自取煎熬。桂树的果实好吃,因而被砍伐。漆树的汁液可以利用,因而横遭割裂。人们都只知有用的用处,却不知无用的大用。

纲要

德——内在之德。

充——充满于内。

符——符应于外。

1. 不与物迁。

 (1)万物皆一。

 (2)游心于德之和。

 (3)常心自性。

2. 安之若命。

3. 死生为一条。

4. 才全。

5. 德不形。

6. 圣人之游。

7. 情与无情。

8. 德的内涵。

总论

"人间世",即指人间的世界。前文谈养生,以庖丁解牛为譬。此处"人间世",正像牛体。其中,诸如政治上、社会上、伦理上的各种关系,就如牛身中筋脉骨骼的交错密结,如果不能得其窾中,因应合宜,便会损身伤性,非但不能养生,也无法处世。

本篇共分七段,前三段是正文。在表面上,这三段文字都是预设了在政治上,君臣之间关系的两难问题,如劝谏暴君、担负两强君之间的外交使命,以及教导不讲理的太子等。虽然这些不能概括人间世的许多难题,但政治险恶,如果我们能把这些问题处理得好,其他的便易如反掌了。

在处理这些难题上,本文所讨论的,不是一条条的规则,不是一个个的方法,而是回到自身,去讨论如何用心。第一段的要点在"心斋",就是要虚其心。第二段的要点在"乘物以游心",就是要顺应万物。第三段的要点在"心莫若和",就是要保持与外物的和谐。

接下来的四段,前三段是比喻,都是讲无用以保命,最后一段是结论,强调无用之用。

本篇就系统的严整、思路的绵密来看,不如以上三篇。但前面三段处理问题上,颇有心理学的功夫和方法,后面四段讲"无用"，正是庄子思想的主旨。但无用并不是变成废物，而是借无用，以保生，不为外物所役，而达到无用之大用。

梦觉真言

一、从"颜回见仲尼"到"而况散焉者乎"

这一大段可分三节，第一节，从"颜回见仲尼"到"尝以语我来"；第二节，从"颜回曰端而虚"到"犹师心者也"；第三节，从"颜回曰吾无以进矣"到"而况散焉者乎"。

这一节有三个重点，第一是"道不欲杂"。道本来是纯净不杂的，此处是指颜回求道之心不应该有杂念。什么杂念？先不说事情是否成功，只要认为做这件事是为了行道，这一念行道之心，已是杂了。第二是认为做这件事是为了成德，这一念为了德之名，已使"德荡乎名"了。第三是准备以道德之言去劝说，这已犯了拿道德去加在别人身上，已犯了自以为有德之病。所以有此三点，自己已犯了大错，如何能劝人？

本段描写颜回向孔子辞行，去劝谏卫君的故事。《庄子》富寓言，所以本段内容多半为假托，不必视为史实。我们既不必研究颜回是否积极地离开孔子单独去见卫君，也不必详考卫君是卫庄公还是其子，更不可把颜回和孔子的对话，当作儒家思想来讨论。总之，这都是庄子的自说自话。

"行独"是行事专断。"轻用其国"是指轻率地处理国事。"轻用民死"，是指轻忽人民的生死。"死者以国量乎泽若蕉"，《释文》：

"蕉，向云：'草芥也。'"《吕览·期贤》："死者量于泽矣。"高《注》："量犹满也。"本句标点可作"死者以国，量乎泽若蕉"。即死者以全国人数来计算，尸满于泽，像草芥一样。"民其无如矣"，成玄英《疏》："无所归往。"即指民无可奈何，不知何去何从。"'治国去之，乱国就之，医门多疾。'愿以所闻思其则，庶几其国有瘳乎！""去之"即离开它。"就之"即前往帮助它。"所闻思其则"，即自己请教孔子之后，想出对付他的法则。"有瘳"即病有救的意思。"治国去之，乱国就之"两语是庄子假托孔子的话，因为孔子没有说过这样的话，在《论语·泰伯》中孔子曾说："危邦不入，乱邦不居，天下有道则见，无道则隐"，与这两句话正好相反。庄子喜欢假托，所以此处实在无须去严加辩正。不过这里值得玩味的是：前者出于《庄子》，却充满儒家救世精神；后者出于《论语》，却含有道家退隐的色彩。这正反映了儒家和道家在某些方面是可以相通的，而他们的相通处，往往是他们的深入处。另外值得一提的是，本段描写这种担当劝说暴君以救世救人的任务，庄子如果要假托的话，应该找勇气过人的子路，或富有政治手腕的子贡，为什么偏要找个性比较内向、专心修养德行的颜回？这是因为本篇的目的不在政治，而是强调内心修养的功夫，这就符合颜回的人格了。观看《庄子》全书，明显偏爱孔子的弟子颜回，也就是这个道理。

　　接着庄子借孔子的回答以批评颜回这种贸然进谏，而缺乏内修的行动。"嘻"是叹声，"若"即你，"殆"是恐怕，"刑"是受刑戮。"道不欲杂"，并非指道而言，因为道本身是纯一的，哪里有一个"欲"字存在？这句话是指颜回求道之心不应该有一点儿杂念。"杂则多",杂与多的不同,"杂"是指有欲念而心不纯净;"多"是指因有欲念而思绪纷纭,"多"是多欲、多事,也有求好、求得的意思。"多则扰",思绪一多,平静的心便搅乱了。如《老子》所谓:"多则惑"(第二十二章)。"扰则忧",心搅乱了,便有患得患失的忧虑。"忧而不救",心中有了忧虑,自己有了不安,又何以能救人?所以接着说:"先存诸己而后存诸人","存"是"安"的意思,就是说先使自己的心安定,才能安定别人。"暴人"指的是暴君。"德之所荡"的"荡"是指荡然而失。庄子所言的德都是指内在的德,也就是指心中的纯净,"荡"就是杂欲起,使心摇荡而失去了纯净。所以说"德荡乎名",因一念求名之心起,便使纯净之德荡然不存。"知之所为出"是指求知之心如何产生。这个求知之心是紧跟着求名之心而起,为了争名,便竞于求知。所以说:"德荡乎名,知出乎争。名也者,相轧也;知也者,争之器也。""相轧"即互相倾轧,也就是由于和别人比较而贬抑对方。一般人好德,乃是好德之名,而不是好德之实。好德之名,就是以德为工具,而建立自己的德名。总是为了表现自己的德行比别人高明,贬低别人以凸显自己。为了达到这个目的,他们忽略了实际的行,而在知上讲求,希望自己的德名容易被人认识,希望自己的德名能够远播。所以本文接着说:"二者凶器,非所以尽行也。"二者是指"名"与"知",如果变成了争的工具,便是伤人害己的凶器。带着这种凶器,又怎能与人和谐相处?这段话是孔子借"名"与"知"来点醒颜回去劝卫君的动机,千万不可有一念为自己显名,有一念以为自己有知,这样心中便有了杂念,便不能去担当劝说暴君的任务。

然后再说明这种自以为有德有知,往往会犯了耀己以贬人的错误。"德厚"指道德深厚,这本不错,可是"信矼"是指信念坚实,用得不当,便有固执的毛病。"人气"的"气"意义较广,含有精神的气势,生理的气息,如意气、脾气等。用现在的话来说,就是心理和生理的现象。"名闻不争"一语一般都解作不争名闻,但也可解为已有名闻,而又谦逊不争。在这里,我们用后者,是因为"名闻不争"与前文的"知出乎争"及后文的"是好名者也"不甚一致。而我们用后面的解释,是由于许多人虽然谦逊不争,却是以谦逊不争而图名。所以仍然逃不出"名"这一关。"人心"是指心念和想法。这两句话的重点在"达人气""达人心"的一个"达"字,"达"是通达的意思,用今天的话来说就是沟通。这就同心理学家医疗心理病患者,尽管他有满腹的心理学知识,也知道病患的病理,可是在他和病患对话的那个当下,必须能把握病患其时的心情和感觉,沟通才能产生作用。"强以仁义绳墨之言术暴人之前者",这个"强"字便写出了"未达"人气、人心的结果,而"仁义绳墨之言"就是外在的道德教条。"术"古注都作"述"解,如孙诒让:"术与述古通。"但在《庄子·天下》中"道""术"对言,"术"是指方术,此处可解作"用",有"用术"的意思。"是以人恶有其美",即以别人的不好,而凸显自己的美德。"灾人"的"灾"即灾害的灾。"灾人"就是给灾害于人。你以自己的德行去凸显对方的无德;对方也以他的才能凸显你的无能,这是互相地伤害,又如何能沟通、了解?对于这一点,孟子很能把握这种心理,当他劝说齐宣王时,宣王故意说自己"好色""好乐""好勇""好货"来搪塞,可是孟子却不直接批评他

人间世第四

"好色""好乐""好勇""好货"的不当,相反的却顺水推舟,说君主好色没有关系,只要使天下"内无怨女,外无旷夫"就好了。同样"好乐""好勇""好货"也没有关系,只要与民同乐,为苍生的疾苦而怒,使天下百姓有足够的货物,照样能使天下齐平。

接着再说明自恃才德,在应对间所产生的困难。因为对方是暴君,如果他真是爱才爱德的话,在他的朝廷内,早就有不少才德兼备的贤臣,又何须你去显示你的与众不同?问题是他根本不爱才德,而你却以才德自恃,岂不是对牛弹琴?而且如果你所赖以去劝说的才德毫无用处,那么你便毫无凭借去说服对方了。"若唯无诏","诏"即昭告,也即劝谏,是说你不劝谏则已,如一开口劝说,那么,"王公必将乘人而斗其捷",即对方一定会利用人君的势位来和你争辩,而你居人臣之位,又怎敢和君王争辩,结果是"目将荧之",即眼睛受光照耀而张不开。"色将平之",即形色受阻,强作和颜。"口将营之",即口舌结巴,想说又不敢说。"容将形之",即容貌卑怯反而助长了对方的声势。"心且成之"即心中不安,反而附和而成就了对方的意见。这是火上添油,更助长了火势,所以说是"益多"。"顺始无穷",即以此为始,而无法改变。"殆"即恐怕。"不信厚言",指对方不相信所提出的"仁义绳墨之言"。这一段是描写对话的心理,由于地位的不同,你很容易屈从于对方的声势,为他所左右。

接着,庄子又举历史上的忠臣和圣王为例,说明曾有忠臣因他们的道德声誉而被杀。圣王有时也为了维护名实,而有错失。关龙逢是夏桀的贤臣,比干是商纣的叔父,两人都因忠心劝谏而遭诛杀。"下伛拊人之民","下"是在下位,"伛"是养育,"拊"

是抚慰，这是指对下能养抚人民。"以下拂其上"，是指为人臣能爱护人民，却批评人君的不德。这是自恃自己的受人民爱戴，而凸显了君主的不好，犯了为臣的大忌，所以"其君因其修以挤之"，就是说国君正因为人臣的美德和声誉，反而嫉妒他们、排挤他们。"尧攻丛枝、胥敖，禹攻有扈"，在《齐物论》中也有尧问舜关于征伐宗、脍、胥敖的故事。虽然尧舜是相传的圣王，但在庄子的笔下，却认为他们尚未达化境，所以有时不免借对他们的讽喻，来托出道体的境界。譬如在《齐物论》中，便是以尧的"不释然"来托出大道的无不包容。至于此处也以尧舜攻打三国为例来说明他们心中仍有"不释然"。"国为虚厉"，古注都指该三小国，国家成虚墟，人民变厉鬼。但就文气来说，这段话的主词是尧舜，"国为虚厉"是因尧舜的征伐而成为虚厉的意思。至于"厉"字在《易经》中很多，可指疾厉，或危殆。合理的解释应该是，尽管尧舜多么圣明，但一涉战争，必有杀伤，正如《老子》所谓"大兵之后，必有凶年"。"身为刑戮"，一般注解多作三小国之君，遭杀身之祸。但如果主词是尧舜的话，也可解作尧舜一启战端，也就使大家都陷于死伤之境地。憨山在《庄子内篇注》中说："亲身操其杀戮"，也即指尧舜的攻伐，导致了杀戮的祸患。"其用兵不止"，指一启战端，兵祸便不止。"其求实无已"，很多注解都把"实"当作"利"。但"名利"和"名实"不同。"名利"是两件事，而"名实"却是一件事。如果把"求实"解作"求利"，这只是一般的意义，而庄子此处特别说"求实"却是有深意的。一般人的求名，往往为了虚名。可是尧舜乃圣王，绝不为了虚名，所以说是"求实"。譬如"圣王"是一个"名"，而能做到"平天下"

就是"实"。尧舜并不贪图"圣王"的名号，不希望别人歌功颂德，他们是想实实在在地求天下的太平。可是他们这种"求实"之心太切，正如"求实无已"的"无已"两字，便写出了他们的执着。他们为了"平天下"，便攻伐这三个野蛮的小国。即使就儒家来说，"平天下"的真正意义，也还是希望这些小国受到王道之化，能心悦诚服地共致太平。所以一有攻伐，便已破坏了和谐，这是庄子所不能赞同的。"是皆求名实者也"，这个"皆"是概括了关龙逄、比干和尧舜。前者好名，后者求实，都是有所囿。所以本段结论说："名实者，圣人之所不能胜也。""胜"是克服以制胜，也就是不受拘囿而能超脱的意思。最后再把这段比喻转回到孔子与颜回的对话上。孔子以为颜回如果以为自己有才德可以使卫君重视，这是好名；如果一心只想如何用"仁义绳墨之言"来治好卫君的暴虐，这是"求实"，不是上上之策，所以孔子说"而况若乎"，即连圣人都不能免，何况是你呢？不过孔子还是很客观，仍然耐心地说："若必有以也。""以"是所以的"以"，就是所持的理由或方法。即是说："你必定还有理由，不妨说来听听吧！"

下面讲第二节，从"颜回曰端而虚"到"犹师心者也"。

颜回毕竟是孔子门生中反应最灵敏的学生，他知道孔子批评他自恃才德、不够虚心，于是立刻想到了两个方法，第一个方法是："端而虚，勉而一，则可乎？""端"是端正，指端正形体，也就是外在的态度很谨慎。"虚"，郭象《注》："虚其心。"但此处的"虚"，为孔子所不许，所以没有那么深入。只是指不自恃才德，表现谦虚的意思。"勉"是勉力，指用心去达到的意思。"一"是专心一致，心不旁骛。颜回这两句话是针对孔子前面所谓"道不欲杂，杂则多"，及"目将荧之，而色将平之"而说的，本来这个"虚"和"一"都是庄子思想中很重要的字，可是颜回用一个"端"字，用一个"勉"字，却使"虚"和"一"都变了质，而不是真虚、真一。因为"端"是外在的正色，已不是虚了。而"勉"则更有问题。《齐物论》说："一与言为二，二与一为三"，这里的第一个"一"是本一，我们用言语去称呼它，这个本一与我们言语称呼的一，便形成了二，然后我们又要用思辨去求合一，于是前面的"二"与我们要合一的努力又成为了"三"。有人问马祖禅师如何才能与道合一？马祖说，已不合一了。这即是说本来是合一的，但你要"合一"，已是先分开了，如何又能合一呢？这里说"勉而一"就是这个毛病。

所以孔子说："恶可！"接着孔子便说明不同意的理由。"夫以阳为充"，本句及以下几句，一般注解都是指卫君。卫君年少气盛，所以说充满了强阳之气与刚愎自用。"孔扬"，即大扬，也就是说声势凌人。"采色不定"，采色是面色，即喜怒无常。"常人之所不违"，指一般人都不敢违逆他。"因案人之所感，以求容与其心。"这两句及以下几句，一般注解仍作卫君来描写，如果是这样的话，那么本段都是在说卫君的难以应付，对于颜回"端而虚，勉而一"却没有一语讨论。所以我们觉得这两句话语气一转，而是指颜回，这是由于这个"因"字把语气转了过来，即是指颜回由于以上的原因，所以"案人之所感"。"案"是依据，"所感"即反应。也就是写颜回的"端而虚"是尽量谦逊以迎合卫君的心理。"以求容与其心"，"容"是容纳，"与"是相与，即以求达到为卫君所乐于接纳，而意见一致，这就是"勉而一"的做法。

人间世第四

孔子批评这种方法不够彻底,而称它为"日渐之德"。"日渐"是指每天像水的渗渍一样,只是局部的改变。"不成",是指使这种日渐之德都不能成功。"况大德乎"的"大德"与"日渐之德"是一对比。"日渐之德"是小德,即每天在日常生活中规劝卫君,使他逐渐地改变。而"大德"敦化,也就是幡然省悟,而彻底地改变。"将执而不化",这句话仍然是批评"端而虚,勉而一"的,指这个"端"和"勉"的做法,是有所拘泥执着,对颜回来说,是未达化境;对卫君来说,未能使他真正地感化。"外合而内不訾","訾"是以言语责难,宣颖解为"自讼",即自我批评。全句的意思是说:这种方法只能做到和卫君在外面的相合,而不能在内心上打动对方,使他自觉错误,而产生彻底地改变。

颜回发现孔子对于他"端而虚,勉而一"的批评,是指他在"端"和"勉"上只重外在的相合,而无内心的功夫。于是他便进一步提出更为具体的第二个方法。这种方法有内在的修养,有外在的权变,又能上合古圣的教言,即所谓:"内直而外曲,成而上比。"他对"内直"的解释是:"内直者,与天为徒。"这里的"直"在儒家来说是正直与直道,或"敬以直内"(《易经·乾文言》)的意思。不过此处颜回说"内直"是对"端而虚"的一种补正,说明"端而虚"的"虚",是谦虚,但不是委屈,不是自贬,相对的却是"诚"的表现,是借这个"虚",不仅打破对名实的执着,同时也打破卫君和他在地位上的分别。所以他说"与天为徒","徒"是徒辈,即"为伍"或"同类"的意思。他的解释是"知天子之与己皆天之所子",这是把自己提升上去与君主平等,认为自己与君主都是天之所生,没有本质上的差别。所以在心理上,不致有矮人一截的心态。"而独以己言蕲乎而人善之,蕲乎而人不善之邪","蕲"是期望,即又哪里在乎自己的话,期求别人说善或不善呢?"人谓之童子","童子"即指天真无邪,纯任自然。这是颜回提出内心修养的境界。

接下来描写外在的行为。"外曲者,与人之为徒也。""曲"是蜿曲的意思。《中庸》说诚是"其次,致曲",《老子》也说"曲则全",都是描写用蜿曲的方法而达到周延的目的。"与人之为徒也",就是与世俗相处,不违礼法。"擎跽曲拳","擎"是上朝时的执笏,"跽"是面对君王的长跪,"曲拳"是抱拳作揖鞠躬。这是人臣之礼,我都一一遵守,别人就无法再挑毛病了。

再接下来描写的是对谈间的言论。"成而上比者,与古为徒。""成"是指成就,即言论有成。"与古为徒",即与古人相比。"谪之实也",即实际上有所批评。"虽直不为病",即虽直言相责,却也无法以我言为病。这即是《寓言》中所谓的重言,即以古圣先贤的言论或事实为证。

孔子对颜回这几套方法的批评是:"太多政法而不谍",这句话古注的断句不同,解释各异。有作"太多,政法而不谍",有作"太多政,法而不谍"。此处作一句解,可以概括前面两种断句。本句之难解,在于一个"谍"字。古注有作"视察""便僻""安妥""相狎"等。但通俗的"谍"字,如间谍之"谍",有刺探人心的意思。所以此处解作"视察人意"。这正是针对前文的"因案人之所感"而言的。也就是说颜回在这里用了多种客观的法则,以"天"、以"俗"、以"古"为准,而不像前面只重视把握君王的心情。在《庄子》中,这个"谍"字,还出现在《列御寇》一篇中,即"内诚不解,形谍成光",这里的"形谍"也可解作形貌,表现了喜欢视察别人的心意,而成一种刺人、摄人的光芒。所以把"谍"解作"视察人意",就《庄子》全书的用语来说也是一致的。接着孔子说"虽固亦无罪",这是一半的赞语,即说能用这些"政法",固然可以使颜回免罪。"虽然,止是耳矣",这是一半的批评,也就是说,最多只能做到使自己免罪而已,而并不能达到教化对方的目的。因为这些"客观"的法则固然客观,却不能深入对方主观的心中去挖除病根。"夫胡可以及化!犹师心者也。"最后孔子提出一个"化"字来,这个"化"是"化人",是"化己",也是"大化"。这个"化"字,把天、人、古和自己连成了一串。颜回的这三套方法就是缺少一个"化"字。"师心",是以自己之心为师。因为以"天为徒",是以"天"为师,以"人为徒",是以"人之礼"为师。以"古为徒",是以"古圣"为师。这是把自己的意思拿这三师为挡箭牌,骨子里却是师心自用。自己未达化境,又如何能化人?

接下来讲第三节,从"颜回曰吾无以进矣"到"而况散焉者乎"。

在这一节中,庄子借孔子之口提出"心斋"的方法。这里的"心斋"有两种作用:一是"心斋"本身的方法像一种打坐的功夫,这在《齐物论》开端南郭子綦的隐几而坐和"吾丧我"相似。不过"心斋"特别提出两个字:"气"和"虚",这是"心斋"的重点。二是回归到本段颜回要劝说卫君的主题,用"心斋"去对付一个暴君,就在一个"虚"字。如何"以虚待人"(《易经·升卦·大象》)?第一是不要先准备好方法去对付别人,如"无门无毒";

第二是一切顺之自然，即"一宅而寓于不得已"。

这节一开始，颜回已经技穷，所以放弃陈述他的见解，而请问孔子的方法。孔子答说："斋"，即纯净的意思。接着说："有而为之，其易邪？"这里的"有"是有所为，即有目的、有方法。有的注根据郭象"夫有其心而为之者，诚未易也"，而在"有"字下加添一个"心"。其实"有"包括了"有心"，是指颜回前面所提出的各种方法都是心中有杂，不够纯净。"其易邪？"是借反问以明其不易成功。"易之者，暤天不宜。"向秀注"暤天"为自然，指与自然不合。王叔岷《注》："《说文》：'春为昊天。'《庄子》此'暤天'乃天之泛称，无关春夏。"其实《庄子》中，言"天"处，有时指形体的天，如"天地"，有时指自然。但此处在天之上加一"暤"字，乃有所专指，有高明浩大之意。这是说"有而为之"，已经不易，而以轻易之心，勉强而为，即使高明如天，也有所不可。颜回听了这话以后，误解孔子所谓"斋"指的是祭祀前的斋戒，于是孔子便进一步说明他所谓的"心斋"。"若一志"，"若"是指你，"志"是心意。这个"一"做动词用，有二义：一是"专一"；一是"虚一"。专对杂而言，是心意由外而内；虚对有而言，是心无欲念。"无听之以耳"即不用耳朵去听外在的声息。"而听之以心"即用心去听声息背后的存在。"无听之以心"，用心去听犹有心中之念，以及心所依的对象，所以再进一步是不用心去听，"而听之以气"。由于气在内无念，对外无象，所以根本就是不听。"听止于耳"是指听觉停止作用于耳，也就是不再用耳朵去听。"心止于符"，即心停止作用于符象。也就是心停止了制造符象，攀缘符象的作用。"气也者，虚而待物者也。"这个气

人间世第四

的本身是虚无的，但它却和万物相待。气之待物，乃是因为气和万物相通。所谓"通天下一气耳"（《知北游》），这并不是说我的气通到外物身中，或万物的气通到我身中，像气功者之所为。庄子的意思是我顺气之流行，无欲无念，与自然合一。万物也随气之流行无欲念，万物本一自然，我和万物皆自然。这即是道的流行，所以说"唯道集虚"，"集"是聚合的意思，一般的注都引用《淮南子》"虚无者，道之所居也"（《精神》），"虚者，道之舍也"（《诠言》），把"集"解作居住或存在。但这样一来把"道"看作"有"，存于虚中，那么"虚"也就变成了"有"，而非真虚。所以这个"集"字解作"聚合"，并非居住之意，而是道与虚的相聚相合，也就是说虚能生道。

接着颜回说："回之未始得使，实自回也"，"未始"即未曾。"得使"是承接前文而来，前文讲"心斋"的重点是"听之以气"，所以"得使"是指得以使气。"使气"两字合用如《老子》所谓"心使气曰强"（第五十五章）。这是说颜回未曾使气而听之以气时"实自回也"，即一切念头做法都来自颜回的自我。"得使之也，未始有回也"，即是使气之后，听之于气，便忘了颜回的自我。"可谓虚乎"，凭这句话可见前面几句话，只是颜回的假设问话，而不是颜回在匆促的对答之间，已照着去做，而有此体验。所以孔子说："尽矣！"是指尽得其意。接着"吾语若"是告诉颜回如何在心斋之后，去应付君王。"若能入游其樊而无感其名"，"樊"是樊篱，比喻君王的门墙。也就是和君王应对，而不为他的威名所慑。"入则鸣，不入则止"。"入"即进入君王的心扉，为他所接纳。"鸣"即提出建言，如果心心不能相应，就停止说话。"无门无毒"，"门"是指门路，是承前文"入则鸣"，指可通的意思。"毒"字前人的注解分歧很大，郭象《注》为"治"，林希逸解为"药"，奚侗训为"窦"，并引《知北游》"无门无房"解作通达无碍。就文义来说都可通，这个"毒"字一般古注都用它相反的意义，做正面的解释，如《老子》"长之、言之、亭之、毒之"（第五十一章）的"毒"字，可解作"熟"或"安"的意思。唯此处，我们另有一解，试从"毒"字的负面意思来诠释，"门"和"毒"对文，"门"是指门路，那么"毒"当可解为杜塞，或指阻碍，这正是承前文"不入则止"的意思。所以"无门无毒"犹"无门无害"，这与庄子思想中所谓忘是忘非、忘善忘恶也是相通的。此处的意思是指不以"入则鸣"为可通，也不以"不入则止"为阻碍，而能"一宅而寓于不得已"。"宅"是处身，"一宅"即一任其所处的意思。"寓于不得已"，就是寄托于不得不然的境界，也即一切顺其自然。"则几矣"，即近于大道了。

自本章开始至此的一大段，是以颜回和孔子的对答如何劝卫君，以托出"心斋"的修养。庄子的目的不是谏君之非，而是强调"心斋"的修养，所以接着下面这段结论，完全在描写"心斋"的境界。

"绝迹易，无行地难"，前人的注解都把"绝迹"当作离世为隐士；把"无行地"当作处世不为形迹所拘。其实"心斋"谈的是如何修心，所以这句话的主语是"心"。"绝迹"是指心念不动，"无行地"是指心念动，而不住于物。如《金刚经》所谓"无所住而生其心"。"为人使易以伪，为天使难以伪"，这句话中"人"与"天"对言。"人"指人为，"天"指自然。"使"是听顺的意思。

人间世第四

我们的心如果动念都受人为所拘，便会虚伪不实。相反地，顺于自然，便能天真无伪。

"闻以有翼飞者矣，未闻以无翼飞者也"，"有翼飞"是形飞，是有拘有待；"无翼飞"是神游，是无拘无待。"闻以有知知者矣，未闻以无知知者也"，"有知知"，是以自己已有的知识，或别人所提供的知识，去做知识的追求或判断。所以这种知始终局限在某一范畴、某一系统中，而不能突破，也就是有待之知。"无知知"，是以无知去知。这里的"无知"，不是愚昧的"无知"，不是浅薄的"无知"，而是不以知为知的"无知"。这有两种情形：一是超越知，一是不用知。所谓超越知，就是知识的提升到达最高境界时，超越了知的范围，而成为智慧或德行。老子称为"绝学"，佛家称为"无学"，《庄子》书中也说"养其知之所不知"（《大宗师》）。这一境界极高，不是一般人所能达到的。所谓"不用知"，可深可浅，禅宗所谓"不立文字"，就是这种意思，可以做深入体验。至于往浅方面说，我们日常生活中也常用到。譬如我们对一幅画、一首诗的欣赏，有时并不是因为我们拥有的关于作者及作品的知识而欣赏这幅画、这首诗，而是在我们的精神上产生共鸣，而进入这幅画、这首诗中，这也就是庄子所说的"心游"。有时候我们对一个问题的判断，对一个人的了解，往往先把自己的知识、经验放在一边，然后才能看真切，这也就是心虚了之后，才能有真实的知。庄子这两句话的"未闻"，是说并非没有，而是喻其难、喻其重要，而为人所忽略不知。这也是一种无知之知。

"瞻彼阕者，虚室生白"，《释文》："阕，司马云：'空也。室比喻心，心能空虚，则纯白独生也。'"解得很清楚。唯把"阕"

直接训为空，反不如《说文》："阒，事已闭门也。"阒是指门之闭，在此处是指隔绝向外求通求知，这与前文的"无门""无知"，及后文的"外于心知"是意义相贯的。由这个大门的深锁，再反观内室，一片虚空，而光明自现。当然这个虚室，就是指心之虚。那么"阒"即是指心扉的紧闭，或意识的深锁，也正是《老子》所谓"塞其兑，闭其门"（第五十二章）的意思。

"吉祥止止。夫且不止，是之谓坐驰。""止止"指止于所止。也就是在心念静止，即虚空之处，吉祥来降。"坐驰"正对止而言，指虽然坐着，心神却随耳目而奔逐驰散。

"夫徇耳目内通而外于心知，鬼神将来舍，而况人乎！"《释文》："徇，李云：'使也。'""外于心知"即不向外求知。"鬼神"即前文所指吉祥。"而况人乎"，这即是不用心知的心斋，能感动鬼神，何况是一般人？这里的"人"也可对应前文指卫君。

"是万物之化也，禹舜之所纽也，伏戏几蘧之所行终，而况散焉者乎！""化"是生化，指万物的生生化化，出于虚，而入于虚，一切自然，而无意为。"纽"是枢纽，指禹舜治世的原则。禹在《庄子》中被尊为神禹，他的功德在治水，而顺水性之自然。舜，被孔子赞为无为之治，恭己而正南面，所以两圣治世的原则都在自然无为。伏羲即传说推演八卦的伏义或伏牺。"几蘧"，成玄英《疏》："三皇以前无文字之君。"这两位圣者都是在文字运用之前，所以说"行终"即不用文字知解，而以自然之行为终极。这段话是写心斋的用虚可以上通于万化，以及这些古代圣王的治道，何况一般人，岂能不重视这个心斋的虚理。此处用"散"指一般人，就是故意标明精神散驰之人。

最后我们把这段话的主旨拉回到现代社会，今天我们不是颜回，也没有暴君需要我们去劝说，那么对于这段话，我们如何拿来运用？我讲一个真实的故事，十年前，一位台湾的年轻朋友发简讯给我，说他是学工程的，读了我的很多著作，尤其对《老子新说》很有触动，因此他在工作中，看不惯老板的专横，便用老子的道去批评老板，结果反而被裁员了，他从此失业，女朋友离开他，父母责怪他，于是他认为这个道非但没有帮助他，反而害了他。他在简讯里问我的意见，我说赶快丢掉你以为的道，那是魔的化身，赶快找一个工作，忘了道吧！另一个故事是，我有一位心理学的学生，刚毕业，得了博士学位，和朋友相交时，以为学问在身，总是问朋友很多心理学上的问题，后来朋友们看到他都躲着，不愿作答，生怕陷入他的心理学所设计的圈套中。这两个今天社会上的真实故事，所犯的却都是前面颜回所犯的错误，一是"道不欲杂"；二是太多自以为是的政法。

二、从"叶公子高将使"到"莫若为致命，此其难者"

这段故事有三个要点：一是处理任何事务，首先在心理上不要患得患失，不要在事情还没进行前，已先打垮了自己。二是认清命和义，即天命和责任，不能逃避。三是不要求功心切，要一切根据实际情况行事。在今天的社会中，我们虽然未必像叶公子高一样奉有外交使命，但我们做任何事情，如求学、工作等，我们和事情的目标之间的所有连接，其间进行的所有工作，都不离本段的三个要点。

这里讲的是另一个故事，是讨论处理人间世的另一种方法。

"叶公子高"是楚国大夫，任叶地的县令，自己僭称为公。他姓沈，名诸梁，字子高。"盖将甚敬而不急"，这是因为叶子高奉命出使齐国，他生怕齐君在表面上待他礼遇甚厚，实际上对他所负的使命却拖延不答。"凡事若小若大，寡不道以懽成"，"懽"即欢。指事情无论大小，没有不合乎道而能欢然有成的。"事若不成，则必有人道之患"，"人道之患"即国君的处罚。"事若成，则必有阴阳之患"，"阴阳之患"，郭象《注》为"喜惧战于胸中"。李勉以为"事若成，不该有惧，而是因喜使心不平静"。其实，"阴阳"两字在《庄子》中，都指自然现象，"阴阳之患"，是指违反了自然，此患多因忧虑而生。后文中叶子高的自述已说得很清楚，是由于忧虑失败，才有阴阳之患，至于事若成功，而以前的忧虑，早已侵蚀心身，有何欢欣可言。尤其事成之后，患得患失之心更大，所以阴阳之患也就更为严重了。"若成若不成而后无患者，唯有德者能之"，这几句话是庄子假托孔子说的，这里的"德"，乃是庄子所谓的德，正如他在下文说的："知其不可奈何而安之若命，德之至也。"也就是说能安命而顺其自然，便不会忧虑事之成与不成了。

"吾食也，执粗而不臧；爨，无欲清之人"，"粗"指食物的粗糙，"臧"指食物的精致，"爨"是在厨房烹饪，"无欲清"指不求清凉。前一句是指他食不求精，生活上很不讲究。后一句前人都解作因他饮食随便，所以使厨者不必太多烹饪，而不求清凉。但后面一句话又提到"饮冰"和"内热"之事，所以这句话也可解作叶子高对自己的描写，说他在厨房也能忍受热气，而不必求清凉。可是"今吾朝受命而夕饮冰，我其内热与"？像他这样饮食随便，而又能适应各种气候的人，可是在接到任命后，回家却拼命喝冰水，可见其内在的焦虑，比厨房的热气还要大。"内热"即内心焦虑所产生的火气。"吾未至乎事之情，而既有阴阳之患矣"，"事之情"指事的实情。这是说他还没有真正出使，执行实际的任务，却已有阴阳之患。这里的阴阳之患即是解说前面"事若成，则必有阴阳之患"。因为像这样的煎熬，即使最后任务完成，身心也已疲竭殆尽。"事若不成，必有人道之患"，这里单提"事若不成"，可见前面的"阴阳之患"是涵盖了"事若成"的，所以说"是两也"，即指"成与不成"两者对心身来说都是大患。

接着庄子假托孔子说："天下有大戒二：其一，命也；其一，义也。""戒"指法。"命"是天命，为天所赋的。"义"是理义，为人所必遵的。"子之爱亲，命也，不可解于心"，父子间的关系是天生的，所以子的爱亲是一种天命。"解"是解脱、摆脱，即心中不能弃脱。"臣之事君，义也"，君臣之间的关系，是理的结合，所以臣的事君，是理义。"无适而非君也"，指无论到哪里都有君臣的关系，所以这种理义是"无所逃于天地之间"的。"不择地而安之"，是指在任何地方，都能尽孝，使心安之。"不择事而安之"，是指无论做任何事，都能尽忠，使心安之。这个"安"字很重要，是针对前文的"阴阳之患"而言的，这是一种修养方法，所以接着"自事其心者，哀乐不易施乎前"，"事其心"，即修其心，使哀乐的情绪对你不能产生作用。"知其不可奈何而安之若命，德之至也"，这句话是本段的重点，"成与不成"，这是人力所不能决定的，万一不成，而遭"人道之患"，这也是无可奈何的。但我们如果能"安之若命"，便可以避免"阴阳之患"。

庄子新说

如没有"阴阳之患",则无论"成与不成",便都能安之自然了。

孔子接着说:"凡交近则必相靡以信,远则必忠之以言。""靡"指倾倒,即倾心的意思。对于和我们亲近的人,可以用诚信使我们互相信赖。可是对关系较远的人,则只有用忠实的言语来促成互相的了解。"夫传两喜两怒之言,天下之难者也。""两喜"就是传达两方君主所说好听的话,"两怒"就是传达双方君主生气所说的话。后者,使双方君主听了都不高兴,当然不能完成任务。至于前者,由于讨好双方,必多"溢美"之言。"溢美"的话肯定虚伪不实,双方的君主都会怀疑它的真实性。"莫"字解作"疑""薄""无",都是指不信的意思。

"《法言》曰:'传其常情,无传其溢言,则几乎全。'""法言"不知是否为书名?或解作先圣的格言。但这段话两次提到"法言",可见仍以佚书为佳,"常"指本来,"情"指实情,即传达真正的实情,而不传夸大的美言,这样才能保证传达任务的完成。

"且以巧斗力者,始乎阳,常卒乎阴,泰至则多奇巧。""斗力"即角力,虽然是以力相搏,但用力贵乎巧,所谓以四两拨千斤。"始乎阳","阳"是向日,即正面。"常卒乎阴","阴"是背日,是反面。即指开始的时候,尚若正面地用技巧,可是后来便在暗地里偷巧。"泰至",指太至,也指求胜心过甚的意思。"奇巧",便是指一些诡诈的手段了。"以礼饮酒者,始乎治,常卒乎乱,泰至则多奇乐。""饮酒"需合乎礼的节制。"始乎治","治"是有规矩。"常卒乎乱","乱"是不合礼制。"泰至则多奇乐",饮酒过分,不仅是醉酒,还伴随着饮酒后失礼节而产生很多淫乐之事。"凡事亦然,始乎谅,常卒乎鄙。""谅"是谅宥、宽恕或信用。

人间世第四

"鄙",指偏鄙、狭隘或欺诈。"其作始也简,其将毕也必巨",这两句话仍然是就事情的发展来说,"简"指简易、有则,"巨"指复杂,难以把握。

"言者,风波也;行者,实丧也。""言者"指言语,也指前面所要传达的言旨。"风波",是指风产生的波动。"行者"指实行,也指前面传达者的任务。"实丧",指事实之有所失。"夫风波易以动,实丧易以危。"由于言语无定性如由风所产生的波一样,容易变动,而没有可靠性。由于传言的任务容易失实,失实的结果是很危险的。

"故忿设无由,巧言偏辞。""忿"是愤怒,"设"是成立。"无由"指无端。这是指两国君主无端怒起,是由传达者的"巧言偏辞"。"巧言"是溢美的话,"偏辞"是不正确的言辞。"兽死不择音,气息茀然,于是并生心厉。"野兽在临死时的哀叫,不在乎音的美与不美。"茀然",指气息的急促。"并生"指外在的怒气与内心的恶念相偕而起,"厉"是险恶,"心厉"即心中的恶念。这几句是写传言如有不当,使君主怒起,而有恶念。

"克核太至,则必有不肖之心应之,而不知其然也。""克"即"刻核","核"即考核。"克核"意为苛求或逼迫。这是说传言者不了解对方的心理,逼迫太甚,求成之心太切,必然使对方不悦,而产生不善的反应,可是传言者还不自知。"苟为不知其然也,孰知其所终!"如果传言者不知对方的心理反应,又怎能知道这件任务的后果呢?

"故《法言》曰:'无迁令,无劝成,过度,益也。'""无迁令"是"传其常情",不可更改所要传达的命令,"无劝成",是指不要为了达成任务的成就，而有意地去促成其事。这一个"劝"字，便是你自己加上去的，而不是事实的本身。"过度，益也"，"益"，俞樾："益当读为溢，言过其度则溢矣。"这和前面"溢美"两字相对照。又"益"字成玄英《疏》作"添益"。其实"益"字本有增益之义，如《老子》"益生曰祥"（第五十五章）。所以"过度"是过了常度，即超过了欲传的事实。"益也"，即指传言者所增加的。"殆事"，即坏了事情的意思。

"美成在久，恶成不及改，可不慎与！""在久"有两义：一是指美事的完成是需要长久时间的努力，不能仓促达到的；一是指美事的成就是永恒持久的。"不及改"也有二义，一是指恶事的造成是在一念之间，速不及改的；一是指恶事的造成也令人后悔终生，无法改变的。

"且夫乘物以游心，托不得已以养中，至矣！""乘物"本是顺任万物变化的意思，但用"乘物"的"乘"字，还有另一深意，因"乘"有驾驭的意思。《山木》："浮游乎万物之祖，物物而不物于物，则胡可得而累邪？"所以"乘物"意味着能驾驭万物，而不为万物所左右。"游心"是人虽悠游于万物之中，而心却超然于万物之外，"托不得已"是把自己的形体寄托于万物变化之中，随波逐浪。"不得已"是不得不然的意思，这是指万物的自然。"养中"有二义：一是涵养心中之虚。《老子》第五章"多言数穷，不如守中"之中，即做"虚"解。涵养心中之虚，即时时保持心之虚，而不执着于外物。二是涵养心中之和，《德充符》："德者，成和之修也"，涵养心中之和，也就是使此心和万物相合。

"何作为报也？莫若为致命。此其难者！""报"是回报，即如何才能复君之命。"致命"的"命"可对照前文:"天下有大戒二:其一,命也"和"知其不可奈何而安之若命"的"命",两者都意味着天所赋的命,即"天命"。"莫若",即不如,也就是说不如"致命"。"致命"即"安命""顺命""尽命"的意思。"此其难者"即难能可贵的意思,因为不能"致命",心便不安,便患得患失,而有阴阳之患。

这个故事到此是结论,说明在人间世,遇到两难的处境时,不要在意得失,急求成就。以"平常心"面对事实的真相,尽自己应尽的天责,其他一切就能泰然处之了。

三、从"颜阖将傅"到"可不慎邪"

接下来本文的第三个故事,写的是太子的老师如何教导太子的情形。"颜阖"姓颜名阖,是鲁国的贤人。蘧伯玉,姓蘧,名瑗,号伯玉,是卫国的大夫。颜阖被聘去做卫灵公太子的老师时,便去请教卫大夫蘧伯玉有关教导卫太子的方法。"有人于此",颜阖不便直言卫太子,所以用假设的口气说,有这么一个人。"其德天杀","德"指性情,"天杀"指天生凶残好杀,"无方"指没有原则。如果不以原则教导太子,万事都讨好他,那么将来他登基后,便自以为是,使国家危殆。相反地,如果谨守原则,那么,便会使他不悦,将来自己便有杀身之患。这位太子又只知别人的过,而从来不反省自己的错。如何去教这样一位有威权而又无知者,实在是两难的任务。

蘧伯玉的回答是:"戒之,慎之,正汝身哉!""戒"是随时警惕,"慎"是言行小心。"正汝身",即端正你自己,使自己没有瑕疵被对方挑剔。"形莫若就","就"是迁就和亲近的意思,指外面的表现不如尽量和对方亲近。"心莫若和","和"是亲和、和谐的意思,指内心不如保持和对方的亲和。"就不欲入",指虽然要和对方亲近,但不能过分地迁就,进入他的规范,而为他所左右。"和不欲出",指虽然与对方和谐,但这种祈求和谐的意念却不能表露得太明显,这样反而为对方所乘,而得不到真正的和谐。"且为颠为灭,为崩为蹶。""且"是"则"的意思,"颠"是颠覆,"灭"是掩灭,"崩"是崩坏,"蹶"是挫败,也就是指过分迁就之后,你所持的原则完全为对方所破灭。"且为声为名,为妖为孽。""声"是声誉,"名"是名望,"妖"是怪异,"孽"是歧出,即邪门。"和之在内",是指内心的平和,"和之欲出",便是在外有所表现。"为声为名",指有意于邀声逐名,这便和对方同流合污。"为妖为孽",指这种有意于调和,乃是另有目的,是一种诡计,是一种欺世盗名。

"彼且为婴儿,亦与之为婴儿",对方是太子,当然有婴儿态。好的方面是指天真,不好的方面是指幼稚。"彼且为无町畦,亦与之为无町畦","町畦"指田畔的界限。好的方面是指没有差别,不好的方面是指没有规矩。"彼且为无崖,亦与之为无崖","崖",林希逸《口义》作"涯际",即边际,好的方面指没有目的,不好的方面指没有原则。此处的意思是指你要尽量和这位小太子打成一片。从好的方面沟通,便能相聚和谐,否则在不好的方面相合,便是迁就。"达之,入于无疵。""达之"是使他通达,"疵"是毛病。这是说由于这位太子老师能把握太子的心理,和他先相处融洽,然后再进一步地使他通达,进入纯然无瑕疵的境地。

"汝不知夫螳螂乎？……几矣！"这几句话以螳螂为喻。"怒其臂"，是奋力举起它的手臂。"是其才之美者也"，"是"为动词，即自以为是。"积伐而美"，"积"是累积，"伐"是夸大，即一再自夸以为美。"以犯之"即犯此毛病。"几"，成玄英《疏》作"危"。其实这个"几"是相似，即指人们犯此病，正与螳螂的以臂挡车相似。

"汝不知夫养虎者乎……逆也"，这几句话是以养虎为喻。不敢拿活的动物喂虎，不敢以形体完整的东西喂虎，这是因为生怕激起老虎杀戮及撕裂的凶残兽性。"时其饥饱"，是时时注意老虎的饥饱，"达其怒心"，是了解老虎何以发怒的原因。老虎虽和人是异类，但喜欢人取悦于己，而痛恨违反自己的这种心理是一样的。

"夫爱马者……可不慎邪！"最后以爱马者为喻。"筐"，竹篓。"矢"，同屎。"蜄"，《释文》解作"蛤类"，意为珍贵的容器。这是写爱马者对马的照顾，用贵重的容器去盛马的屎和溺。"蚊虻"即蚊类。"仆缘"即扑附于马体。"拊"即拍的意思。"不时"，不合时。"缺衔"即咬断嘴上的嚼子。"毁首碎胸"即挣断头上和胸前的络辔。"意有所至，而爱有所亡"，这是说当我们的心意贯注在某一方面，往往忽略了另一方面，使我们的爱反而有所失。

从以上三个比喻来总结对卫太子的教导方法是，首先要排除自以为是之见，然后是"形莫若就"，即尽量亲近对方，了解对方的喜好。最后是"心莫若和"，即与对方保持和谐，但不要刻意为之，而应顺着对方的需求，再去转化他。

这个故事本是指太子老师教导太子的方法，在今天没有这样的特例，然而如何把这个故事用在今天的社会中呢？我们可以把它用在两种最普遍的情形：一是心理学家对待病人；二是父母教导子女。本段最主要的两段话是"形莫若就，心莫若和"与"就不欲入，和不欲出"。先从心理学家对待病人来说，在表面上，心理学家先尽量迁就病人，亲近病人，使病人能信任你；至于在内心，心理学家不要自以为是医生，把病人看作病人，当作要诊治的对象。接着在"形就"时，不要为病人所左右，跟着病人走；在"心和"时，是要打通彼此的隔阂，如果是有心要和，则已把修养的"和"当作方法来使用，已不是真正的和了。至于父母教导子女也是一样的道理。在表面上父母要能懂得迁就子女，这是使子女亲近，信赖父母。但父母要和子女保持和谐，这在父母心中自然如此，不能表露出来，否则聪明的子女就会利用这个有心去和的心理而去左右父母了。

四、从"匠石之齐"到"不亦远乎"

这段故事借社树的能保全生命之事，来说明求无用的技巧。所谓"予求无所可用，久矣"，也就是说这段讲的是无用之大用。这段故事与前面的三个故事似乎不同，前面三个故事都是从政治上来说的，后面的一些故事却是一般性的。因此分开来看，处人间世，除了政治外，就是一般的生活，所以本文前三段讲政治的运用，而在本段之后讲无用，这也是合理的。但以文章的统一性来说，则"无用"的思想也是前面所讲的政治运用的主要功夫，因为"无用"正是庄子思想的中心要点。《逍遥游》末尾讲无用，《齐物论》和《养生主》都在强调无用，因此人间处世更须以无用为大用。所以本篇接下来几段讲"无用"，也是理论之必然。

"匠石"，姓石的木匠。"曲辕"即曲道。"栎社树"即社祀坛的树，林云铭注："以栎树为土神而祀之，此廿五家之私社也。""絜"即量。"临山"，如山之相临。"十仞而后有枝"，七尺为一仞，乃指树干高达七十多尺，然后才有枝叶。"为舟者，旁十数"，指旁出的枝有十几条，其大都可制成舟。"匠伯"即指匠石。"厌观之"即饱览之。"散木"即疏松的树木。"液樠"，司马彪《注》："液，津液也。樠，谓脂出樠樠然也。"即流出黑水，意为污腐。"文木"，与前面"散木"对称，指良木，及有用之木。"实熟则剥"指这些树木上的果实成熟了之后，便遭剥折。"辱"字前人都改字求解，其实辱即受辱，来比喻果实遭剥折，而受辱，以树木拟人化，颇能传神。"小枝泄"，"泄"如水的泄地，指小枝拖了一地。"以其能苦其生者也"，因它们的才能反而遭受剥折之苦。此苦和前面之辱对称，也是拟人化的写法。不必把"苦"硬训为"枯"。"中道夭"，即中途而夭折。"自掊击于世俗者也"，《广雅》："掊，捶也。"指自遭世俗的打击。"且予求无所可用久矣，几死，乃今得之，为予大用。"这几句话是这段故事的中心旨趣。树木的无用，是自然现象。但无用并不一定能保全它的天年，因为有许多树木因无用，反而被砍作柴烧。所以这里说"求无所可用"，这个"求"字，便是大学问。这棵栎社树自谓"求无所可用"很久，差一点死亡，可见这个方法也不是轻易可得的。现在得到了后，"为予大用"，这个"大用"与"无用"对照。"无用"是无小技小能之用，"大用"是生命的全体大用。"且也若舆予也皆物也，奈何哉其相物也？""且也"即而且，"若"即汝。"相物"，即视物，指以人之眼光轻视物。"散人"与散木相似，是指没有

庄子新说

精神生命的人。

"匠石觉而诊其梦","诊",向秀、司马彪作"占",王念孙以为此处不应是占梦,因为下文乃匠石与弟子讨论栎社树之事,所以"诊"应读为"畛",乃"告"的意思。其实"诊"为诊断,本有讨论的意思。不必勉强改为"畛"字而曲意求通。"趣取"即趋取,或求取的意思。弟子问得好,既然求无所可用,为什么还把自己变成神社的树木?"密"即默的意思,"彼亦直寄焉,以为不知己者诟厉也","直"是纯然,"寄"是托身。这是说它只是为了托身而已。"诟厉"即责难,这是指托身于被人责骂无用之处。但如果只是无用之木,岂不是又会被人砍伐,当作无用之柴木来烧?所以说:"不为社者,且几有翦乎",这是它之所以托身为神社之树木,而躲过了被砍伐的命运。这便是前面它所谓"求无所可用久矣"的感叹了。"而以义誉之,不亦远乎!"即以理义的标准来评断它,便远离了它保全生命的真相与苦心了。如果把这段与《山木》那只不会叫的雁,反因其不才而早死,便可看出栎社树自保的高明了。

五、从"南伯子綦游乎商"到"神人之所以为大祥也"

这段故事借树木的不材,而能不受砍伐,保全天年,来写无用之大用。在表面上,它和前段故事的讲无用,是同一旨趣,但不同的是前面的社树,虽然不材,却仍然因不材而有被当作垃圾清除的危险,所以它要寄身在宗教性的社区来免除被砍伐的危险。至于本段却是把重点放在"不材"两字上。我们要仔细推敲这两字,就树木来说,它的材质就是它的树性,根本没有材与不材的问题。所谓材与不材完全取决于人类的视角。所以不材之木的免于被砍伐，只是不被人利用而已。《庄子》中多寓言，本段的寓言是讲树木。以树木的寓言来讲人的处世是有距离的，那么人的无用又是指什么呢？就庄子的看法天生万物必有用，即使愚人也有他们的成心，所谓"庸也者用也"（《齐物论》），都有他们的可用之处。这些人以他们的小用做他们喜欢的事，也能逍遥。但庄子的着眼点不是这些普通的人，而是真正有才有能有贤德的人，如比干、关龙逢等，他们的才能贤德，反而给他们招来了杀身之祸。至于箕子的装疯而避祸，不正像社树的"求无所可用"吗？总之，就人的用"无用"来说，不是不能做自己该做的事，如前三段中的颜回、叶公子高和颜阖都尽了他们的责，只是不自以为是，不强调他们的有用。他们都是"虚其心"，这个"虚"才是"无用"的真正功夫。

这一段也是写不材之木，但不如前一段出色。"南伯子綦"即《齐物论》中的南郭子綦。"伯"是年长者的尊称。"商之丘"，即今河南商丘县。"结驷千乘，隐将芘其所藾"，结驷马之车乘，有千乘之多，"芘"即蔽，"藾"，荫，即可以受它树荫的遮蔽。"拳曲"，曲卷如拳。"轴解"，轴指木心，解指裂散。"咶"即舔。"酲"即醉。"嗟乎！神人以此不材！"指唯有神人才能使此不材之木长得如此高大。也就是说神人不利用物之小用，而任物自然，使万物都能以其本色，尽其天年。

"荆氏，"宋国地名。"宜楸柏桑"，该地宜种植楸、柏和桑三种树木。"拱把"，司马彪《注》："两手曰拱，一手曰把。"指两手或一手能握那样的粗。"狙猴之杙"指可做系猴子的拴木。"围"，

庄子新说

八尺为一围。"高名之丽","名",王念孙注为"大"。但"名"也有名贵的意思,"丽"通栭,指屋栋,故指高贵的屋栋。"樿傍",成玄英《疏》:"棺材也。"司马彪《注》:"棺之全一边者,谓之樿傍。"即棺木的意思。"解"即一种祭典,颜师古《注》:"解祠者,谓祠祭以解罪求福。""白顙"即额头上有白斑。"亢鼻",指鼻孔朝上。"不可以适河",指不适于河祭。成玄英《疏》:"古者将人沉河以祭河伯,西门豹为邺令,方断之,即其类是也。""此乃神人之所以为人祥也",这些一般人以为不祥之物,因他们被认为不祥,反而保住了生命。所以神人知此,能以不祥为大祥。

六、从"支离疏者"到"又况支离其德者乎"

"支离其德"是一个庄子创造的新名词。这里的"德"即《逍遥游》中的"德合一君"的德,是德之名的德。《齐物论》说"德荡乎名",所以这个德已不是真正的德,而是求名之德了,很多追求这种德的人,其实不是为了德,而是为了名,所以"支离其德"就是离其名。处人间世最重要的就是不为名所累。

前面两大段以木为喻,这一段则以人为喻。"支离疏"是庄子寓托的人名。"支离",指形体不完整。"疏"是他的名字。"颐隐于脐",颐是脸颊,脐是肚脐,脸部隐藏于肚脐下。可见他身体弯曲的程度。"肩高于顶",也是指头部向下弯曲。"会撮指天",司马彪《注》:"会撮,髻也。古者髻在项中。背曲头低,故髻指天也。""五管在上",指五脏的血管都向上。"两髀为胁",髀即大腿骨,胁即肋骨,大腿骨可当肋骨,极写形体的弯曲。"挫针治繲",针即针,繲通线,是指缝衣之事。"鼓筴播精",筴通箕,精指米之精，是指筛米之事。"攘臂于其间"，荡着手臂而游。"大役"，即大的劳役之事。"不受功"，即不受征服劳役。"钟"，六斛四斗为一钟。"又况支离其德者乎！"前面都是支离疏因形体的支离，反而能保全他的生命，这和前两段的不材之木是同一旨趣，最后这句话由支离其形，而转为支离其德，却是本篇后几段中的一个重点。"支离其形"这是天生的形体，可是"支离其德"却是修养的功夫。因为"支离其德"不是天生的无德之人，或者是败德之人。而是本有其德，而不标榜自己的德行。使他人不感觉自己之有德，正如《老子》所谓"上德不德，是以有德"（第三十八章），这"上德不德"正是"支离其德"的最好注解。

七、从"孔子适楚"到"莫知无用之用也"

这一段可说是全文的结论。"楚狂接舆"，指楚国的狂人接舆。一说接舆之名是因他跟着孔子的车批评而得名。"凤兮凤兮，何如德之衰也！""凤"字比喻孔子高雅如凤鸟。"何如"是何以如此。"德之衰"，指"德"之失。《老子》说："上德不德，是以有德，下德不失德，是以无德。又失德而后仁，失仁而后义"（第三十八章）。正是指孔子的德是一种下德，失德。"来世不可待，往世不可追也。"指希望治世于未来，未来永远是未来，不可徒然等待。赞颂往世的道德境界，可是往世已逝，又无法再回到现在。"天下有道，圣人成焉"，是说天下有道时，圣人便可借此而成就救世的功业。"天下无道，圣人生焉"，是指在天下无道时，圣人也能全生保真。"方今之时，仅免刑焉"，这句话点明了方今之时，正是天下无道之时。"免刑焉"，是只求免于刑戮，以保全生命。"福轻乎羽，莫之知载"，"福轻"，指幸福的来临，轻盈如羽毛，飘忽不定，一般人不知道如何用手去捧载它。"祸重乎地，莫之知避"，"祸重"，指祸害的降临，像大地一样的沉重，就出现在我们的眼前，一般人却不知道如何去躲避它。"已乎！已乎！临人以德！""已"是停止的意思，是劝人不要再这样去做。"临人以德"，即以德临人，就是在别人面前显耀自己的德行。德行本来是我们应有的修养，没有理由因此自高自大。正如《老子》所谓"下德不失德，是以无德"。所以庄子此处的"已乎！已乎！"是要我停止"以德临人"。"殆乎！殆乎！画地而趋！""殆乎"即危险，是指下面"画地而趋"的行为是危险的。"画地"就是画地为牢的意思，"而趋"是指往自画的牢中钻。"迷阳！迷阳！无伤吾行"，"迷阳"为楚地的一种多刺的草花，如荆棘之类。此处指外在的一切祸患，不要伤害我的行动。"吾行郤曲，无伤吾足！""郤曲"即绕弯，也就是说我很小心地绕弯而走，希望不要刺伤我的脚。

"山木自寇也"，"寇"即盗伐。因山木本身的有用，而被人盗伐。所以说"自寇"，即是指自己引来别人的盗伐。"膏火自煎也"，因膏火能燃烧，所以膏火被人燃烧，等于自己燃烧自己。"桂可食，故伐之"，桂树之实可以食，所以桂树遭人砍伐。"漆可用，故割之"，因漆树所生的油脂可用，所以漆树为人割裂以取漆。"人皆知有用之用，而莫知无用之用也。"有用之用是片面小用，无用之用是全体大用；有用之用是看得见的，有限的，因此会被利用，以致耗精伤神，无用之用是看不见的，无限的，因此不会被欲望所拘，而能全生保真。

人间世第四

本篇最后归结为"无用之用",似乎只是后面几段写不材之木,支离其形的结论。与前面三段颜回、叶公子高及颜阖的故事似乎不甚契合。其实我们深体这个"无用之用"的"用"字,实大有文章。在《逍遥游》中,我们曾强调过庄子好用寓言,但寓言很多是以物性为喻,可是人性与物性不一样,在人性的运用上,有时不能黏着在物性上,否则会误读庄子的本意。譬如以本篇后几段的不材之木来说,某种树木的材质不好是天生的,无用之木有幸而不被砍伐,也只能自处于无用之地,以保其天年。可是人的世间却不一样。一个人不能像不材之木一样无用,否则他也无法生活于人间世。就拿支离疏来说,这故事是不材之木的人物版,但支离疏毕竟还能靠替人缝衣、筛米而糊口,否则他又如何能尽其天年。所以庄子讲"无用之用"的"用",不只限于纯然无用如不材之木,而必须回归到前面三段故事中的人物本都是有用之人,如颜回之有德、叶公子高之有才和颜阖之有知。就像三段故事之后的文木,既然有文,就无法自毁其文,变成无德、无才和无知。文木做不到,便只有被砍伐的命运,可是人却不然,如果真能体会"无用之用",便能用其德于无形,用其才于无为,用其知于无欲。这才是真正处人间世的大用,又岂止是一念保全生命而已矣!

本段的要点,也是警句,就是"临人以德,殆乎!殆乎!"这句话在原文中已很清楚,尤其这里是结尾,强调"无用之用",和第一段孔子告诫颜回的话正好对应。但在今天社会中,此智慧如何运用?我们却不能不多说几句。这种临人以德,而遭人妒忌,在古代已如此,所以老子讲"玄德",讲"上德不德,是以有德;

下德不失德，是以无德"（第三十八章）。古代如此，于今犹烈。今天我们实践道德不让人知，如《维摩诘经》中所谓无名布施，才能真正达到布施的目的，不会因我们的逐名而破坏了布施在我们心中的纯真。如果我们有德名，而以自己之德凌驾于人，则反而不是德，是一种贡高我慢，这种傲慢与财势又有什么不同？

最末尾一句的"无用之用"更是《庄子》全书最重要的精神与功夫。这句话我们可以从三方面来看：

一是用无用，即去运用那个"无用"的功夫，这点可由本篇第一段颜回和孔子的故事看出，这个故事就是用虚，虚是把自己的一切德行才能虚掉，即是无用的表现，所以可说是用无用。

二是用而无用，也就是说在用了之后，不显耀自己的才能，反而表现自己的无用。这一点为《老子》所强调，如"绝圣弃知"（第十九章），"光而不耀"（第五十八章），庄子继承了这个思想而说"圣人无名"（《逍遥游》），"圣人愚芚"（《齐物论》）。

三是无用而用，即是说本来是无用的，可是这在一般人认为的无用，却另有它想不到的用处，如本篇中所讲的神木、支离疏等。

德充符第五

原文

鲁有兀者王骀，从之游者，与仲尼相若。常季问于仲尼曰："王骀，兀者也，从之游者与夫子中分鲁。立不教，坐不议，虚而往，实而归。固有不言之教，无形而心成者邪！是何人也？"仲尼曰："夫子，圣人也。丘也直后而未往耳。丘将以为师，而况不若丘者乎？奚假鲁国！丘将引天下而与从之。"常季曰："彼兀者也，而王先生，其与庸亦远矣。若然者，其用心也独若之何？"仲尼曰："死生亦大矣，而不得与之变。虽天地覆坠，亦将不与之遗。审乎无假，而不与物迁，命物之化，而守其宗也。"常季曰："何谓也？"仲尼曰："自其异者视之，肝胆楚越也；自其同者视之，万物皆一也。夫若然者，且不知耳目之所宜，而游心乎德之和；物视其所一而不见其所丧，视丧其足犹遗土也。"常季曰："彼为己。以其知得其心，以其心得其常心，物何为最之哉？"仲尼曰："人莫鉴于流水，而鉴于止水，唯止能止众止。受命于地，唯松柏独也在，冬夏青青；受命于天，唯舜独也正，幸能正生，以正众生。夫保始之征，不惧之实。勇士一人，雄入于九军，将求名而能自要者，而犹若是。而况官天地，府万物，直寓六骸，象耳目，一知之所知，而心未尝死者乎！彼且择日而登假，人则从是也，彼且何肯以物为事乎！"

申徒嘉，兀者也，而与郑子产同师于伯昏无人。子产谓申徒嘉曰："我先出则子止，子先出则我止。"其明日，又与合堂同席而坐。子产谓申徒嘉曰："我先出则子止，子先出则我止。今我将出，子可以止乎，其未邪？且子见执政而不违，子齐执政乎？"申徒嘉曰："先生之门，固有执政焉如此哉？子而说子之执政而后人者也？闻之曰：'鉴明则尘垢不止，止则不明也。久与贤人处则无过。'今子之所取大者，先生也，而犹出言若是，不亦过乎！"子产曰："子既若是矣，犹与尧争善，计子之德，不足以自反邪？"申徒嘉曰："自状其过，以不当亡者众。不状其过，以不当存者寡。知不可奈何，而安之若命，唯有德者能之。游于羿之彀中，中央者，中地也；然而不中者，命也。人以其全足笑吾不全足者多矣，我怫然而怒；而适先生之所，则废然而反，不知先生之洗我以善邪！吾与夫子游十九年矣，而未尝知吾兀者也。今子与我游于形骸之内，而子索我于形骸之外，不亦过乎？"子产蹴然改容更貌曰："子无乃称！"

鲁有兀者叔山无趾，踵见仲尼。仲尼曰："子不谨，前既犯患若是矣。虽今来，何及矣！"无趾曰："吾唯不知务而轻用吾身，吾是以无足。今吾来也，犹有尊足者存，吾是以务全之也。夫天无不覆，地无不载，吾以夫子为天地，安知夫子之犹若是也！"孔子曰："丘则陋矣，夫子胡不入乎，请讲以所闻。"无趾出，孔子曰："弟子勉之！夫无趾，兀者也。犹务学以复补前行之恶，而况全德之人乎？"无趾语老聃曰："孔丘之于至人，其未邪？彼何宾宾以学子为？彼且以蕲以諔诡幻怪之名闻，不知至人之以是为己桎梏邪？"老聃曰："胡不直使彼以死生为一条，以可不可为一贯者，解其桎梏，其可乎？"无趾曰："天刑之，安可解！"

鲁哀公问于仲尼曰："卫有恶人焉，曰哀骀它。丈夫与之处者，思而不能去也。妇人见之，请于父母曰'与为人妻，宁为夫子妾'者，十数而未止也。未尝有闻其唱者也，常和人而已矣。无君人之位以济乎人之死，无聚禄以望人之腹。又以恶骇天下，和而不唱，知不出乎四域，且而雌雄合乎前，是必有异乎人者。寡人召而观之，果以恶骇天下。与寡人处，不至以月数，而寡人有意乎其为人也；不至乎期年，而寡人信之。国无宰，寡人传国焉。闷然而后应，泛而若辞。寡人丑乎，卒授之国。无几何也，去寡人而行，寡人恤焉若有亡也，若无与乐是国也。是何人者也？"仲尼曰："丘也尝使于楚矣，适见独子食于其死母者，少焉眴若，皆弃之而走。不见己焉尔，不得类焉尔。所爱其母者，非爱其形也，爱使其形者也。战而死者，其人之葬也不以翣资。刖者之屦，无为爱之；皆无其本矣。为天子之诸御，不爪剪，不穿耳；取妻者止于外，不得复使。形全犹足以为尔，而况全德之人乎？今哀骀它未言而信，无功而亲，使人授己国，唯恐其不受也，是必才全而德不形者也。"哀公曰："何谓才全？"仲尼曰："死生存亡，穷达贫富，贤与不肖毁誉，饥渴寒暑，是事之变，命之行也；日夜相代乎前，而知不能规乎其始者也。故不足以滑和，不可入于灵府。使之和豫通，而不失于兑；使日夜无郤，而与物为春，是接而生，时于心者也，是之谓才全。""何谓德不形？"曰："平者，

德充符第五

水停之盛也。其可以为法也，内保之而外不荡也。德者，成和之修也。德不形者，物不能离也。"哀公异日以告闵子，曰："始也，吾以南面而君天下，执民之纪而忧其死，吾自以为至通矣。今吾闻至人之言，恐吾无其实，轻用吾身，而亡吾国。吾与孔丘，非君臣也，德友而已矣。"

阐跂、支离、无脤说卫灵公，灵公说之；而视全人，其脰肩肩。瓮㼜大瘿说齐桓公，桓公说之；而视全人，其脰肩肩。故德有所长，而形有所忘。人不忘其所忘，而忘其所不忘，此谓诚忘。故圣人有所游，而知为孽，约为胶，德为接，工为商。圣人不谋，恶用知？不斫，恶用胶？无丧，恶用德？不货，恶用商？四者，天鬻也。天鬻者，天食也。既受食于天，又恶用人！有人之形，无人之情。有人之形，故群于人，无人之情，故是非不得于身。眇乎小哉，所以属于人也！謷乎大哉，独成其天！

惠子谓庄子曰："人故无情乎？"庄子曰："然！"惠子曰："人而无情，何以谓之人？"庄子曰："道与之貌，天与之形，恶得不谓之人？"惠子曰："既谓之人，恶得无情？"庄子曰："是非吾所谓情也。吾所谓无情者，言人之不以好恶内伤其身，常因自然而不益生也。"惠子曰："不益生，何以有其身？"庄子曰："道与之貌，天与之形，无以好恶内伤其身。今子外乎子之神，劳乎子之精，倚树而吟，据槁梧而瞑。天选子之形，子以'坚白'鸣！"

语译

鲁国有一个断足的人，名叫王骀。跟从他游学的信徒，和孔子的信徒一样多。常季问孔子说："王骀是个断足的人，跟他游学的信徒，与你的信徒可以平分鲁国。可是他立不言教，坐不议论。他的信徒们，去看他之前，心中空空洞洞，看他之后回来时，却心中都满载而归。难道这就是所谓不言的教化，无形中使对方心有所成吗？他究竟是怎样的人啊！"孔子回答说："他啊！是位圣人。我尚没有去拜见他。连我尚要以他为师，何况那些不如我的人呢！何止是鲁国，我将召引天下的人都去跟他为学呢！"常季又说："他是一个断足的人，却能胜过你。他一定远超过那些庸碌之辈。如果这样，他又是如何地运用其心智呢？"孔子回答说："死和生都是大事，却不能改变他。虽然天地崩溃坠落，也不能使他有所损失。他能切实地洞悉真理，而不为外物所变迁。他能主导万物的生化，而把握万物的根本。"常季又问："这是什么意思？"孔子回答说："从差异的观点来看，肝和胆就像楚国和越国一样的相距遥远。从相同的观点来看，万物本是一体的。如果了解这道理，就不会去理会耳目所适宜的是哪种声色，而能使心神遨游于与万物和谐的至德之境。就能看万物自性一体的一面，而不会看它们的有所缺失，因此看自己失去了一只脚就像从身上掉下一块泥土一样。"常季又说："像王骀这样的人只是修养他自己而已。他只是用他的智力去了解自己的心意识，再用他的心意识去体证自己长存的真心罢了。为何却受到万物的推崇？"孔子回答说："人不会到流水旁去照自己的形象，而是在静止的水面上去照自己的形象。这是因为唯有自己静止，才能使万物静止。生命来自土地的植物中，只有松柏长存，不论冬天夏天，都是郁郁葱葱。生命来自天赋的人物中，唯有尧舜得天命之正气，使他们能正他们自己的性命，然后才能正众生的性命。能够保养原始本有的禀赋，便会有无畏无惧的实际表现。就像那勇士孤身一人深入于九军之中，他是为了追求美名来荣耀自己，才有这样的表现。何况那掌管天地，府藏万物，把自己的六骸当作暂时的寄宿，以耳目所见为幻象，他能用齐一万物的智慧，去观照所知的一切，他是那种心永远不朽的人呢！他只是等待时机择日而登天入道，一般人自然跟着他。他又如何肯把外面的这些物质当作一回事呢！"

申徒嘉，是一个断足的人，他和郑子产同拜伯昏无人为师。子产向申徒嘉说："我先出去的时候，你就留在屋中；你先出去的时候，我就留在屋中。"第二天，申徒嘉又跟郑子产坐在同一屋内。子产便对申徒嘉说："我先出去，你就留在屋内。你先出去，我就留在屋内。现在我将要出去，你可以留在屋内。你还是不能做到吗？你看见执政官而不避讳，你难道把自己看得和执政官一样吗？"申徒嘉回答说："我们老师的门徒中，难道有执政官像你这样的吗？你是以自己为执政而沾沾自喜，而把别人看轻了。我曾听说：'镜子明亮，尘垢就粘不着；尘垢粘着，镜子就不明亮。常和贤德的人相处，就会没有过错。'现在你已知道什么是重要的，而选择效法我们老师，可是此时竟出言如此，难道不过分吗？"子产又说："你已经生得这样了，还想与尧争善，看看你自己的德性，还不值得自己反省一下吗？"申徒嘉回答说："自己检讨自己的过失，而认为自己很好，不该遭断足报应的人很多。自己不检讨自己的过失，而以为自己不好，不该存足的人，就少之又少了。一个人的肢体不全是无可奈何的事。如能安然处之，有如天命，只有有德的人才能做到。如果你游于善射者后羿的射程中，你站在中央，正是箭靶的中心之地。可是你却没有被射中，这是你的命运使然啊！人们以他们的双足俱全而笑我的双足不全的人很多。我曾勃然而怒，而到了我们老师的门下，就忘了这一切，我也不知道老师是否用他的慈善来洗净我心中对断足的介意。总之，我与老师相交了十九年，他未尝感觉我曾断了一只脚。现在你和我共同游学于先生的门下，以德性相交，而你却在我的形体上挑剔，岂不太过分了吗！"子产突然改容更貌地说："你不要再这样讲了！"

鲁国有个断了足趾的人，叫叔山无趾。他用脚后跟走着去见孔子。孔子说："以前你不够谨慎，既然已犯了错误，而有此下场，虽然现在你来我处，但已追悔不及了。"无趾回答说："我因为不识事务，轻忽我的身体，以至于断了足趾。现在我来你处，可见我身上有比断足还尊贵的东西保存着，我是为了要保全它们啊！天是无所不覆的，地是无所不载的，我把你看作天地，谁知你的话竟然是这样的？"孔子回答说："这是我的愚陋啊！你为什么不进来，谈谈你的看法？"无趾离开了，孔子便说："弟子们啊！你们要好好努力。像无趾，是一个断脚的人，他还知道努力学习以补救以前的罪恶，何况本来就是全德之人呢？"后来无趾和老聃谈起此事说："孔子恐怕没有达到至人的境界吧！他为什么还是强调恭恭敬敬去做一个学者呢！他不过只求以怪诞不经的言论来博取名望，不知道至人正是把这些言论名闻当作自己的手镣脚铐啊！"老聃回答说："你为什么不直接使他了解死和生本是一体的，可和不可本是一贯的，来解开他的手镣脚铐。这样不可以吗？"无趾回答说："对他来说，这是天的刑罚，又怎么解除得

德充符第五

了呢！"

鲁哀公问孔子说："卫国有一个相貌丑陋的人，名叫哀骀它。男人和他相处，不愿离开他。女人看见他，请求她们的父母说：'与其做别人的妻子，还不如做他的侍妾。'像这样的女人不下十余个。没有人听到哀骀它有过什么倡议，他只是常常附和别人而已。他没有君主的势位来救济别人的灾难，也没有丰厚的财产来填满别人的肚子，可是他的丑陋却惊骇天下之人。他附和别人而从不倡导，他所拥有的知识不出于所居的环境，可是所有男女都聚合在他的前面，他一定是有不同于常人之处啊！我召他前来观察他，果然他的丑陋惊骇天下。我和他相处不到一个月，便对他的为人就产生好感；不到一年，我便完全地信赖他。国家没有宰相，我就把国事交给了他。他闷然不言，然后似有点儿反应。漠然不关心，好像又是推辞。我自感丑陋，最后还是把国家交给了他。过不了多久，他又离我而去。我深念着他，如有所失。好像国内再也没有人能给我快乐似的。他究竟是怎样的一个人啊！"

孔子回答："我曾奉派出使到楚国，正好看到小猪在刚死的母猪旁吃奶。过了一会儿它吃惊地发觉了，便弃尸而走。这是因为母猪已看不见它，母猪和它已属生死不同类了。小猪爱它的母亲并不是爱母猪的形体，而是爱它能支使形体的精神。作战而死的军人，下葬时不再穿着盔甲等战具；断足者，也不再爱他的鞋子，这是因为他们的根本已不存在了。做天子侍从的太监，不修剪指甲，不穿耳洞。如果曾娶过妻子的，便派在外面，不再做侍从。可见形体全整，尚得到如此重视，更何况德性全整之人呢？现在哀骀它不说话，却受到信赖，没有功业，却为人所亲近。把国家交给

庄子新说

他，还深恐他不接受。这一定是才全而德不形之人罢。"哀公问："什么是十全？"孔子回答："死、生、存、亡、穷、达、贫、富、贤、不肖、毁、誉、饥、渴、寒、暑，这些都是事物的变化，都是天命的流行。它们就像白昼和黑夜在我们面前交替，而我们的知识水平却无法看到它们的究竟。因此不要让它们打破和谐的生活，也不可让它们影响我们的心灵。我们要使心灵保持和谐，与万物相通，而不失悦乐之情。对日夜交替的万物变化无分别心。与万物相交，心中充满了一片春天的生意。与万物相接，而能保持心的顺时而行。这叫作才全。"哀公又问："什么又是德不形呢？"孔子回答："所谓平，是水彻底静止的状态。它可以做其他事物的标准。内心保持平静，而外面便不会有激荡的现象。所谓德，是达到和谐的一种修养。德不形于外的话，万物就不会离你而去。"过了些日子，哀公把这些话告诉闵子而说："起初我在国君之位，治理天下，把握人民的纪纲，而忧虑人民的死亡，我以为自己做得非常通达。如今我听到了至人的话，恐怕我没有实际的修养。轻率地乱用我的身体，而使我的国家危亡。我和孔子虽非君臣，却可以称得上是互相勉励德行的好友啊！"

有一个拐脚、驼背、豁嘴的人去见卫灵公。卫灵公喜欢他。再看那些形貌全整的人，反而觉得那些人的颈子太瘦长了。另有一个颈旁生了个瓦罐一样大瘤子的人去见齐桓公，桓公喜欢他，再看那些形貌全整的人，反而觉得那些人的颈子太细长了。所以在德性方面有长处的话，形体方面的残缺便会被忘掉。人们不能忘掉应该忘掉的形体，却忘掉了那不该忘掉的德性，这才是真正的善忘。所以在圣人的逍遥自在之游中，知识是造作，礼约是黏胶，德目是媒介，技巧是商贾。圣人没有任何计谋，哪里用得着知识？没有割伤万物，哪里用得着黏胶？没有失去自性，哪里用得着去讲德目？没有沽售自己，哪里用得着商贾？这"不计谋、不伤物、不失自性、不卖自己"四者，乃是天赋的禀养。天赋的禀养乃是天所给我们的食物，既然是取食于天，又哪里用得着人为。有人的形体，而没有人的情意。因为有人的形体，所以和人同群。没有人的情意，所以是非等偏执之念便不会入于我们的身心。我们渺小得很，这是因为我们具有属于人的形体，而我们却有伟大的一面，这是因为人可以成就而与天为一。

惠施对庄子说："人真能没有情吗？"庄子说："能。"惠施又说："人如果无情，又怎能称为人？"庄子回答："道给予人以相貌，天给予人以形体。怎能不称为人？"惠施又说："既然称为人，怎么能无情？"庄子回答："你所指的情，不是我所谓的情。我所谓无情的意思，乃是指人们不要因好恶之情而对内伤害他的身心。要能永远地因顺自然，而不求增益生命。"惠施说："不增益生命，怎能保存身体呢？"庄子回答说："道给人相貌、天给人形体，不要用好恶之情来伤害身心。现在你的心神向外追逐，劳扰你的精神。倚在树旁谈论得气喘不已，累了靠在梧桐树干上闭目休息。天选给你以人形，可是你却大唱离'坚白'等诡论，而伤神损性。"

纲要

德——内在之德。

充——充满于内。

符——符应于外。

1. 不与物迁。
   （1）万物皆一。
   （2）游心于德之和。
   （3）常心自性。
2. 安之若命。
3. 死生为一条。
4. 才全。
5. 德不形。
6. 圣人之游。
7. 情与无情。
8. 德的内涵。

总论

《德充符》显然是在讨论庄子心目中的"德"。尤其在前篇《人间世》的最后两段，要我们"支离其德"，要我们不"以德临人"。那么庄子是否不讲德呢？正好相反。庄子对于"德"非常重视，只是他所谓的"德"和一般的道德不同。前篇"支离其德"，是支离了一般的道德观念，在佛学的方法来说就是"破"字诀。接着本篇讲"德充符"是"立"字诀，也就是建立庄子所谓"德"的体系。

"德充符"三字的意义，"充"是充实于内，"符"是符应于外，也就是指德充于内而能符于外。我们分析人和德的关系大约有以下各种情形：

第一，是内既没有德性，外也没有德行，这种人在儒家就被称为小人，所谓"小人喻于利"，他们做任何事都只为了自己的利益，根本没有"德"的念头和修养。

第二，是内虽没有德性，外却大谈道德，这种人就是俗称的伪君子。当然在这里还有两种不同的情形：一是内既无德，外面满口仁义道德，甚至借道德之名，以图私利之实。另一种是在外面讲仁义道德，而自己却不能实行，变成空谈。

第三，是内虽有德性，却不能发挥于外，这种人就是所谓独善其身者，如一般的隐士之流。由于他们的德性封闭于内，失去了活泼的生机，因此虽有却无。

第四，是内有德性，外也有德行，这种人就是儒家所谓的君子。君子的德性和德行在《论语》中便有不同层次的诠释，至于在一般的运用上，凡是重视德性，实践德行的人，都可称为君子。就儒家的思想，在基础的德行上，通达圣人的这条路上，都是君子。但总起来说，君子的德性和德行，都是自觉的德性，都是有意于行德。甚至以德性和德行为标准或标榜，去联合君子，纠正小人，所谓"君子之道长，小人之道消"（《易经·泰卦象辞》）。

第五，是庄子所谓的"德充符"。这是指德性充于内，而自然地符应于外，这与儒家的内重德性，外重德行不同。"德充符"只有内在的德性，而外在没有任何德行的痕迹。由于德性充实于内，而能和外在的变化自然若合符节。如大地一样，德性内敛，不必外求，自能与大化共荣共长、流行不已。

本篇共有六段，不相连属。都是分别描写庄子所推崇的德性及其特质的。第一段写"审乎无假，而不与物迁"，即指德性之真，不受外物的影响。第二段写"知不可奈何，而安之若命"，即指德性能安于天命，和外物顺应。第三段写"以死生为一条"，即德性安于自然的天刑。第四段写"才全而德不形"，是本篇最重要的眼目，就是一个"和"字。第五段写"德有所长，而形有所忘"，即保德性之真，而忘形体之不全。第六段写"常因自然而不益生"，即德性之顺任自然，而不求长生。

综合以上所述，可以概括出庄子所谓之德有如下图：

```
                    无情（欲）       安命
        不与物迁 ┤            ├
                    忘形           修和
```

对外来说，是"不与物迁"，即不受外物的影响，方法在"无情"和"忘形"，"无情"是无好恶的情欲，"忘形"是忘自己的形骸。而功夫在于"安命"和"修和"，安命是安于天所赋的一切而顺任自然，"修和"是与万物相和谐，逍遥而游。

梦觉真言

一、从"鲁有兀者王骀"到"彼且何肯以物为事乎"

这段故事主角的王骀也是肢体不全，如支离疏。但内在之德却充实而有光辉，他之所以能如此，本段中指出两个要点：一是"审乎无假，而不与物迁"，即不受外物变动的影响；二是"游心乎德之和"，即内心之德是和，与外物也保持和谐，所以他的德游于内外之和。这也就是说"德充符"之"德"和庄子之所谓"德"，是以"和"为特质。

本篇讲"德"不是空洞的道德概念，而是以具体的人来表露。这些庄子笔下的主角，和普通小说中的主角不一样，都是些其貌不扬，肢体不全，可是内在之德却使他们成为天下的至美。第一个人物就是本段中所描写的"王骀"，这是庄子所伪托的人物。"骀"，《广雅·释言》："驽，骀也"，即愚钝的意思。"兀"，《释文》："李云：'刖足曰兀。'"指肢体不全。"常季"，孔子弟子。"立不教，坐不议"，这是写王骀的不以道德教人，不以是非议论。"虚而往，实而归"是指仰慕他的人，去的时候内心空虚，回来的时候却心有所得。这是写他以精神感人，而不以语言教人，即所谓行"不言之教"。"不言"并不一定一句话都不说，而是不讲道德教训之类的话。"无形"是指无形之中，"心成"指心有所成，即心有所得，心有所悟。

"王先生"，"王"音旺，做动词，即超越的意思。"不得与之变"，指生死是人的大变，却不能使他受到变动。"不与之遗"，指天地的崩坏，却不能使他有所失落。这都是指外在的变化不能动摇他。"审乎无假，而不与物迁"，这是王骀修心功夫的要点。"审"是审视，即切实地了解，"无假"即真实无妄，也就是说深切地了解宇宙人生的真实。"不与物迁"，即不为外物变化所迁移。后秦时的僧肇曾写了一篇不朽的杰作《物不迁论》，深受庄子"不与物迁"思想的影响，其中有："旋岚偃岳而常静，江河竞注而不流，野马飘鼓而不动，日月历天而不周"之句，显然和《庄子》前文所谓的"不变""不遗"相对应。那么如何才能达到这个境界呢？就在"命物之化，而守其宗也"。这里的"命"做动词，有赋命于或安命于的意思，前者有主导之意，如"物物而不物于物"(《庄子·山木》)，即主导万物的变化。后者即以万物的变化为自然，安之若命。"守其宗"，即守其宗主，指不变的原则，也即是性体。

"肝胆楚越"，肝胆同为一身的器官，非常靠近，可是从相异的角度来说，它们的区别就如楚国和越国一样。"万物皆一"是指以物性来看，万物都是相同的。"且不知耳目之所宜"，耳善于辨声，目善于识物。"不知耳目之所宜"，就是不知道耳目的这种特色，而不用耳目去闻声逐色。"游心乎德之和"，"游心"是游放其心，即任其心去遨游。"德之和"，指德性的和谐，即内在的德与外物的存在和变化能和谐相处。也就是说顺应万物的变化，和万化相融。"物视其所一而不见其所丧"，对于万物，只看到它们相同相似之处，即物性的相同。"不见其所丧"，即看不到所失的一面，譬如断足是足的遗失，即形体的残缺。

"彼为己"，彼是指王骀，是说王骀只是为了自己而已。因为在儒家门徒常季看来，王骀只是独善其身，未能兼善天下。他连儒家的修己都谈不到，所以说只是为己而已。"以其知得其心"，是说用他的理知"得其心"，所谓"得其心"就是证知他的心的存有和作用。普通人的心逐于物欲而散失了，迷惑了。在这里，他借理智的功夫，把放失的心收归回来，产生清明的作用，即所

德充符第五

谓清明在躬。"以其心得其常心",再透过他清明的心而"得其常心"。所谓"常心"是指不受外物影响,而常恒不变的心。这个"常"字在《庄子》中甚为重要,例如:"天下有常然"(《骈拇》)、"彼民有常性"(《马蹄》)、"吾与天地为常"(《在宥》),以及本篇后段的"常因自然而不益生"。可见这个"常心",指的是常性。如果套用禅宗的思想,"以其知得其心",有点儿像"明心"的功夫,"以其心得其常心",有点儿像"见性"的境界。总之,这两句话,就常季的口气上看,是指王骀最多只是回归他自己的真心自性,这与他人又有何关系?"物何为最之哉?"这个"最"字,司马彪《注》为"聚"。王念孙以为是"冣"字,也是聚的意思。其实把"最"解作聚,不必舍近就远,找出一个偏僻的"冣"字。在《人间世》中便有"会撮"二字合言,虽然是解释发髻,但"会"和"撮"的本义都是聚,把"最"诠为"撮"则较平易多了。除了作聚集解外,就"最"字本身来说,含有至极的意思,所以也可解为万物都以他为极致,为标榜。

孔子的回答,以止水来比喻他的心境。"唯止能止众止",第一个"止"是静止,指静止的心境,第二个"止"是动词,指使其静止,第三个"止"是形容词,指众物的静止。全句意思是唯有自己的心境先静止,才能使万物归于静止。"受命于地,唯松柏独也在,冬夏青青",生命来自大地的,如花草树木等,到了冬天都会凋谢,只有松柏能单独地生存,冬夏常青。松柏之所以能如此,是它们具有不为万物所变的特质。"受命于天,唯舜独也正,幸能正生,以正众生。"生命来自天,即所谓禀赋天命的,就是人类。在他们之中,只有舜等圣君与众不同。他们能正其心

庄子新说

性。由于他们自己能正其心性，也才能匡正众生的心性。"夫保始之征"，"保始"指保养原始的气禀，"征"即征验，征象。"不惧之实"指无畏无惧的实际表现。"勇士一人，雄入于九军，将求名而能自要者，而犹若是。"是说譬如一个勇士，能孤身一人深入九军之中，无畏无惧，这是因为他为了求名，而勉强自己这样去做。"官天地"指掌管天地，"府万物"，指府藏万物，"直寓六骸"指以躯体的六官为暂托的寓所，"象耳目"，指耳目所见所闻为虚相。这是指一个人心胸之大，能掌管天地，府藏万物。不以自己的躯体为念，只当作暂时的寄宿。"一知之所知，而心未尝死者乎！""一知"指一统宇宙万物之知。一般的知都是限于分别的现象，偏于一面的，而这个"一知"，却是通贯一切，无所障碍的，以这个"一知"去观照万化，认识生命本是一体，生死只是一贯，所以说"心未尝死"，即心中根本不知有死亡的事实，因为死也是生的一环而已。"彼且择日而登假，人则从是也"，"彼"指王骀，"择日"即指日。"登假"即登遐，指远遁。也就是说指日离世出俗而得道，人们都想跟从他走。"彼且何肯以物为事乎"，"物"指物质及物欲。"为事"即从事。也就是说王骀不在乎形体的不全，不受外物的影响。

在这里我们还必须一提的是僧肇受了本段的"不与物迁"的影响写下了那篇不朽的《物不迁论》，该文一反传统印度佛教的万物无常论，而认为万物在它们生存的时间内是永恒的，他说，"是以言往不必往，古今常存，以其不动；称去不必去，谓不从今至古，以其不来。不来，故不驰骋于古今，不动，故各性住于一世。"各性住于一世，就是指性体在它当位时间内是永恒的。这个常住的性也和禅宗慧能的自性遥相契应,清雍正的禅宗御选语录便把僧肇的著作放在第一篇,这可以看出僧肇《物不迁论》和禅宗对后世的影响,而僧肇《物不迁论》却是源于《庄子》本段的"不与物迁"。这也可以证明庄子对禅宗的影响了。

二、从"申徒嘉"到"子无乃称"

这段故事以申徒嘉和子产为主角。申徒嘉姓申徒,名嘉,是郑国的贤人,子产姓公孙,名侨,是郑国的执政大臣。他俩是同窗之友,在形体上一丑一美。子产因而以自己的美,对申徒嘉的丑产生歧视。庄子在本段中,批评这种歧视,认为在形体上的不同,是我们无法选择的,他说,"知不可奈何,而安之若命,唯有德者能之",这里讲安命,好像是安于命运,似有宿命论的意味,但要注意的是,这里的安命有两个前提:一是"知不可奈何";一是"唯有德者能之"。先说前者,有位教《庄子》的老师,当学生问到在外旅行,遇到大雨时如何?他回答:那就在雨中逍遥吧!这回答是有问题的,因为如遇大雨,首先要找一个避雨的地方,如果找不到,才能安然处之。譬如生老病死,是人人必经的历程,但每个人却过得完全不同,我们的知仍然可以有很多选择,即使事后到了无可奈何,安之若命时,有德的人,更能把这个命运的命提升为天命与慧命,如《养生主》所说,"安时而处顺,哀乐不能入"。

申徒嘉和郑子产同师于伯昏无人。伯昏无人是庄子寓托的人物。"昏"即无分别,"无人"即无人我相。这个名字已暗喻了道家的境界,而成为本段故事的主题。

"不违"即不避开。这是子产瞧不起申徒嘉的丑陋,不愿与他同进出。"后人"即看轻别人。"今子之所取大者，先生也"，这是申徒嘉反驳，认为子产拜伯昏无人为师，本是重视大道，可是却计较形体的残缺，这是一大讽刺。

"子既若是矣，犹与尧争善"，子产以自己居大臣之位，而自譬为尧，这是混淆了政治地位和圣人德性。"计子之德，不足以自反邪？"子产不喜欢申徒嘉的形体残缺，而以德来批评，这是混淆了形体和德性。这本是一般人易犯的毛病，庄子借子产之口来表达了这种错误认识。

"自状其过，以不当亡者众"，针对前面子产的批评"自反"，申徒嘉接着说"自状"，即因肢体残缺而自反后以列举错误的意思。一般残缺的人列举自己的过错，很多人都会不见己错，而以为自己不应该遭受亡足的处罚。相反地，"不状其过，以不当存者寡"是指一般肢体完整的人都不知自反自己的过错，他们之中承认自己不好而不该有此完整肢体的人，就太少了。这两句话中，后一句实际上是针对子产的批评。因为子产自以为肢体完整，而不知自反。去反问自己，自己的德性是否配拥有这完整的肢体。"知不可奈何，而安之若命，唯有德者能之。"这句话是重点。不可忽略"知不可奈何"一语，因为"安之若命"易流为宿命论，庄子强调的是对于人力无可奈何之事，才安之若命，如生老病死、肢体残缺、形貌美丑以及富贵贫贱等。而"有德者"的安之若命乃是超越这种外在的变化，保持心境平静，不受干扰。"游于羿之彀中，中央者，中地也；然而不中者，命也。""羿"是后羿，善射。"彀中"指他的射程。"中地"即被射中的区域。如果被射中，这是当然的，是命。相反的，没有被射中，也是命。后羿的

德充符第五

射域,就象征了乱世。在乱世中,身心被摧残,这是命,幸而能保全生命,这也是命。所以肢体之残与不残,这是人力所无可奈何之事,只有安之若命了。"而适先生之所,则废然而反","先生"即伯昏无人,指申徒嘉到了伯昏无人门下,伯昏无人看他如常人,所以他不自觉有缺陷。"废然"即忘掉了怨气,"反",即返于心平气和。"不知先生之洗我以善邪!""洗"是洗除心中的怨气。此处本指伯昏无人以善为他洗心,可是他却浑然不知,这表示了他在伯昏无人门下,根本没有一点儿善与不善的感觉,肢体虽残,却并不觉残缺。"今子与我游于形骸之内,而子索我于形骸之外,不亦过乎?"所谓"形骸之内"是指心性或德性,"形骸之外"是指形体上。这是说申徒嘉和子产同游于伯昏无人之门,他们是以德性相交,可是现在子产看不起申徒嘉的残缺,是在讲究形体,这和德性之游的旨趣相违背。"蹴然",不安貌,"乃称"的"乃"即"仍"字,指不要再说了。

三、从"鲁有兀者叔山无趾"到"天刑之,安可解"

这段故事的重点是"天刑"两字。叔山无趾的断趾可能是人为的,但人为已成,无法改变,因此把它当作"天刑",也就是自然的所成,他只有安之若命。至于孔子(注意,是庄子笔下的孔子)以为叔山无趾是为学以补过,其实就叔山无趾这件事来说,读书求学是人为的,断趾是自然的命运,人为的努力又如何能改变自然的安排?在庄子眼中,这是孔子的误执,这种误执,也犯了不知"天刑"的意义,所以也是违反天刑,不可解的。

这段故事使我们想起了禅宗的一个公案。(僧璨)问师(慧可)

曰:"子弟身缠风恙,请和尚忏罪。"师曰:"将罪来与汝忏。"居士(僧璨)良久云:"觅罪不可得。"师曰:"我与汝忏罪竟。"(《景德传灯录》)。这个公案的矛盾在于风恙是身体上的毛病,而忏罪是心灵上的修养,两者风马牛不相及,所以慧可要他拿罪来,僧璨拿不出罪来,就说忏罪完毕,这是禅宗公案的典型之一,以不解解之。这公案与叔山无趾的故事相似之处就是形体的病痛和人为修养的不相及。因此不要在人为修养上用功夫,要回归自然,顺任自然,也就是说以"天刑"为自然。其实我们形体的毛病和心灵的不适,都和自然有关,如果我们能了解"天刑",顺任自然,这内外两方面都能迎刃而解。

这段故事是假借叔山无趾和孔子的对话。叔山是人名,无趾是因为足被斩断,所以人称无趾,当然这又是虚构的人物。"踵"是脚后跟,因无足趾,所以用脚后跟走去见孔子。"犹有尊足者存",指比足还尊贵者仍然存在,当然是指精神,或德性。"吾是以务全之也",叔山是为了保全精神和德性,可是孔子却只以"无趾"为意,重形骸而轻德性。

"夫无趾,兀者也。犹务学以复补前行之恶",庄子笔下的孔子,仍然以无趾是断足之人为念。认为他的勤于求学是为了弥补以前所犯的错误。至于"而况全德之人乎"?这句话似有问题,因为孔子是对弟子们说,这些弟子又怎称得上全德之人。张默生注:"'德'者,得也。按此全德之人,犹言全形之人。"这话虽不错,但为什么不直说形全,而说全德。这可能有两个原因,一是在庄子笔下故意把形全说为全德,以凸显孔子是以形全为德全的误执。二是全德和支离其德正好为一对照,孔子的全德只是讲究

德充符第五

外在的道德而已，只是以求学来增进临人之德而已。这也正是庄子所不认同的。

"彼何宾宾以学子为？"这是无趾告诉老聃的话。"宾宾"，《释文》引司马彪："恭貌"；俞樾认为是望文生义，以为"宾宾犹频频"。其实"宾"本是宾客之实，形容学生去访师求学之态度，正是恭恭敬敬的意思。"学子"即学生。"彼且蕲以諔诡幻怪之名闻"，"蕲"即期求，"諔诡幻怪"即奇异不实。本来孔子的言教应该是很平实的，庄子的批评是因为这种知识学问只有外表，而无内在的德性，所以是标新立异的，不实在的。"不知至人之以是为己桎梏邪？""以是"即以奇异为名闻。"桎梏"即枷锁。所谓"名枷利锁"这都是一般人自求的。接着老聃说："胡不直使彼以死生为一条，以可不可为一贯者，解其桎梏，其可乎？"这是《齐物论》的主要思想，死和生本是一气的变迁，所以本质上同一个变化，可与不可只是语言上的表态，就所描写的事实却只是一个。所以此处庄子借老子的话来表达只有真正了解宇宙的变化、人生的真谛，才能摆脱外在名利的羁绊。

"天刑之，安可解！""天刑"在《庄子》中本是指自然的变化，如生死。由于人无法改变，所以视生死为"天刑"，只有安之若命，不解而自解。这里所谓"天刑"，也就是指无法改变的刑罚。但庄子笔下的孔子这种斤斤于求学和名闻，并非如生死的"天刑"，而是一种心的执着，是一种"心刑"。在"心刑"无法破解，就同"天刑"之无法解开了。所以无趾的话，乃是加重其不可解，而说为"天刑"。

四、从"鲁哀公问于仲尼"到"德友而已矣"

这一大段是本篇的中心思想，有两个要点：一是"才全"；一是"德不形"。

先说"才全"。这个"才"字，庄子很少肯定，但这里是个例外。因为"德充符"的"符"，是符应于外，此处的"才"乃是应变或处变的才能。"才全"是指这种才能不是我们普通人的才能。一般才能都是局部的，一面的，就是头痛医头，脚痛治脚的，同时也是根据外在而作出的反应，但"才全"却不然，就字面来说，"才全"是全面的。但庄子的"全"乃是周全、完备，也就是和外物相契相合得天衣无缝。试看庄子是如何描述的，他认为"死生存亡，穷达贫富，贤与不肖毁誉，饥渴寒暑，是事之变，命之行；日夜相代乎前，而知不能规乎其始者也。故不足以滑和，不可入于灵府"。这些话是指外在的一切现象，事变和我们的命运，在我们的知无法了解它们的原因，也就是无法改变时，只有任其自然，不要让它们进入心神中，破坏我们内在的和谐。"滑和"即混乱了德之和，以上只是消极的"不与物迁"。再进一步，"使之和豫通，而不失于兑；使日夜无郤，而与物为春，是接而生，时于心者也。"这些话是说我们要保持内心的和悦，永远的快乐。顺应外在的变化，日日是好日。所以真正的"才全"，不是才能，只是安时应顺的一种心境而已。

禅宗里有这样的一个故事，道树禅师（神秀子弟）的徒弟告诉他，山下有个怪人，能千变万化，变成各种怪物，使人恐惧，这个怪人作怪了十年，无人能降伏他。后来道树遇到了怪人，怪人便消失了，徒弟问道树如何降服怪人，道树说，这个怪人即使千变万化，但总有穷尽的一天，但我一概不闻不问，我的方法虽然只有一个，但却是用不完的。这即是以一应万的道理，老子的"朴"也是这个方法。

拿这个故事和庄子的才比较，外在生死存亡的一切变化，正像怪人的做法，使我们惊惧，但我们置之不理，不让它们乱了心的安静。这是前一截的做法。道树是神秀的学生，神秀一派的北宗禅都是修不闻不问法。至于庄子后一截的做法是"与物为春"，却像慧能的南宗禅，是人的自性与万物的自性打通的，是烦恼即菩提的。

再讲"德不形"。庄子解释"德不形"，非常简单，他以水的平静而能照物为例。他说："内保之而外不荡也。德者，成和之修也。德不形者，物不能离也。""内保之"，是水的沉静，也是《逍遥游》中那位神人的神凝，即精神不外逐，不随物变迁。这与上面的"才全"也是相同的。接着"德者，成和之修"一语，提出了德，而不是才；点出了"和"，而不是不闻不问。庄子讲的德与道德不同，前者完全是内在的德，后者是外在的，即使儒家讲的道德，也植端于内心，但毕竟强调外在行为。至于庄子这个德是完全内在的，因此"和"也是彻头彻尾内在的。这个"德之和"是内保的、内凝的，它是很自然的与外物相应，并不是有意去"和"外物。《人间世》所谓"和不欲出"，就是说"和"到了外面，有意去"和"，反而是强加的，而不是自然的"和"。这一点儒家也看到了，《论语·学而篇》说："礼之用，和为贵。先王之道，斯为美。小大由之，有所不行，知和而和，不以礼节之，亦不可行也。"这里的"知和而和"的"和"与"和不欲出"的欲出的"和",都是外在的与勉强的"和",不是庄子讲的"德之和"。

譬如我们走到一片宁静的湖水旁边,湖水并不由于我们的靠近而动荡,它也不会故意吸引我们,它的祥和宁静是它自然如此,当然它不是人,也不会以为那是德,可是它却感应了我们,使我们也自然地因此变得祥和宁静。这就是庄子所说的"德"。

这段故事是借另一个丑陋之人,而托出了《德充符》的中心思想,即才全而德不形。

"卫有恶人"的"恶"是指形貌的丑陋。"哀骀它"是虚构的人名,"未尝有闻其唱者也,常和人而已矣",是指他从未提出什么理论唱之于前,他只是善于附和别人。"无君人之位以济乎人之死",本来,为人君者,才有能力济世活人,像哀骀它这样平凡的人,如何能救人之死。"无聚禄以望人之腹","望"如月望,即满月,引申为饱满。哀骀它没有积聚的货财来喂饱人民的肚子。"知不出乎四域",四域即四境。他的智慧又似乎很平凡,没有超出周围的环境。"雌雄合乎前",指男人和女人都来聚合在他前面。"闷然而后应,泛而若辞","闷然"是不作声,"泛"是不关心。哀骀它听到鲁君请他为国相,这在普通人看来是多么重要的事,一般人一定反应快速而激烈,可是他却闷然无声,似应不应,若辞不辞,毫不关心,总之,他根本不把国相之位当作一回事,好像平常的小事,甚至连谦辞拒绝都懒得客套。"寡人丑乎",这使得鲁哀公感觉自己丑陋,因为他本以为传相位给哀骀它,是很大的恩宠,可是哀骀它却毫不在意。"无几何也,去寡人而行",由于哀骀它不把相位看得那么重要,所以过了一段时日,不想做了,

德充符第五

说走就走。"寡人恤焉若有亡也",使得鲁君深以为念,如有所失。

接着是孔子的回答,当然是庄子的借托。"丘也尝使于楚矣",由于孔子未曾出使楚国,所以注家都解为"游"。"独子"即小猪,"眴若",惊貌。"不见己焉尔,不得类焉尔。"指小猪发现母猪已死,母猪再也看不见自己,母猪和自己已是生死两隔,不同类的了。"爱使其形者也"是指小猪爱母猪,是爱母猪那个能运用它形体的精神。"战而死者,其人之葬也不以翣资。"郭象《注》:"翣者,武所资也。战而死者无武也,翣将安施!"朱桂曜引证《说文·羽部》:"翣,棺羽饰。"以为"翣"只是"棺饰",而非"武饰"。其实"棺饰"也必因死者之身份而有不同,战死者之棺饰必有所象征武士的身份,所以郭象的《注》也并没有错。因为军人战死,也就没有了为武的精神。所以其棺木就不需要任何饰物去武装它。"刖者之屦,无为爱之;皆无其本矣。"断足的人,既然脚都没有了,还爱他的鞋子做什么?这都是说明失去了精神的根本,形体的美丑还有什么意义?"为天子之诸御","御"指生活上的侍从,旧注都作宫女,其实"诸御",包括了男女侍从。"不爪剪,不穿耳",这是指宫女,不修指甲,不穿耳洞,以保持她们形体的全整。"取妻者止于外,不得复使",指娶妻的男侍从只能在外服役,不能再做君王的近侍。这就是君王挑选侍从都是选他们形体全整,童男童女。"形全犹足以为尔,而况全德之人乎?""形全"指形体的全整,即保持自然的状态,这种人犹能得君王的喜爱,选为近侍,何况"全德之人"?"全德"指内在德性的完整,不为名闻所"剪",不为利禄所"穿",它所透发德性的至诚,"未言而信",即不需言语,便能使人相信,"无功而亲",即不需做出任何的功

庄子新说

业，人们自然地易于亲近。这种功夫境界，庄子称之为"才全"而"德不形"。

"才全"指应付外在事物变化的才能完备。这个"才"字释作才能；往往被误解为一官一技之才能，其实在《易经·杂卦传上》把天、地、人解作"三才"，这里的"才"，显然是指天赋的作用、自然具备的功能。在魏晋时期名理派学者钟会曾写了一篇《四本论》，可惜后来失传了。可是就《世说新语》中提到《四本论》的四个标题是"才性同，才性异，才性合，才性离"，故无论钟会的论点如何，就才性同来说，这个"才"是植根于德性之中，同样庄子"才全"之才也正是德性之才。至于"才全"的"全"字，指的是整体，也就是说应变之才是整体的，不是所谓头痛医头，脚痛治脚，而是以一应万，以不变应万变。"死生存亡"是有关形体的生存与死亡，这是天生自然，不是人力所能左右的。"穷达贫富"，虽然我们劝勉勤劳可以致富，但一般来说，一个人事业上的穷通，金钱上的贫富，有很多决定的因素，也不是我们容易控制的。"贤与不肖毁誉"，这里的贤与不肖不是指德性上的好坏，而是指外在的评估，所以和毁誉连在一起，由于这些是决定于外面的看法，也不是我们自己可以改变的。"饥渴寒暑"，这里的饥渴指荒年旱灾而言，这与四季的寒暑也是外在的变化，不是我们所能安排的，所以说"是事之变，命之行也"。所谓"事之变"，是外在事物本身的变化。在这些变化中，有些根本不是人力所能改变的，有些是我们知识所不能完全了解的，因此都把它们视为"命之行"，也就是天命的自然流行。"日夜相代乎前，而知不能规乎其始者也。"这些"事之变"就像日夜的相代变化一样，

"规",马叙伦以为即"窥"字,指我们的知无法探求这些变化的本源。但"规"的本义是规定、规划,也就是指在开始时加以规范,使其合于我们的意愿。"不足以滑和,不可入于灵府。""滑"是扰乱,"灵府"指心灵。因有含藏万物的作用,所以称"府"。这是说前面所谓生死、穷达等变化,就像日夜的交替,我们既然无法探求它们的究竟,去加以控制,那么就只有顺其自然。我们要了解这些变化无论好坏,都不足以扰乱我们与万物的和谐。更不能让这些变化影响我们心灵的平静。"使之和豫通,而不失于兑","之"是指心灵,"和豫通",是指心灵与外物的相交,"和"是与万物和合,"豫"是与万物和合而顺适,"通"是与万物和合顺适而能交流通变。"不失其兑"的"兑",古来注解就有分歧,有作"悦"字(《释文》),作"悦",意为简易(孙诒让),作"通"(章太炎),作"脱",意为疏略(奚侗),作"充",意为充实(王叔岷)。这些注解都把"兑"当作别的字来引申,却忘了"兑"的本义。其实"兑"字本为《易经》的八卦之一,而且六十四卦中也有"兑卦",它以泽为象,寓意为内涵深,既有含弘的光泽,也有开放喜悦的心境。朱熹那首描写心境如湖泽的诗:"半亩方塘一鉴开,天光云影共徘徊;问渠那得清如许,为有源头活水来。"正是这个"兑"的写照,也是庄子此处论心境的最好注脚。"使日夜无郤,而与物为春。""郤",成玄英《疏》:"闲也",奚侗《注》:"郤为隙之叚字",这个"郤"可解作间隔,其实日夜交替,本无间隔,只是我们执着,而有喜好和厌弃之念产生,"使日夜无郤",这个"使"正说明我们的心与日夜没有间隔。"与物为春",章太炎《注》:"《说文》:'春,推也',与物为春者,与物相推移也。"

钱穆以为："春有生意，当连下句看。"如果庄子本意是"推"的意思，而知道"春"可释为"推"，而故意用"春"字当作推，岂不是庄子有意在玩弄文字训诂的游戏，庄子哪有这份闲情？钱穆以"春"为生，较能把握这个"春"字的本义。不过这个"春"字也表露了喜悦的心情，指与万物相生的喜悦。"是接而生，时于心者也"，"接而生"是"日夜无郤"，即与万物相接，没有间隔，"时于心"是"与万物为春"，永远保持喜悦的心情。这个"时"字，犹如无门和尚的诗："春有百花秋有月，夏有凉风冬有雪，若无闲事挂心头，便是人间好时节。""时"即四季如春，日日是好日的意思，这就是所谓的"才全"。

前面说了"何谓才全"，接着又说"德不形"，着墨不多，因为真正的功夫在于前面的"才全"。"才全"之后，自然会"德不形"。就像禅宗的"明心见性"，"明心"是功夫，"见性"是境界，"明心"之后，自然能"见性"。不"明心"又如何能"见性"？

"盛"是充分，或完全，"水停之盛"，指水完全地停止。"内保之而外不荡"，指水向内保持静止，外面便没有波纹扰动。这是指心的平静无欲，便不会受外物的引诱，向外追逐。"德者，成和之修也。"心一静，便是"德"。庄子的"德"与儒家的道德不同，没有那么多的德目和功夫，只求心的平静无欲。"成和"是成就和谐的意思，这个"和"有两方面：一是指内在的心境；一是指心与外物的相交。前者指外在的变化不能干扰内心的平静，这是心本身的平和，这也正是《中庸》所谓"喜怒哀乐之未发谓之中"。后者是指由于心的无欲，不会干扰万物，也不会阻碍一切的变化，使人与万物能和融相处。庄子所谓的"德"就是达成这种和谐的修养。"德不形者，物不能离也。""德"在万物中是指个别的特色，德之所以能"成和"，乃是任何物种的个别的特色和其他个别之物的特色能配合得和谐一色。如花红叶绿，互相为衬，山高水深，各具性能。这在自然来说，是自然的和谐。但我们往往不称这种特色为"德"，而称其为"物性"。"德"字往往都是就人来说的。人的个别的特色本是天赋的，这称为"命"，可是由于人心的多欲，常常会夸大它，或不满足于它，因此使这种特色不能与外物的特色相和谐，而破坏了自然的平和。所以我们强调"德"，或修养"德"，就是使这种特色保持住原有的色彩，而不致过分凸显，这就是"成和"之修。"德"之不形，在于德的和谐，而自然地无所凸显。在这个和谐之中，万物都沐浴在德之中，就像鱼之游于水中，自然无所可离了。

"闵子"即孔子弟子闵子骞。"执民之纪而忧其死"，"纪"是纪纲，指执掌人民的纪纲，而忧虑人民的死亡。"至人之言"，表面上是指孔子，其实这是庄子的思想。"德友"指相交以德的朋友。

五、从"闉跂、支离、无脤"到"独成其天"

这里的"圣人有所游"，即是"逍遥游"，逍遥游之所以不能从心而游，乃是因为有许多因素阻碍了我们，这些因素就是"知""约""德（道德）""工"。这四个因素之所以成障碍，是由于这四者都出于人为，都是人的本性被破坏之后的产物。于是"知"变成了谋，"约"变成强人就己，"德"变成道德规范，"工"变为设计图利，这四者反过来，把自己束缚得紧紧的，透不过气来，又如何能逍遥而游？这段话用天和人来分别本性和人为的差别。天是本性，人为是"情"。于是这个"情"就引出下一段庄子和惠施的辩论了。

这段故事以忘形来写德不形。"阐跂"，陈寿昌《注》："阐，曲也。曲城曰阐。体曲者似之。跂，企也，谓脚跟不着地也。"所以阐跂，是指足的弯曲。"支离"指形体不整，也指弯腰驼背。"无脤"，指无唇，即今所谓兔唇。"其脰肩肩"，"脰"即头颈，"肩肩"，长如肩。"瓮㼜"，是瓦罐之类。"瘿"即瘤。描写颈上长的大瘤如瓦罐。这几句话是写君王看惯了这些形貌不全的人，以他们的短颈为正常，再看那些一般视为形貌全整的人，反而觉得他们颈如肩那样的长。这是由于"德有所长，而形有所忘"。因为君主之所以喜爱那些形貌不全的人，并不是君主喜爱他们的丑陋，而是被他们完美的德性所吸引，而忘了他们的畸形。所以这句话的重点是"德有所长"，"长"就是长处。并不是任何丑陋的人都能如此，而是德性达到很高的境界后，自然地转化了形体的不完美。"人不忘其所忘"，指不能忘掉那应该忘掉的，如形体的不全。"忘其所不忘"指忘掉那所不该忘掉的，如德性的美好。"诚忘"，不仅是指"忘其所不忘"，也是指"不忘其所忘"，因为一个人如果只计较形体，便是由于他忘了自己的德性。在《庄子》中，"忘"是一个功夫字。"忘"的对象是那些不应该执着的，但"忘"并不是掉入失忆的无底洞中，相反的，却是因为在另一方面有所充实，才能"忘"。这另一方面的充实，就是"德有所长"。

接着前面的"忘"，而说"圣人有所游"。"游"是游心，即游心于忘我忘物的逍遥之境。这个游心所游的是"德之和"，即我与万物相忘了彼此的形体，而能和谐相处。在这一境界中，以下四事却破坏了这种和谐的气氛。这四事即："知为孽"，陈寿昌《注》说："智，计之巧，乃支孽也，如草木之旁出者。"因为知是争之器，一用知，便使纯净之心横生枝节，而不能任性而游。"约为胶"，约是约束，如礼制。约的目的本来是使人与人相合，但这种约束来自外在，像胶漆一样，硬性地黏合，反而妨碍了自然的亲和。"德为接"，接是连接。连接有两种，一是我与人相连接，如仁民爱物的德行；一是我与道相连接，即《老子》所谓"失道而后德"，以德而返道。这本是无可厚非的，但圣人之游，乃无为而游，有了德之所接，反而不能自在逍遥。"工为商"，工是设计的工巧。工巧的目的是装饰自我，好像商贾一样，设计货物以求售。而圣人之游，是游于无我，并不是为了展现自我。像《逍遥游》中的大鹏一样，固然不在乎小雀的讥评，但更不求小雀的羡慕。圣人之游所以没有以上知、约、德、工四事，这是因为："圣人不谋，恶用知？"不谋就是无祈求，所以不需要用知。"不斫，恶用胶？"不斫，即不宰割万物，不斧凿自然，所以也就不需要胶漆去粘合。"无丧，恶用德？"无丧是于本性无所失，因此也不需强调德行来补救。"不货，恶用商？"不货，是不售卖自己，所以不用和商贾打交道。"四者，天鬻也"，四者是指不谋、不斫、无丧、不货。"鬻"是养育的意思，因为这四者乃是本性自然，这是得之于天的。"天鬻者，天食也"，食是给予食物的意思，就是"受食于天"的意思。"又恶用人"，所以不需人为的方法来补给。"有人之形"，生为人，当然有人之形。有人之形，便有高矮美丑的不同，就像树木也有各种不同的形体。"无人之情"，这里的情，包括了喜怒哀乐，及一切分别心等。这些情并不像"形"

庄子新说

一样为形骸之所限,无法改变。而是有的人多,有的人少,有的人强,有的人弱。甚至通过功夫,有的人可以超脱,而无人之情,这个"无"是一个功夫字。"有人之形,故群于人",生为人,自然是人群中的一分子。所以与人共处,即《天下》所谓"与世俗处"。"无人之情,故是非不得于身",这句话替"无人之情"下了一个按语,说明"无人之情"并不是没有喜怒哀乐等情感,如果那样的话,人岂不变成了木石?"无人之情"乃是使是非的判断不影响己身,也就是使自己不因是非的意见而有得失之情。因别人的"是"我而喜,因别人的"非"我而怒。"眇乎小哉,所以属于人也!"在形体上,我是人群中的一分子,是非常渺小的。这里,不仅事实上是很渺小,而且观念上,也把自己看得很渺小,这样才能不在形体上有所妄求,如后世神仙家一样地求长生不老。"謷乎大哉,独成其天!"謷是高大貌,即伟乎大哉的意思。"独"与前文的"群"相对照,指的是我,但这个"独"也指真我,如《大宗师》所谓"见独"。"成其天",是成就而入于天的意思。这是指德性的向上一路是通畅无阻的,虽然形体的封闭,使我小为万物之一,可是"德之所长",却使我超越而入于天,而和天地精神往来。所以庄子要忘的,是忘掉这群于人的小体,而不能忘的,是通天的德性。

六、从"惠子谓庄子"到"子以'坚白'鸣"

惠子和庄子两人是最好的朋友,但两个人的思想观念不同,一个是名家,一个是道家,所以他们经常论辩,在《庄子》中留下了许多脍炙人口的故事,如他们在濠水的桥梁上论游鱼之乐的那段争辩,这里也是他们之间的一段争辩。他们讨论的问题很清楚,惠子接着前面"无人之情"而问,"人故无情乎?"最后庄子的回答是,"吾所谓无情者,言人之不以好恶内伤其身,常因自然而不益生也。"对于无情的解释,庄子已说得很清楚,惠子不再辩,却抓住另一个话柄,而问,"不益生,何以有其身?"庄子却从"何以有其身"来回答,而没有触及"益生"的问题。其实庄子在"常因自然而不益生",已说明益生的违反自然。老子曾说"益生则祥",这里的"祥"有正负两面的意思,一般在表面上祥是吉祥,这里的"祥"是吉的表现,当然是好的。但祥既然是表现,凶也有凶的表现,虽然我们不说凶祥,但有了祥的表现,就不是自然本色了。正如这个德之和不能欲出,祥就是欲出。因此我们一有"益生"之念,就加上了人之情与人之欲,就不能自然了。

这最后一段,再借和惠施的辩论,说明热情的真义。惠施说:"人而无情,何以谓之人?"这句话似乎抓住了庄子前文"无人之情"的漏洞。庄子回答:"道与之貌,天与之形,恶得不谓之人?"这个回答并没有谈情,而是先就人形来说"道与之貌",因道生万物,所以这里把道提出来。其实,庄子说"天与之形"就够了,何必又加一句"道与之貌"?事实上,道与天都是一样的,是指自然。这里加一个"道"字,除了语气的加强外,可能暗示了人的形体并没有什么不好,其所以有各种差别,乃是天生自然的。这一论点,看起来只是把形体看得不重要,其实在庄子思想的基础上却是非常关键的。因为在俗世的心理上,往往把形体残缺的人,看作他们前世的果报。本来形体的残缺已属不幸,可是还要加上人的异样的眼光，使残缺还带上了罪恶感，这是多么不公平啊，所以庄子用个"道"字去点化了人的形体。使人们的形体落实在自然平等的基础上，然后再讲如何去"无"情，如何去"长"德，如何去"成其天"才有意义。惠施仍然抓紧不放"无情"两字，再追问："既谓之人，恶得无情？"惠施把这个"情"看作人的喜怒哀乐的基本情绪。既然是人，怎能没有喜怒哀乐之情？庄子回答说："是非吾所谓情也。吾所谓无情者，言人之不以好恶内伤其身，常因自然而不益生也。"这里很明白地指出"无情"的情乃是一种好恶的欲望，这种欲望会破坏内心的和谐，对心身都有伤害。但无情并非强制自己的情感，也不是变得冷酷无情，所以庄子又补上一句"常因自然而不益生也"，"因自然"是顺任自然，这是对身体来说的，"不益生"就是不妄求生命的增长。人生百年，这是常情，能活到应尽的天年，这就是生命的保养。妄求长生，这是不合自然的，非但不能真正地益生，反而会导致速死。惠施又紧接着问："不益生，何以有其身？"这是惠施把"益"解作"有益"的"益"，而不知庄子的意思乃是"增益"的"益"。庄子的回答，除了重复前面的几句要点后，又接着说："今子外乎子之神，劳乎子之精，倚树而吟，据槁梧而瞑。天选子之形，子以'坚白'鸣！"这些话是针对惠施的所作所为，来说明什么样的情是内伤其身的。"外乎子之神"，指心神的向外追逐，"劳乎子之精"指劳扰内在的精神。"倚树而吟"，"吟"是吟唱，也有呻吟的意思，指辩论累了，靠在树干上，还在不断地发声，想表达自己的看法。"据槁梧而瞑"，槁梧是干枯的梧桐树。庄子用"槁梧"只是衬托出惠施的心神枯竭。"瞑"，《释文》："瞑音眠"，利泽施乎万世，不为爱人。故乐通物，非圣人也；有亲，非仁也；天时，非贤也；利害不通，非君子也；行名失己，非士也；亡身不真，非役人也。若狐不偕、务光、伯夷、叔齐、箕子、胥余、纪他、申徒狄，是役人之役，适人之适，而不自适其适者也。古之真人，其状义而不朋，若不足而不承，与乎其觚而不坚也，张乎其虚而不华也；邴邴乎其似喜乎！崔乎其不得已乎！滀乎进我色也，与乎止我德也；厉乎其似世乎！謷乎其未可制也；连乎其似好闭也，悗乎忘其言也。以刑为体，以礼为翼，以知为时，以德为循。以刑为体者，绰乎其杀也；以礼为翼者，所以行于世也；以知为时者，不得已于事也；以德为循者，言其与有足者至于丘也；而人真以为勤行者也。故其好之也一，其弗好之也一。其一也一，其不一也一。其一与天为徒，其不一与人为徒。天与人不相胜也，是之谓真人。

死生，命也，其有夜旦之常，天也。人之有所不得与，皆物之情也。彼特以天为父，而身犹爱之，而况其卓乎？人特以有君为愈乎己，而身犹死之，而况其真乎？泉涸，鱼相与处于陆，相呴以湿，相濡以沫，不如相忘于江湖。与其誉尧而非桀也，不如两忘而化其道。夫大块载我以形，劳我以生，佚我以老，息我以死。故善吾生者，乃所以善吾死也。夫藏舟于壑，藏山于泽，谓之固矣。然而夜半有力者负之而走，昧者不知也。藏小大有宜，犹有所遁。若夫藏天下于天下而不得所遁，是恒物之大情也。特犯人之形而犹喜之。若人之形者，万化而未始有极也，其为乐可胜计邪？故圣人将游于物之所不得遁而皆存。善夭善老，善始善终，人犹效之，又况万物之所系，而一化之所待乎！夫道，有情有信，无为无形；可传而不可受，可得而不可见；自本自根，未有天地，自古以固存；神鬼神帝，生天生地；在太极之先而不为高，在六极之下而不为深，先天地生而不为久，长于上古而不为老。狶韦氏得之，以挈天地；伏戏得之，以袭气母；维斗得之，终古不忒；日月得之，终古不息；勘坏得之，以袭昆仑；冯夷得之，以游大川；肩吾得之，以处大山；黄帝得之，以登云天；颛顼得之，以处玄宫；禺强得之，立乎北极；西王母得之，坐乎少广，莫知其始，莫知其终；彭祖得之，上及有虞，下及五伯；傅说得之，以相武丁，奄有天下，乘东维，骑箕尾，而比于列星。

南伯子葵问乎女偊曰："子之年长矣，而色若孺子，何也？"曰："吾闻道矣。"南伯子葵曰："道可得学邪？"曰："恶！恶可！子非其人也。夫卜梁倚有圣人之才而无圣人之道，我有圣人之道而无圣人之才，吾欲以教之，庶几其果为圣人乎！不然，以圣人之道告圣人之才，亦易矣！吾犹守而告之，参日而后能外天下；已外天下矣，吾又守之，七日而后能外物；已外物矣，吾又守之，九日而后能外生；已从生矣，而后能朝彻；朝彻，而后能见独；见独，而后能无古今；无古今，而后能入于不死不生。杀生者不死，生生者不生。其为物，无不将也，无不迎也；无不毁也，无不成也。其名为撄宁。撄宁也者，撄而后成者也。"南伯子葵曰："子独恶乎闻之？"曰："闻诸副墨之子，副墨之子闻诸洛诵之孙，洛诵之孙闻之瞻明，瞻明闻之聂许，聂许闻之需役，需役闻之于讴，于讴闻之玄冥，玄冥闻之参寥，参寥闻之疑始。"

子祀、子舆、子犁、子来四人相与语，曰："孰能以无为首，

大宗师第六

且汝梦为鸟而厉乎天，梦为鱼而没于渊。不识今之言者，其觉者乎，其梦者乎？造适不及笑，献笑不及排，安排而去化，乃入于寥天一。"

意而子见许由。许由曰："尧何以资汝？"意而子曰："尧谓我：'汝必躬服仁义而明言是非。'"许由曰："而奚来为轵？夫尧既已黥汝以仁义，而劓汝以是非矣，汝将何以游夫遥荡恣睢转徙之涂乎？"意而子曰："虽然，吾愿游于其藩。"许由曰："不然，夫盲者无以与乎眉目颜色之好，瞽者无以与乎青黄黼黻之观。"意而子曰："夫无庄之失其美，据梁之失其力，黄帝之亡其知，皆在炉捶之间耳。庸讵知夫造物者之不息我黥而补我劓，使我乘成以随先生邪？"许由曰："噫！未可知也。我为汝言其大略。吾师乎！吾师乎！齑万物而不为义，泽及万世而不为仁，长于上古而不为老，覆载天地刻雕众形而不为巧。此所游已。"

颜回曰："回益矣。"仲尼曰："何谓也？"曰："回忘仁义矣。"曰："可矣，犹未也。"他日，复见，曰："回益矣。"曰："何谓也？"曰："回忘礼乐矣。"曰："可矣，犹未也。"他日，复见，曰："回益矣。"曰："何谓也？"曰："回坐忘矣。"仲尼蹴然曰："何谓坐忘？"颜回曰："堕肢体，黜聪明，离形去知，同于大通，此谓坐忘。"仲尼曰："同则无好也，化则无常也。而果其贤乎！丘也请从而后也。"

子舆与子桑友，而霖雨十日。子舆曰："子桑殆病矣！"裹饭而往食之。至子桑之门，则若歌若哭，鼓琴曰："父邪！母邪！天乎！人乎！"有不任其声而趋举其诗焉。子舆入曰："子之歌诗，何故若是？"曰："吾思夫使我至此极者而弗得也。父母岂欲吾贫哉？天无私覆，地无私载，天地岂私贫我哉？求其为之者而不得也。然而至此极者，命也夫！"

语译

知天道的自然流行，知人道的修养功夫，这样我们的知才能达到极境。知天道的流行，便能顺天道而生。知人道的功夫，就能尽我们所知的，去保养我们的知识所达不到的境地。这样，我们才能够享尽天所给予我们的年限，而不会中途夭折，这也可算我们恪尽人知的能事了。虽然如此，但还是有毛病的。因为我们的知必须有它所知的客体才能判断正确。可是我们所知的客体本身却是不确定的。因此我们又如何能确认我们所谓的天道，不是一种人道，而我们所谓的人道，不是一种天道呢？

其实，只有真人，才会有真知。什么是真人呢？古代的真人，不以寡少为不好，不以成功为了不起，不预谋任何事情。能够如此，他即使错过机会也不会后悔，即使达到目的也不自以为得。能够如此，他爬登高地，也不会恐惧；沉没水中，也不会沾湿自体；进入火里，也不感觉炙热。这是因为他的知已提升到道的境界，才能有如此的功夫。古代的真人，他睡觉时没有做梦，醒来时没有忧虑。他的食物不求甘美，他的呼吸很深沉。真人呼吸的气息是发于脚跟，而一般人呼吸的气息只在咽喉之间。屈服于外境的人，他的气息阻而不顺，说话时如鲠在喉。这是因为他们贪欲太深，使得自然赋予的生机变得浅薄了。古代的真人，不知生命的令人悦乐，不知死亡的令人厌恶。来到这个世界，不感觉欣喜；离开这个世界，也不会有什么留恋。他一无牵挂地飘然而往、飘然而来。他不会忘记他的生命是源于自然之道，也不要求他生命的终点能延长。有了生命，就高高兴兴地生活。忘记了死亡的威胁，自由自在地回去，这种功夫就是不用他的心意去构建他自以为的道，不用他的人为努力去助长天道的自然。这就是所谓的真人。能够如此，则心意凝聚，面容虚寂，额头开阔。他冷淡得好像秋天那样萧瑟，但又温暖得如春天般生意盎然。他喜怒的情感和四时相通，和万物相合，而使别人不能了解他的高深。不妨以圣人为喻，即使他们用兵灭亡了别人的国家，却还能赢得该国的民心。他们能使万代以后的人们都享其福泽，却不以为他们爱人。所以一味地想去和万物相通的人，并不是真正的圣人。强调亲恩的，不是真正的仁人；只知利用天时的，不是真正的贤人；不能打通利和害的差别，不是真正的君子；为了求名而失去自己的，不是真正的学士；损身而不知事物真相的，不能称其为自主的人。像狐不偕、务光、伯夷、叔齐、箕子、胥余、纪他、申徒狄等人，都是为别人所役使，以别人的意见为意见，而不能以自己的适意为适意。古代的真人，他的容貌和万物随宜，但绝不和万物同流。他似乎有所不足，却不仰仗别人；他与世俗相处无碍，却又能保持独立的人格而不致标新立异。他的为人开放，表现了虚怀，却没有不实的毛病。他的态度很明朗，喜悦于心，而不喜形于色。他的行动，好像是被动的，却是发乎自然的。他的脸色，像湖水一样有含蓄的光泽，能吸引人去亲近他；他与人相处，以他内在的含敛之德使别人归于安静；他好像不修边幅如世俗之人，可是却又有傲骨，而能无拘无束；他和物相交接，好像没有一点儿隔阂；他对境无心，忘了任何的言句。他把自然的天刑看作他的身体，把世间的礼俗当作辅翼，以智慧为顺时，以德性为处世的途径。因为他把天刑看作身体，所以他应付死亡时从容不迫。把礼俗当作辅翼，所以他能通行于世间。以智慧为顺时，所以他做任何事都不由自己。以德性为处世的途径，所以处世就像有双足的人爬小丘一样容易。别人还以为他下了多大的功夫呢！总之，他对自己崇尚的，和它们打成一片。他对自己所不喜欢的，就忘掉它们而不存分别之心。本来是一体的，当然本来就是一体；本来不是一体的，也能以道相通而为一。本来是一体的，就像与天道自然相合；本来不是一体的，就像与人们相处，也能和谐相合。对于天道与人道不分谁高谁低，不比较胜负，这就是真人。

人的死生是一种命，就像白昼和夜晚交替一样自然，是一种天道的自然，人无法干预这种自然的变化，这也就是物理的真情。人特别把天看作父亲，全身全意地去爱它，更何况比天还尊贵的道呢？人特别把君主看得比自己高贵，也全身全意地为他而死，更何况比君主还真实的道呢？当泉水干涸的时候，鱼儿都躺在陆地上，互相以口吮吸水汽，互相吐口沫以濡湿。纵能苟活一时，总不如它们在江湖中忘掉彼此。因此，我们如果只一味赞美尧帝而谴责夏桀，还不如干脆忘掉两者，而化入于道体。大自然赋予我们以形躯，使我们有生存的劳累，也使我们年老时能够安逸，死亡时得到安息。所以我们如能好好地恪尽自己生命，也就能好好地走向死亡。假如我们把船藏在深壑中，把山藏到大泽里，以为这样便最安全了。岂料在不知不觉的夜半，有大力者像自然地潜移默化，把它们带走，而我们却糊里糊涂，一点儿也不知情。

大宗师第六

照理说，藏小于大，应该是最合宜的，可是仍然会藏不住而失掉。所以只有把天下藏在天下之中，才再也没有地方失掉了，这就是万物变化的真情啊。很偶然地，我们得到这个为人的形体，都会感觉很喜欢这个人的形体，万物的变化是没有一个最终点的，而这种快乐真是不可计量的。所以圣人就是要游于那个万物都无所遁逃的境域，与万物共存共化。一个对寿命或短或长、生命或生或死都能泰然安处的人，人们都会效法他。又何况万物生命之所系，以及自然大化之所待的道呢？这个道是有实质，有信验的；是无所为，无有形体的。它可以相传，却没有一个形体可以授受。我们可以证得它，却看不见它。它是以自己为本体、以自己为根源的，自远古没有天地以前它就已存在。它能赋予鬼以神灵，赋予天帝以神性。它能创生天地。它在太极的前面，还不以为高；它在六极的下面，也不以为深。它在天地之先，也不以为久。它生存在上古，也不以为老。狶韦氏得到它，便能契合天地；伏羲氏得到它，便能顺承元气；维斗得到它，便能使天体有不变的轨道；日月得到它，就能使阴阳运转不息；堪坏得到它，可以入居昆仑；冯夷得到它，就能畅游大川；肩吾得到它，便能隐居大山；黄帝得到它，便能登云天而仙去；颛顼得到它，便能深处玄妙之宫；禺强得到它，便能卓立于北极；西王母得到它，便能端坐少广之宫，不知所始，也不知所终；彭祖得到它，他的寿命上及有虞氏，而下及五霸；傅说得到它，做武丁的宰相，而能一统天下。甚至登天乘东维之星，骑箕尾之星，和其他星宿并列。

南伯子葵问女偊说："你的年纪已经很大了，可是容貌却好像小孩。为什么会这样呢？"女偊回答："这是因为我闻道的缘故。"

庄子新说

南伯子葵又问："道可以学到吗？"女偊回答："怎么可以？你不是闻道的人。卜梁倚有圣人的才能，却没有圣人之道。我有圣人之道，而没有圣人的才能，我想教他，也许使他能够成为圣人。即使他成不了圣人，但以圣人之道来告诉有圣人才能的人，总是较容易理解的。于是我便告诉他圣人之道，然后静观其结果，三日之后，他便能把天下看开。看开了天下之后，我继续守着静观，七日之后，他便能把外物看开。看开外物之后，我还守着静观，九日之后，他便能把自己的生死看开。看开自己的生死之后，他的心灵便有如早晨清明在躬的觉悟境界。达到这个境界后，他便能见到与物为一的真我。见到了真我之后，便能超绝古今。超绝古今之后，便能达到不落于死生的境界，真正能不执着生的人，便无惧于死；真正能体证生生不已的人，也不会再执着自己的生。他是万物的一体，他在万物中变化，对于变成任何一物，他都高兴地顺应；对于任何一物变成他，他都无不欢迎。他任顺万物的各有所毁坏，也任顺万物的各有所成就。这种功夫就叫"撄宁"，撄是接物，宁是安宁，也就是接于万物而心保持安宁的意思。

南伯子葵又问："你是从哪里听到这些道理的呢？"女偊回答："我是从副墨（文字）的儿子那里听到的。副墨的儿子是从洛诵（乐曲）的孙子那里听到的。洛诵之孙是从瞻明（明理）那里听到的，瞻明是从聂许（心应）那里听到的，聂许是从需役（心用）那里听到的。需役是从于讴(吟咏)那里听到的，于讴是从玄冥（心寂）那里听到的。玄冥是从参寥（心虚）那里听到的，参寥是从疑始（万物有始无始的混沌境界）那里听到的。"

子祀、子舆、子犁和子来四人在聊天时说："谁能够以无当作不知怎么去称呼他们,请告诉我,他们究竟是什么样的人啊?"孔子回答说:"他们是游于世间之外的人,而我却是游于世间之内的人。世间内外的两种境界本是不相关的,而我却派你去凭吊,这是我的浅陋无知啊!他们正是把造物者看成人一样去相交,而游于天地之间好像只是一气的转化。他们把肉体的生命看作身体上多余的肉瘤,把肉体的死亡看作肉瘤的破裂。像他们这样的人,又哪里在乎死生的差别,以及死生孰先孰后呢?他们是把不同的物体,看作自己的同体,忘了自己身内的肝胆,舍弃了自己对耳目的执着。死是返归,又回到生。生命有终,但有终也就有始。他们不知生死何处是开端,何处是边际。茫茫然,徘徊翱翔在世俗之外,逍遥于无为无事的境界。他们又哪里会将他们的心拘束在世俗的礼法上?而做给别人看呢?"子贡接着问孔子:"那么,夫子,你究竟是偏于方内,还是方外呢?"孔子回答:"我啊,只不过是一个受了天刑而无法自拔的人罢了,尽管如此,我和你一同由方内而游向方外。"子贡又问:"那么,我们的方法如何呢?"孔子回答:"鱼儿托生于水,人类托生于道。托生于水,便必须穿土为池,蓄水为生存之所需。托生于道,则修养自己达到无为无事,心身静定的境界。所以说:鱼儿在江湖中互相忘却,人们在道术中也互相忘却。"子贡又追问说:"请问那些奇异的人士究竟是什么样的人物呢?"孔子回答:"那些奇异的人士,他们是不同于世俗的人,却符合自然的天道。所以说:在天道中都是小人物,在世俗中却有所谓君子。我们在世俗上的君子,也只是天道中的小人物罢了!"

颜回问孔子说:"孟孙才的母亲死时,他哭泣而没有流泪,内心没有忧戚，居丧期间没有悲哀。他不流泪，没有忧戚，没有悲哀，却以善于处丧礼而闻名鲁国。难道他没有居丧的实际行为却能享有善于处丧的名声？我一直对这一点感到奇怪。"孔子回答："孟孙才对丧礼做得极为完美，已达到超越世俗丧礼知识的境界；但要做到简化世俗丧礼并不容易，孟孙才的做法已经做到了简化的境地。孟孙才不知道为什么有生，为什么有死，不知生和死，哪个在先，哪个在后。他顺变化去变成他物，此刻他正等待去变成他也不知道会是何物。当他正在顺物变化时，又哪里意识到有不化的主体呢？当他感觉自己尚没有变化时，又哪里意识到他的形体早已在变化之中呢！我和你都在梦中，尚未觉醒而不知大化。可是他虽然也惊骇形体的变化，但他的心却并没有受损；虽然他的心住在形躯中只是一朝一夕，但他的真我却不会消灭。孟孙才特别意识到别人哭丧自己也跟着一起哭，这也是自然的人情所不能免的，这也都是因为我们有一个'我'在那儿指使我们如此啊！可是谁又能知道我们所谓的'我'，其实并不是真的我。就如你做梦是一只鸟而翱翔于天上，或做梦变成一条鱼而潜游于深渊。我们不知此刻在讲话的我，是觉醒的呢，还是在梦中的呢？我们有意去营造适合自己要求的境地，还不如此刻就开怀地大笑。但如果我们有意去求笑，也还不如去听任自然的安排吧！听任自然安排而顺任大化的运行，这样才能与虚漠的天道合一啊！"

　　意而子去拜见许由，许由问："尧帝给了你些什么？"意而子回答："尧告诉我：'你必须实践仁义之道，明辨是非之理。'"许由说："你为什么又要来这里呢？尧帝既然把仁义像黥刑一样刻在你的面额上，又用是非像劓刑一样割掉了你的鼻子，你又怎么可能自由自在地畅游于无拘无束、任情任性、变化无穷的自然大化之途呢？"意而子回答："虽然我不能游于其中，但我在藩篱外面游游也可以吧。"许由回答："不可能，一个瞎眼的人无法让他欣赏容颜的美色，也无法让他观看青黄黑白的颜色。"意而子说："以前美貌的无庄见道之后，便不自以为美。力大无穷的据梁见道之后，便不再强调自己有力。智慧的黄帝见道之后，也自知其无知。他们都是因修炼而有此境界的。你又怎么知道造物者不会帮我除去额上的刺字，修补我被割掉的鼻子。使我能乘着这个完整的形躯而跟随你做逍遥之游呢？"许由回答："啊！这也是不可知的啊！我为你只能说一点大要。大宗师啊！大宗师啊！他分别万物，使万物各尽其性，却不以为自己有义，他生养万物的恩泽通乎万代，却不自以为有仁。他从上古时就已存在，却永远长青而不老。他使天覆盖万物，使地载育万物，使万物各具美妙的形态，却不以为自己有技巧。我所游的就是这样的境界啊！"

颜回说："我有进步了。"孔子回答："你是指什么？"颜回说："我已忘掉了仁和义。"孔子说："好啊！但还是不够的。"隔了些时日，颜回又见孔子而说："我有进步了。"孔子问："你这次又是指什么？"颜回说："我已忘掉了礼和乐。"孔子回答："很好，但还是不够的。"再过了些时日，颜回再见孔子而说："我又有进步了。"孔子问："这次又指什么？"颜回说："我已经坐忘了。"孔子惊异地问："什么叫作坐忘呢？"颜回说："抛掉自己的肢体，排除自己的聪明。离了形体，舍弃知解之后，我的精神便和万物相同，和大化相通，这叫作坐忘。"孔子说："和万物相同，便无好恶之心。能和大化相通，就不会固执自己的形躯。你果然有贤德啊！我也要跟你学坐忘了。"

子舆和子桑是朋友，有一次连着下了十天的雨，子舆心想："子桑恐怕生病了。"他便包了饭去送给子桑，到了子桑的门前，看到子桑好像在歌吟，又好像在哭泣，一边又鼓着琴唱："父亲啊！母亲啊！天啊！人啊！"子桑好像软弱无力，歌声短促。子舆便进门说："你的诗歌为什么是这样的调子？"子桑回答："我在想是什么使我变成这种境地却找不到原因。我的父母怎么会要我如此的贫困？天无私而覆盖万物，地无心而载育万物，天地又怎么会单独要我贫困如此？我想找出让我如此贫困的主使者，却找不到。因此我想使我变得如此贫困的，也许就是命吧！"

纲要

大宗——大宗主，大本源。

师——祖师。

1. 养的功夫。

2. 真人的功夫。

　（1）无欲。

　（2）不悦生恶死。

　（3）不以心捐道。

　（4）与物有宜。

3. 以刑为体。

4. 天人不相胜。

天之所为"是指知天道的自然。所谓"知人之所为",并非指知道世俗的事物,而是指知道人知的有限,而能去小知而顺天道。

"知天之所为者,天而生也",便是指顺天道的自然而生。这句话中,"天而生"的"天"是主词,是指由天而生,完全没有人为的修养在其中。所以是"知",而"无知"。至于"知人之所为者,以其知之所知,以养其知之所不知",所谓"知之所知"指的是为学的知识,"知之所不知"就是指人知所不及的境界,指的是天道或天命。这个"养"字非常重要,如果说"以其知之所知,以'知'其知之所不知"是经验推理的知识,正如《庄子·养生主》所谓"已而为知者,殆而已矣",而这个"养"字却把知性转为德性,把知识的追求转为德性的修养。因为从"知"只能达到"知之所未知",而不能达到"知之所不知",譬如,从浅处说,个人年命的长短,这是"知之所不知",只有靠自己的养生来维护;往深了说,对于天道的大化作用,也不是人知之所能及,只有靠自己的德性来修养。这个"养"字对"道"来说,就是体证,而不是知求。

"终其天年而不中道夭者,是知之盛也",这虽然是就养生来说,能够活到应享的天年,是"知人之所为"的表现,但所谓"天年"是自然的禀赋,这也就是说能从"人之所为",以合乎天道。赞为"知之盛",这个"盛"字含有丰富、茂盛的意思。但并非完全肯定为最高的境界,所以接着又对"知"有所批评,而说"虽然,有患"。

"虽然,有患。夫知有所待而后当,其所待者特未定也","有患"是指"知"本身的不够究竟,如果只执着于"知",便有过患,

"忘"去这个天的年限，而归于自然。

"是之谓不以心捐道，不以人助天，是之谓真人"，按"捐"字，有的注解作"揖"，如章太炎以为"以心揖道"。有的注解作"损"，如朱桂曜以为"捐盖损之坏字"。其实，这里的"捐"字不必改字求解，因为"捐"解为"弃"，乃古语的通解，如捐弃、捐生等，在《庄子·山木》中也有"吾愿君去国捐俗，与道相辅而行"，此处"捐"即"弃"的意思。不过庄子用"捐"而不用"弃"，因为这个"捐"，就像捐生一样，不只是舍弃，而还有捐献的一面。所以"捐"字另含有超脱的意思，如捐俗，即超脱而离俗。再回到"以心捐道"一语，"以心"就是用这个心，当然这个心指的是意识、爱欲的心。"捐道"，一面是指用这个心去攀缘，去构建自以为是的"道"，结果却背弃了真正、自然的道。这正是《齐物论》所谓的："道之所以亏，爱之所以成。"此处，"以心"，就是心中爱欲之成，把自己所希求的"道"，捐添在自然之"道"上，成为自以为是的"道"，而失去了真正的"道"。接着庄子说："不以人助天"，"以人"就是用人为的观念，"助天"，表面上好像是辅助天行，事实上却妨碍了天道。就像人有生有死，这本是天道的自然，可是人的爱恋生命，希求长生不死，结果却是违反了自然。这两句话对应前文，"不以心捐道"，便是"不忘其所始"，而自觉生命的真实；"不以人助天"，便是"不求其所终"，而能回归于自然。

第四节，从"若然者，其心志"到"而不自适其适者也"。这一节写"真人"的与外物相通，要点在他能"喜怒通四时，与物有宜"，而最后一句的"自适其适"，总起来说明了他能把握自己的情绪好恶，不为物累。

"其心志，其容寂，其颡𬱖"，"心志"是指心意的凝聚，如《人间世》所谓："一若志。""容寂"指面容沉静，无好动之态。"颡𬱖"的"颡"指的是额，"𬱖"是指额的宽大。这本是描写相貌，和"真人"的精神有何相关？其实这两字乃是写无忧无虑的神色。

"凄然似秋，暖然似春，喜怒通四时，与物有宜，而莫知其极。""凄然"是指冷淡，"暖然"是指温和。这是指他的心情，这与《老子》第十五章"俨兮其若客，涣兮若冰之将释"相似。他之所以能如此，乃是他的喜怒哀乐顺乎四时。所谓"通四时"，并不是说春天该喜，秋天应怒，而是由于四时相通，情感得以转化。纵然有喜怒哀乐之情，而能通解，转变成四时为春，永远含喜悦之心。所以接着说："与物有宜，而莫知其极。"这是指他的情感与万物相合，而和谐，即所谓情顺万物而无情。由于没有自己特有的情，也就"深不可识"（《老子》第十五章），而别人便无法计量他的高深了。

从"故圣人之用兵也"至"而不自适其适者也"的一百零一字，据闻一多的考证，认为此处各段专谈真人，而这段话与真人的旨趣不符，可能为错入，宜删。当然把这段话删掉，前后文的承接要通顺得多了。但这段话既然已存在这里，我们也不必删之而为快。只把它当作正文的一种注解，譬如前文讲"喜怒通四时，与物有宜，而莫知其极"，而此处所论的各等级的人士都是执着于一面，不能与大化相通。"故圣人之用兵也，亡国而不失人心"，此处突言"圣人"，似与前后文之真人不符。但这段话是借真人之下的各层人物来说明"与物有宜"的真义。因为所举的例子指的是治国用兵，所以用"圣人"为喻。"亡国而不失人心"

是指灭亡了敌国，仍然能赢得该国人的民心，这是因为他能解救人们的痛苦，如《孟子》书中所描写的该亡国的人民却箪食壶浆以迎王师。"利泽施乎万世，不为爱人"，这是描写造福人类的利益能够广被到千秋万世之后，但圣人却不自以为爱人。这种圣人的境界，就其"不失人心"和"利泽施乎万世"来说，似与真人的气象略有不同，因为前后各段的论真人都是就个人的真知至德来论的，并没有涉及人心的得失与利泽的厚薄。可是就"不为爱人"的心境则与真人相通。庄子接着说"故乐通物，非圣人也"，这是从反面来写圣人的境界，事实上，也替真人做了诠释，因为"非圣人也"，当然也就"非真人也"。所以"乐通物"一句是关键。值得我们仔细推敲的是"乐通物"与前文"与物有宜"之间的不同。"与物有宜"是指自然地和万物相合，而"乐通物"却是有意地与万物相通，甚至以通物为乐。譬如"与物有宜"的前一句是"喜怒通四时"，是指喜怒顺乎四时之后，就无喜怒之可言。后一句"莫知其极"，是指与物相合，而没有任何预设的理想和目标。可是"乐通物"却是先有一个求乐的心念，然后再有意地去打通万物。这是有心为道。其结果有二：一是以自己的观念加被外物，这是强物以适己；二是把自己寄托在外物，这是失己以从物。所以说都不是真正圣人的境界。如果了解庄子此处用"圣人"为喻的真意，下面讲"仁""贤""君子""士"和"役人"便能系统一贯了。"有亲，非仁也"，这里的"非仁"，是包括了"非仁人"的意思。"有亲"是指有所专爱。《庄子·天运》说："至仁无亲"，就是指至仁之人心中无所专爱。因为一有专爱，便有分别，便有执着，便不是至仁周普之心。如果把"亲"字解作亲人，或双亲，庄子的意思，当然不是要我们割弃亲情、视父母如路人。而是使我们的情升华到至高的境界，不再只限于世俗的亲情中。譬如孝父母，不是为了孝的礼节而孝；爱子女，不是为了子女的奉养而爱。甚至扩大这种孝与爱，如《礼运大同篇》所谓的"老吾老以及人之老，幼吾幼以及人之幼"。由于"及人之老"和"及人之幼"，便不能只局限于自己的私情，故说"无亲"，究其实，也就是不局限于自己的私亲。"天时，非贤也"，"贤"是指有才德的人，"非贤"也就是说"非贤人"。所谓"天时"，王叔岷《庄子校诠》考证为"待天"。其实此处"天时"本寓有仰承天时的意思，这与"乐通物"的思想是一致的。贤人重在修炼自己的才德，而不寄托在天时的把握。"利害不通，非君子也"，"君子"是指修己以德的人。"利害不通"是指不能看透利害，斤斤于趋利避害，而为利害所蒙蔽，反为利害所烦恼。相反的，看透利害，有儒道的两种方法。以儒家来说，孔子所谓"君子喻于义，小人喻于利"（《论语·里仁》），这是指君子以"义"为行事的标准，自然不为利害所左右。至于道家，《齐物论》所谓"不就利，不违害"，也就是顺乎自然、超乎利害。而要达到这点，便必须了解"凡物无成与毁，复通为一"（《齐物论》）的道理，使利害不关于心。事实上，能达到这种境界，已具真人之德。庄子此处只是以君子为喻而已。"行名失己，非士也"，"行名"，是行于名，或由名而行，也就是指所作所为，都为了名，正是《应帝王》所谓"无为名尸"的意思。"行名"就是"为名尸"，行尸走肉，而失去了真正的自我。"士"是读书人。一个读书人，最容易犯的毛病，就是好名，所以庄子以此讽喻。"亡身不真，非役人也",以上从圣人、仁人、贤人、君子,说到士,都是大家熟知的名词,可是"役人"两字却是庄子所独用,而且全书仅在这里用过一次,所以我们只能从上下文来把握它的意思。就下文所举狐不偕、务光等人为例,可见此处是指一些避世之人。"役",是劳役,或役使。"役人"乃是指能役使别人的意思。对照下文"役人之役",可见这里的"役人"是指主宰别人,而不为别人所主宰。当然主宰别人也非庄子本意,所以"役人"的真正意思乃是超绝于世,特立独行,能役世俗之君,而不为世俗之君所役,如《德充符》所描写的哀骀它:"国无宰,寡人传国焉。闷然而后应,氾而若辞。寡人丑乎,卒授之国。无几何也,去寡人而行。"这无异视国君和王位如敝屣,这就是能"役"君主之人。"狐不偕",尧帝时的贤人,拒绝尧让天下给他,却投河而死以明志。"务光",夏朝的贤人,也因不受汤让天下给他,而负石沉于庐水。"伯夷、叔齐",商朝人,因周灭商,不愿食周之粟,饿死于首阳山上。"箕子、胥余",有说为一人,有说为二人,胥余即楚狂接舆(《战国策·秦策》),据《文选》东方曼倩《非有先生论》注引《尸子》:"箕子、胥余,漆体而为厉,被发佯狂。"也许这两人都是以佯狂的方法而避世的。"纪他",商朝贤人,听到汤让位给务光,恐怕务光不受,而汤接着来找他,所以也投河而死。"申徒狄"听到纪他之事,也投河而死。"是役人之役,适人之适,而不自适其适者也","适"是适意,"适人"是适别人的意,"自适"是适自己的意,就是指这些人士虽不接王位,却把国君的让位看得那么重,而把自己的生命又看得那么轻。这是本末倒置,不知真实。把自己的生命,寄托在外物的影响,而不能自主。

大宗师第六

第五节，从"古之真人，其状义而不朋"到"天与人不相胜也，是之谓真人"。这一节写真人处世的技巧与精神，较为复杂，可分三小段。首先写他的技巧，一面是和世俗之人相交，非常世俗化；一面能把握自己，同流而不合污。其次写他在世俗中，仍然不违反礼法，才能逍遥而游。最后写他的"天人不相胜"，把自然的天和人为的人打成一片，既不崇天而抑人，也不重人而弃天。如果我们把这种思想和西方哲学文化的总是在天人之间斗争，以及印度佛教思想的贬人而崇佛相比较，会发现庄子这套思想作为中国哲学精神而影响到后来的禅宗，可以看出中国哲学思想的圆融和谐了。

"其状义而不朋，若不足而不承"，近人俞樾把"义"解作"峨"，把"朋"解作"崩"，意思是其状峨然高大而不崩坏。章太炎以为"义"即本字，而"朋"为"冯河"之"冯"。意思是义形于色而无奋矜之容。其实"义"和"朋"都照原字来解，意思不但贴切而且深入。因为"义"字本义为"宜"，"朋"即朋党之意，陈寿昌解作"与物宜而无私"，正是其意。由于"与物宜"，似乎没有表现出他的自我意识，所以好像"不足"，有所欠缺，但"不承"，不仰承别人。这是因为不求人知，不为朋私，所以又能不屈不承。

"与乎其觚而不坚也"至"悗乎忘其言也"，这一大段话都是指真人处世的态度。"与乎其觚而不坚也"，"与"是与世俗相处，是前面所谓与物相宜的意思。"觚"是孤之意，即独立，"不坚"即不标新立异，固执己见，自以为强。"张乎其虚而不华也"，"张"是开放，开放在于虚怀。"华"是针对"虚"之病。因"虚"的过患在于不实。所以不浮华而有真实。"邴邴乎其似喜乎"，"邴"

是明朗，也即喜悦的意思。"似喜"，却表示这种喜悦乃是在于内心，而不是外表的喜形于色。"崔乎其不得已乎"，"崔"，成玄英《疏》："动也"，章太炎："崔借为摧、谨、催。"所以"崔"可作被催而动的意思。"不得已"正说明了他的动，乃因于万化的变动，自然而然，不由自己。"滀乎进我色也"，陈寿昌："滀，水聚也。水聚则有光泽。"这是指水的凝聚如湖泽的有光彩，正与《易经·坤卦·彖传》的"含弘光大"相通。"进"是使其前进，也就是使其亲近的意思。"色"指含蓄的光泽，即谦虚和悦之色。"与乎止我德也"，"与"字不必如前人把它解作"豫"（如朱桂曜），就原字来解，意义已极好。《老子》第八章"与善仁"，正可做这个"与"字的诠释。这个"与"字在《老子》这章有两解，一是"施与"，一是"相与"（吴怡《老子解义》），这两解在此处都可通。对照"滀"的含蓄之意，"与"便是施与，也就是较为积极地有所施为。对照"进我色"之后，使别人亲近，便有"相与"，也就是说和人相处。"止我德"，与"进我色"对称。"色"是外在的，"德"是内在的。"止"是知止，是安静之意。这是说以他的德来帮助别人知止而归于安静。事实上"知止"本身就是一种德。这说明了真人之与人相交，他以他的"知止"之德，而使对方被其相感，而同归于"知止"之德。一般的劝止，都以律法或利害关系来说，而"止我以德"，却是无言的、无为的、自然的，正如《德充符》所谓"唯止能止众止"。也就是说以本身的"止"，来使外物归于"止"。"厉乎其似世乎"，"厉"，《释文》："崔本作广"，王念孙等都主张此说，因形近而误。但《齐物论》"厉与西施"之"厉"是病癞，作丑恶之意。陈寿昌也谓"厉，丑意"。既然《庄

大宗师第六

子》书中已有"厉"字,而且当作"丑"解,远比"广"字为自然,因这句话的意思是,形貌不扬,如流俗之人。"謷乎其未可制也","謷",高傲。郭象《注》:"高放而自得。""未可制",即无拘束也。这句话和前一句正好对称。诚如《天下》所描写的,一面是"与世俗处",一面又是"独与天地精神往来"。"连乎其似好闭也","连",林希逸《注》:"合也,密也。"按"连"是连接,有与物相连相接,顺物自然的意思。"好闭",即善闭。按"闭",即心念紧闭,无欲无知之意,如《人间世》所谓"无门无毒,一宅而寓于不得已"。"悗乎忘其言也","悗",成玄英《疏》:"无心貌也。""忘其言",是忘了言语,说了也忘了。

"以刑为体"至"而人真以为勤行者也",近人以为有似法家语(见王叔岷《庄子校诠》),有注者认为这段话与庄子思想不合,应删(张默生等)。其实,如细嚼其含义,则自有其深义。非但删不得,而且与下文有承接的作用。"以刑为体",并非指重视刑法。此刑字与《养生主》"天之刑"相通。我们有了生,便有死。有了身体,便有"天之刑"。所以"以刑为体",就是把这种死亡的天刑看作身体的必然现象,便能生死一体,处之泰然了。"以礼为翼",在前面几章中,我们都看到庄子与万物相接相化的境界。但我们把万物皆看作山石树木、虫鱼鸟兽,而忽略了人的社会。庄子并非完全遁世,与社会脱节。他明明说"与世俗处",而《人间世》一文正是讨论与世俗处的心理修养。在人的社会中离不了"礼",如果庄子没有一套功夫去应付"礼",又如何能逍遥?我们常因魏晋清谈家们的放荡不羁,而以为这是庄子"玩世不恭"的写照。其实庄子并没有故意去破坏礼俗,也没有刻意去逃避礼俗。庄子有他自己的一套功夫，就是"以礼为翼"。古代的礼制到了庄子的时代，已经变得僵化了，如《德充符》所谓的"约为胶"，那是礼制过度的毛病。但人与人之间毕竟尚有共同相处的"礼"，庄子深深了解这种"礼"的作用，这和前面的"庖丁解牛"相似，不去正面地触犯它们，顺势而为，它们便不会变成障碍。这就是他"以礼为翼"，而能逍遥于世的精神。"以知为时"，"时"是应时、顺时的意思。但如何应时、顺时，却值得推敲，因为一般人谈应时、顺时，往往易流为适应环境，或等待时机，这样便变成了被动，流为时间的奴隶。庄子"以知为时"，就是用这个"知"代替了"时"。这个"知"是"大知"，是"智慧"。有了"知"，便无时而不可，无时而不行了。"以德为循"，"循"是依循，即顺德而行。这里的"德"即《德充符》所讲的德，是充于己的内在之德，也即"德之和""常心"（《德充符》），本句即是说发乎内在和谐的常心而行。"以刑为体者，绰乎其杀也"，前人注解都把"刑"当作刑法解，因此对这句多不易讲通，其实这个刑指的是"天刑"，我们如把这个身体看作天的刑罚，死是必然的现象，因此我们就从容自如地任由自然消损了。也就是说，我们既然知道此身非我有，那又何必计较"与物相刃相靡""行尽如驰"呢？"以礼为翼者，所以行于世也"，"以礼为翼"，只是生活在人间世中不得已的权宜。在这里，我们不必去认定庄子是在强调"礼"，要我们拘于世俗的礼，变成了乡愿。所谓"行于世"，乃是逍遥于世。"以知为时者，不得已于事也"，是指真知烛照，了解任何事情的因果必然，所以能顺其自然。"不得已"，是指不由自己的意思。"以德为循者，言其与有足者至于丘也；而人真以为勤行者也。""丘"是指郊外的小山丘,只要有足者,都可以走到山丘,并不需要勤行者,花那么大的气力。这是比喻循自己的德性而行,那些外在的种种羁绊障碍,会变得像在平地上行走一样轻松。"故其好之也一,其弗好之也一。"所谓"好之",就庄子思想来说,指的是"道"。好"道",即是体道,与道为一,正如《老子》所说:"从事于道者,同于道"(第二十三章),也就是说求道之人,一切都求合于道,也就是自然地与道相合。"弗好之",就前文来说,如"刑"与"礼",这是一般人和庄子所谓的"不好的"。可是为什么说"也一"呢?如果我们把"刑"和"礼"看作外在加于我们身上的,那么它们与我便是"二",因此与我们相对、相抗,永远地成为我们的障碍。现在我们把"刑"索性看作我们的一体,把"礼"当作我们的双翼,忘其不同,而以一体视之,则也就无扞格于心了。"其一也一,其不一也一。""其一"是本一的道,当然是一。"其不一",是差别的物,但物同一体性,也本来是一。"其一与天为徒",与天为徒,是与天一致,即与自然合一。"其不一与人为徒"是与人为伍,即生活于社会人群中。但人与人、人与物自有其不同的特征与个性,因此要注意其差别相,从差别中,忘其不同,而求其同。这是与人为徒的功夫。"天与人不相胜也,是之谓真人。"本句是这一大段描写真人的结论,也是要点所在。"天与人"即自然与人,也即道与万物。"不相胜",是不互相比胜负,即不分高低,不以"天"为好,不以"人"为不好。要达到这境界,其功夫乃是把天拉下来与人一齐平等,或把人提上去与天同游而乐。然而庄子的"天"也就是自然。以自然来说,人本是自然中的一部分,人和自然本不可分。所以天和人本来就是一体的，又哪里有胜负、高低之分？

三、从"死生，命也"到"而比于列星"

前面已经介绍了真人，接着写道。真人是我们的大宗师，而道更是真人的大宗师。本段由天写到道。"死生，命也。其有夜旦之常，天也。"这是承接了前一段的天而来。天是自然，夜旦是自然，所以死生之命也是自然。就像鱼儿在江湖之中，不知有水，江湖是鱼儿的自然，一旦离开了江湖，它们只有彼此以口沫当作水来维持生命。我们人也是一样，不知死生循环的自然，有了生命之后，执着不放，想尽方法炼丹吃药，希望长生，这不也是吸吮口沫以维生吗？那么重要的死生问题已是如此，更别谈那些没有定论的是非之见，贫富之分，美丑之别了。所以庄子拈出一个"忘"字，一个"化"字，要我们先忘掉这一切的差别现象，扰乱人心的观念意识，然后才能化于道。这个道也是自然，所以化于道之后，并不是使你变成不死神仙，而是我们仍然在宇宙中变化，仍然在生命的大海中转化，所谓"藏天下于天下而不得所遁"，即无所藏无所遁，赤裸裸地来，坦荡荡地去，无所牵绊，无所留恋，这不正是逍遥之游吗？

"死生，命也，其有夜旦之常，天也"，死生，是命定的，对一般人来说，这种命定，"其行尽如驰"（《齐物论》），是一大悲哀。可是接着"其有夜旦之常"，把生死比作夜晚和白天的交替，这便把一般人只视作一己的生死，转变到自然的大化中，因为夜晚白天的交替是无限的，所谓"夜旦之常"，就是指其永恒之常。这个"天"就是自然。"人之有所不得与，皆物之情也。""与"

是参与、干预的意思，也就是说对这个"命""常"或"天"，是人力所不能干预的，这是万物自然的实情。然而在这里很容易误以为万物自然乃是机械自然，或毫无意义，所以庄子的笔锋一转而说："彼特以天为父，而身犹爱之，而况其卓乎？""彼"是指前面的人，是说一般人以天为父亲，爱天如爱父，更何况有比"天"或"父"更卓越的吗？这个"卓"字，点出了在物质的机械自然之上，还有较高的层次。"人特以有君为愈乎己，而身犹死之，而况其真乎？"再就人对君主的死忠来说，对于这个比君主还卓越的"真"性，当然应该更加的尽心以赴了。这里点出的"真"，就是道体之真。

接着再谈如何去体证这个"道"。"泉涸，鱼相与处于陆，相呴以湿，相濡以沫，不如相忘于江湖。""呴"，口相嘘吸，"湿"，湿气。"濡"，润湿。"沫"，口沫。这是说鱼在陆地上以口沫相濡湿，才知道水的重要，不如在江湖中，根本忘了水的存在。这里拈出一个"忘"字，乃是庄子思想中的功夫。不过对鱼儿在江湖来说，乃是浑然不知。"与其誉尧而非桀也，不如两忘而化其道。"誉尧而非桀，这是一般是非的判断，"两忘"就是忘誉忘非，忘尧忘桀。这里的"忘"虽然和前面鱼儿的"相忘"是同一个"忘"，但鱼儿的"忘"是自然的不知，而真人的"两忘"却是真知超然于是非之外。注意这里并不是说真人不知尧和桀的不同，不知尧是圣王，桀是暴君。而是真人的心境提升到更高的层次，而无意去做誉尧非桀的动作。这些人世间的是非，自有史学家、政论家去评定，真人此刻正做逍遥之游，没有时间去做是非的讨论。真人的"忘"，一方面是对下的忘是非，一方面是对上的忘于道。所以接着说"化其道"。"化其道"有两解,按陈寿昌《注》为:"道谓分是分非之道,惟于卓者真者求之,斯是非浑忘矣。"王叔岷注说:"'忘其道'犹'化于道'。"其实两解都贯串在一个"道"上。"忘"和"化"是功夫的两面,"忘"是对是非、古今、生死等相对现象的一种超越,"化"乃是把相对世界变成一真之道的境界的转化,往往是忘而后化。即本注解常强调的"自忘而后自化""忘物而后物化""忘忘而后神化"。

"忘"的超越,"化"的转化,并不是脱离现象界,而进入另一个形而上的境界,其实,现象和形上都在同一个世界中,所以接着庄子描写这种功夫的实际方法。

"夫大块载我以形,劳我以生,佚我以老,息我以死","大块"即自然造化。庄子以大化为喻,就是说明这一切都是自然而然的,并没有一个主宰在那里操纵一切。"载我以形",是给我形体,"劳我以生",是使我生活劳累,"佚我以老",是使我老时因做不动而自然的安闲,"息我以死",是使我得以安息而死。虽然这"形""生""老""死"四者都是自然的赋予,但"形、老、死"三者,我们似乎都只有听命的份儿,没有能着力处,只有"生"这一点,却值得推敲。所谓"劳我以生",就"大块"的赋予来说,有生必有劳,因为有了生,为了维持这个生,必有许多劳累,这也是自然的。在这里,需注意此处的"劳"并不包括一般人因欲望的追求,而自找的劳苦。这不是自然的,而是人为的,是可以避免的。所以庄子接着说:"故善吾生者,乃所以善吾死也。"近人有把"善"当形容词,作以"生"为善的。可是庄子明说:"劳我以生。"所以直说生为善的,意思尚不够深切,因为没有着力处。

这里的"善"应做动词用,指能善尽其生的意思。这是一种功夫,它包括两个方面,一方面尽量减少因欲望而徒增生的劳苦;一方面对生的自然的劳累能泰然处之,而不伤神。能善于尽量做到生的自然,也就能死得自然了。

就人的形体来说在从生到死的一段期间,我们虽能"善吾生",也能"善吾死"。但我们是天地间的一物,我们的生死,还不仅限于形体的生死。否则便成断灭论,认为一死便万事休,这样很容易又走入肤浅的享乐主义。所以庄子下面这段话,是把生死纳入天下万物中来看的。

"夫藏舟于壑,藏山于泽,谓之固矣。然而夜半有力者负之而走,昧者不知也。""壑"是深谷,船本来在水边却把它拖到深谷中。这是防备河水把舟冲走,也是很自然的。山虽然在泽之旁,但水中有高地,也可看作山在泽中,这也是很自然的,可是用一个"藏",就显出有意于掩藏,这是人的心态,而非自然了。"夜半"是喻不知不觉间。"有力者"指造化的潜移之力,"负之而走",是把舟、山抬了出来,这正是自然界的沧海变桑田的意思。于是藏舟的山谷变成了平原,藏山的大泽也变成了陆地。舟和山都无所藏,这也是自然。"昧者不知",即指我们都在自然运化中,又如何会察觉。"藏小大有宜,犹有所遁。若夫藏天下于天下而不得所遁,是恒物之大情也。"就一般人来说,舟在壑中,山在泽里,当然是藏小于大之中,应该很合宜。可是仍然是有遁,"遁"即逃掉的意思,也就是藏不住。所谓"藏天下于天下",乃是把舟藏在天下,把山藏在天下,无论造化如何变,舟和山都在天下之中,都逃不出天下,也就是"无所遁"。"藏天下于天下",实际上就是一无所藏，这就是天下万物的本然。把这段与前文相承接，可以看出生死都在大化之中。生无所藏，死也无所遁。

接着庄子又强调这种"无所遁"的功夫。"特犯人之形而犹喜之。若人之形者，万化而未始有极也，其为乐可胜计邪？"经过了这一生命的转化，由形体的生死，而到万化的无极。庄子语锋一变，而把形之累、生之劳，而转化为无限的喜悦。而说："特犯人之形而犹喜之"，"犯"，成玄英《疏》作"遇也"，也是"巧逢"的意思。陈寿昌注"犯者，偶然相值之意"，即是描写在万物的变化之中，很偶然的，我们投入这个形体中，而有了人形，当然人身难得，我们是欣喜不已的。虽然人的形体，有时而尽，但在万物无尽的转化中，这个生命的转化，却是没有止境的。所以生命的喜悦也是没有限量的。"故圣人将游于物之所不得遁而皆存。""物之所不得遁"，就是物之"藏天下"，也就是物不以自体之片段存在为存在，而以天下万物为一体。而"圣人之游"也不只是一己之适意而游，而是圣人以天下万物为一体而游。"善夭善老，善始善终，人犹效之，又况万物之所系，而一化之所待乎！"再就人来说，无论人的寿命有短、有长；无论人的行事，有始、有终，只要能在某一部分善尽其生，都值得为人效法。譬如有的人虽然只活了二十几岁，却有不朽的成就，有的人到了七八十岁，才有机缘展露才华。有的人只创始事业，有的人却继承前人的事业而完成之。"万物之所系"，指万物生命之所系，也即万物生命之所由。"一化之所待"，"一化"，即"大化"，也就是万物的变化。"化"之所以称为"一"，是因为万物的变化本来参差不齐，好像各不相关，但在它们的各自变化中，似乎又彼此连绵不断，通向一个主体，而使这些变化成为一个整体，所以称为"一化"。这个主体，即是"一化"之所待。如《齐物论》中认为百骸、九窍、六藏都是臣妾，"其臣妾不足以相治乎？其递相为君臣乎？其有真君存焉？"在《齐物论》中，称"真君""真宰"，也即"真我"，在本篇中，就是大宗师，也就是道。这个道乃是万物之"所系"，一化之"所待"。这一点庄子在本段中没有言明，可在下一段的一开始就揭出了这个"道"字。

在《齐物论》中，也曾好几次问及道，谈过道，但都是简明扼要地点出这个道，而没有对道本身做详细的介绍，可是以下一段文字却是在《庄子》全书中，对道描写得最多，最详细的。

"夫道，有情有信，无为无形；可传而不可受，可得而不可见"，"情"字，据王叔岷引奚侗语："情借为精，《老子》：'窈兮冥兮，其中有精，其精甚真，其中有信。'本篇即袭《老子》之义。"王氏自谓："情不必借为精，精者气之微，情犹实也。《齐物论》：'若有真宰，而特不得其朕。可行己信，而不见其形，有情而无形'，真宰谓道，情亦犹实也。"这"精""实"两解，本书在《齐物论》"有情而无形"语下已有讨论。虽然就文义来说"精"和"实"都是指无形背后的真体，但"实"只是文字的形容，而"精"却有思想本身的意义，所以"精"较"实"为更符合道家的表达方式。不过这里，庄子用"情"而不用"精"字，可能还有其更微妙的作用。陈寿昌《注》说："有情，静之动也；有信，动之符也。"这里写出了"情"的作用。"情"和"精"的不同，"精"犹不免指本质义，而"情"则意含着道与万化的感应。"有情有信"是指道有感化的作用，有感化的信验。这个"信"，陈寿昌解为

"符",与"德充符"的"符"相同,是指符合于外。"无为无形",这句话紧接着前句的"有情有信",先写"有",再补以"无"。以"无为"来补充"有情",以避免把"有情"看作有意、有爱。"无为"是指道的自然而然,没有目的。以"无形"来补充"有信",说明"有信"并非物质上的证验,而是变化的真谛。所以接着说:"可传而不可受,可得而不可见",这是因"有情"而可传,"有信"而可得。"无为"而不可受,"无形"而不可见。这是描写自有天地以来,这个"道"一直传到今天,但却没有形质可以授受。万物体道,都有得于道,但道却没有形相可以见识。前面写道的作用,接下来写道体。"自本自根,未有天地,自古以固存",这是写道以自己为根本,在道之上,没有更高的创造者,也就是说道不是被创造的,是自己如此的。而且是在天地之前就存在的,所以也是无始的。不过这个"本"和"根"却另有含义,就是能生。道是万化的生主,所以接着说"神鬼神帝,生天生地"。"鬼"是鬼灵,"帝"是天帝,两者泛指山川鬼灵,天帝地祇。也就是说一切创生、造化的作用。这里的"神"是动词,是使其有神灵神明的意思。也就是赋予万物以精神。"生天生地",指道给予天地以生生的原则,使天地存在,也使天地生物。"在太极之先而不为高,在六极之下而不为深,先天地生而不为久,长于上古而不为老。""太极"两字见于《易经·系辞传》,是指在阴阳两仪之前的最高境界,这是以为道还在太极之上。"六极"是指四方上下,也即现象世间,这是以为道深入在现象界的最下层。"不为久""不为老"都是描写道的恒久性。这四句话,乃是指道的超越空间和时间。

以下一大段乃是写道的"神鬼神帝,生天生地"的作用。"狶韦氏得之，以挈天地"，狶韦氏，传说上古帝王名，"挈"，通作契字，指合的意思。意为狶韦氏得道，能使天地通气。"伏戏得之，以袭气母"，"伏戏"即传说作八卦的伏羲。"袭气母"，袭是入或顺的意思，气母即元气。但传说伏羲制八卦，而八卦是通乎阴阳二气，因此这里的气母，也即阴阳两气之所本，相当于太极或无极。"维斗得之，终古不忒"，"维斗"是指北斗，因为它是天体的网维，所以称"维斗"，"忒"，即差，指北斗由于合道，而使天体的运作，恒久不差。"日月得之，终古不息"，日月是阴阳二气的作用，由于合道，才能使阴阳二气，不致乖离，不致冲突，而能相互衔接，相互运转，正如《易经·恒卦彖辞》所谓"日月得天而能久照"。所谓"不息"，是指运转不止，也是指光照不已。"堪坏得之，以袭昆仑"，"堪坏"，司马彪《注》："神名，人面兽形。"《淮南子·齐俗》谓"钳且得道，以处昆仑。"无论堪坏，或钳且，都是想象中的神怪，后来的《山海经》中，便有很多这种类似的人物。"袭"是入，即入昆仑而成神。"冯夷得之，以游大川"，《淮南子》注："冯夷，河伯也。华阴潼乡堤首人，服八石，而水仙。"可见冯夷是神名，但也为服金丹的神仙家之流。"肩吾得之，以处大山"，据《山海经·西山经》："西南四百里昆仑之丘，是实唯帝之下都，神陆吾司之。其神状，虎身而九尾，人面而虎爪。"此处陆吾即肩吾，但在《庄子》中常提到肩吾，说肩吾问于连叔（《逍遥游》）、问于孙叔敖（《田子方》），所以司马彪、成玄英谓与孔子同时。可见肩吾也是神仙家者流。"黄帝得之，以登云天"，黄帝为传说的中国文化的始祖，战蚩尤，发明火药、指南针，垂衣裳而治，都有历史的线索，但《史记·封禅书》说他乘云气，登天而成仙，却是神仙家的传说。"颛顼得之，以处玄宫"，"颛顼"，即高阳氏，《史记》说他是黄帝之孙，《大戴礼·五帝德》："颛顼治气以教民。"《史记》也说他："治气以教化。""治气"即运用四时阴阳之气，而生养万物。此处"玄宫"，指玄天之宫，也为阴阳二气之所本。"禺强得之，立乎北极"，《山海经》谓禺强是北海神名，所以此处说他远处北极。"西王母得之，坐乎少广，莫知其始，莫知其终"，《西山经》："西王母，其状如人，豹尾虎齿，而善啸。"这也是人面兽身的神怪。因西王母穴居（《山海经·大荒西经》），所以"少广"即她所居的穴洞名。到了后来，西王母被美化，如《穆天子传》："吉日甲子，宾于西王母。乙丑，天子觞西王母于瑶池之上"，这便美化成西王母娘娘了。"莫知其始，莫知其终"，这是指她得道的永恒。"彭祖得之，上及有虞，下及五伯"，"有虞"即尧帝时，"五伯"即五霸时，相隔八百余年，即指他寿八百岁。"傅说得之，以相武丁，奄有天下，乘东维，骑箕尾，而比于列星"，傅说是商朝的宰相，武丁即商王高宗。传说傅说死后升天变成了星宿。"东维"，在东方箕斗星之间。"骑箕尾"即在箕星的尾上，今称尾星为傅说星。"比于列星"即和各星辰相排比也。以上这一段文字从狶韦氏开始都是以神怪为例，今之注家都以为掺杂了神仙家言，为后人所增添者。

四、从"南伯子葵问乎女偊"到"参蓼闻之疑始"

在这段故事的对话中，值得我们注意的是在"朝彻"和"见独"前面的外天下、外物和外生。这"外"字可解作"忘"，因为忘天下、忘物与忘生（忘我）也是庄子常用的词。天下、物与生都属于空间，所以可解作忘空间，因为空间具有形体，有相对性可以忘。至于古今是属于时间，可以忘，也不可忘。就忘的层面来说，我们也可说忘古今。但这里的古今已是被空间分割了的时间，已不属于时间本身，而是另一种空间，是变动性的空间，是钟表上可计算的空间。这种空间性的时间，我们当然可以把它当作空间来忘。至于另一种时间，是时间的本体，是无始无终的，这种时间也可看作永恒的常道。对于这个似道的时间，我们不说忘，而说化，即化入于道，化入于永恒的时间之流，这就是古今一体。佛学上也描写为不生不死的涅槃境界。这也是庄子所以要说的"入于死不生"了。

以下一段是写圣人入道的功夫。

"南伯子葵"，成玄英《疏》认为"葵"即"綦"字之误，"南伯子葵"，即《人间世》《齐物论》中的南伯子綦和南郭子綦。但这些人物都是庄子笔下所创造出来的人物，所以同与不同并无差别。"女偊"，有说是妇人名偊。这也是庄子笔下的人物，男女性别，并不重要。"卜梁倚"，卜梁为姓，倚为名，也为修道之士。"曰：'子之年长矣，而色若孺子，何也？'曰：'吾闻道矣。'南伯子葵曰：'道可得学邪？'曰：'恶！恶可！子非其人也。'"女偊的年纪很老，但形貌却像小孩一样，这是一种修养功夫的表现，所以当南伯子葵问到这一点时，女偊答说："吾闻道矣。"这句话有点儿问题，因为依据《知北游》："道不可闻，闻而非也。"那么女偊如何去闻道呢？南伯子葵抓住这点，便问："道可得学邪？"女偊知道南伯子葵问话的目的，便故意打了南伯子葵一棒，先说道不可学，再说南伯子葵不是学道之人。"夫卜梁倚有圣人之才而无圣人之道，我有圣人之道而无圣人之才，吾欲以教之，庶几其果为圣人乎！不然，以圣人之道告圣人之才，亦易矣！"卜梁倚不知何许人，这里只是借他来说明教人求道功夫的层次。本篇前面谈真人，论道，可是在这里突然转到了"圣人"和"圣人之道"上。这是因为真人不可求，而道也不可学，所以只好降下一层来谈圣人之道。在《庄子》中，真人、至人、神人，是同一层次的理想人物，而圣人则稍低一层次。所以此处讲教、讲学，便以圣人为喻。尤其女偊自称"闻道"，这已不是真人的境界，因为真人之于道，自然而然，绝不言有道。此处女偊之闻道，只能降落到圣人层面，而说："我有圣人之道。"这是指能懂得运用圣人应变的方法。至于"卜梁倚有圣人之才"，是指他具有学圣人之道的才智，女偊自称："我有圣人之道而无圣人之才"，一方面是女偊借无圣人之才，而不欲自称为圣人，另一方面也是表示学圣人之道的不易。所谓"以圣人之道告圣人之才，亦易矣"，照理说，女偊懂得圣人之道，卜梁倚有圣人之才，应该很容易传授，但这只是知识。要真能入道，却须有实际的功夫，所以下面便用不同修炼的时间来描写不同的功夫层次。"吾犹守而告之，参日而后能外天下"，"守"指密切注意，待时而告。"参日"，只是指一段时间。"外天下"，天下是指我以外的世界，这个世界离我较远，甚至可能成为一个抽象的存在。"外"就是把它放在一边，不和我发生关系。成玄英《疏》："外，遗忘也。天下疏远，所以易忘。""吾又守之，七日而后能外物"，"七日"也是指一段时间。"外物"，"物"与"天下"相较，便比较具体而接近我们。因为我们日常生活所见所需者都是"物"。要把物放在一边，便需有忘物的功夫，诚如庞蕴居士有诗："吾自无心于万物，无妨万物常围绕。""无心于万物"，就是"外物"的功夫。"吾又守之，九日而后能外生"，"九日"是一段更长的时间，因"九"是数之终。"外生"的生是指生命，这里具体地讲，是身体，也就是把自己的形体放在一边，而忘记了自己。"已外生矣，而后能朝彻"，"朝"是早晨，"彻"是透彻。陈寿昌《注》："平旦清明"，这是根据《孟子·告子》："其日夜之所息，平旦之气，其好恶与人相近也者几希。"这是写早晨清明之气，良知毕现，这是大家所共有的。在这里庄子的"朝彻"，也是指早晨的时候，欲念不生，清明毕露，这也即禅家所谓悟的境界。"朝彻，而后能见独"，"独"，宣颖《注》："独即一也"，这个"一"指绝对，如成玄英《疏》："绝待绝对，睹斯胜境，谓之见独。"不过此处为什么不用"一"，而用"独"，可见这个"独"比起"一"来另有深意。《大学》第六章："君子必慎其独也"，这个"独"是"独自"的意思。《老子》第二十五章："寂兮寥兮，独立不改，周行而不殆。"这里的"独"是指道的超越，不受外物的影响，即《德充符》所谓"审乎无假，而不与物迁"的意思。因此把这个"独"解作"真我"更符合庄子的思想，如《齐物论》的"丧其耦""吾丧我"，及"天地与我并生，而万物与我为一"的"真我"。如果用禅家的话，这就是见性的境界。"朝彻，而后能见独"，岂不正是顿悟而后见自性？反观前面女偊教卜梁倚的功夫，似乎从"参日"外天下，"七日"外物，到"九日"外生为止。而从"外生"之后的"朝彻""见独"却是女偊自述的"见道"后的境界，未必是卜梁倚真能达到的。因为"外天下""外物""外生"，犹可说是"圣人之道"。而到了"外生"之后的"朝彻""见

庄子新说

独",却是真正入道的功夫,是真人的境界了。"见独,而后能无古今","无"古今与前面的"外"天下、物、与生不同。因为"外"只是把它们放在一边,它们仍然存在,只是"忘"之罢了。可是"无"却是从根子上把它们否定了,甚至以为它们不存在。这便需要更深的功夫,所以要在"朝彻""见独"之后才能"无古今"。因为只有证见真我之后,由于真我的独存,才能亘古今而无古今。"无古今,而后能入于不死不生。""不死不生",虽然是无生死的意思,却不是消极的无,而是更高一层的境界。"不死"即生而不死,是永恒之生。"不生"并不是死,而是不落于生死的现象之中。所以"不死不生"乃是一种超越生死观念的境界。于是庄子接着说:"杀生者不死,生生者不生。""杀生"并非杀掉生命,而是去掉对生命之形骸的执着。后代的神仙家把这种思想转变到长生不老之术上而说:"杀机转作生机,所谓死者,生之根也"(魏伯阳《参同契阐幽》)。"生生"即生生不已。"不生"有两义,一是不以自生为生,即《老子》所谓"天之所以能长且久者,以其不自生,故能长生"(第七章)。一是指不为物所生,也就是不受物所限。这是说大化的生生不已,不以某一物,或某一片段的存在为生。这两句正是前面"不死不生"的注解,也就是道的生死一体的境界。

"其为物,无不将也,无不迎也;无不毁也,无不成也。其名为撄宁。撄宁也者,撄而后成者也。""其为物"是指道之为物,就是说道在现象界中与物相应相变的作用,也是写修道者如何来应付物变。"无不将",成玄英《疏》:"将,送也。"其实"将"有将就的意思,也就是说"道"和修道者无不与万物将就,即顺万物之自然。"无不迎"即对万物变化之降临，而无分别拣择之心。"无不毁"，万物都有形骸，形骸必会毁灭，所谓"与物相刃相靡，其行尽如驰，而莫之能止"（《齐物论》），因此任顺形体与万物同毁，而不必求形体之独存。"无不成"，万物无论大小、高低，各有它们的成就。所以只要把握自己真实的存在，便能在宇宙的变化中，与万物共存共成。"其名为撄宁。撄宁也者，撄而后成者也。"成玄英《疏》："撄，扰动也。宁，寂静也。""撄"有接的意思。即接于物，而在万物扰动中，保持心的宁静。这里的"撄宁"固然是整个"无不将、无不迎、无不毁、无不成"的结论，但"撄而后成"的"成"却也照应了"无不成"的"成"。前人注都把"成"解作"定"，如陆长庚注："扰扰之中而成大定。"其实"成"是万物的化成，这是道使万物的各有所成。

对于女偊的这段话，南伯子葵深感讶异而问："子独恶乎闻之？""独"字，王叔岷《注》："独犹乃也。"其实这段话不是普通人能听到的，所以这个"独"有单独的意思，指女偊单独地从那里听到这番有关道的深妙之言。"副墨之子"，"墨"是文墨，"副"指文墨乃记载语言，而非正本，"之子"指末节，所以这是指文字末节。"洛诵之孙"，陈寿昌《注》："洛，犹乐也，诵，成诵也"，指乐曲歌颂的末节。洛诵比起副墨来，较高一层，因为它是歌唱之乐，不像文字只是死板的记载。"瞻明"，"瞻"是见，"明"是彻，所以"瞻明"指见理清楚。"聂许"，陈寿昌《注》："附耳私语，听之而心许"，也即心的感应。这比起前者较深一层，因为"瞻明"，还只是一种知见，而"聂许"已是感应于心了。"需役"，"需"，等待或需求的意思。"役"是役使的意思。前人把"需役"解作修行，似嫌笼统。因这段文字都是就心的感应上的层层深入，所以这里指心的作用，是描写心的发动，有意于用物。这里的"役"，是役物，而不是为物所役。"于讴"，"于"音乌，是赞叹之词。"讴"是吟咏。这里的"于讴"与前面的"洛诵"不同。"洛诵"是外在的乐曲，而"于讴"却是内心的喜悦，是一种游心于和乐的表现。"玄冥"是指玄深幽寂，也即指心念的寂静。"参寥"，"参"是入。"寥"是虚空，即指心入虚空，旷达无垠之境。"疑始"，"疑"是疑似未定之意，"始"是开端。即是指似有未有，似无不无的境界。这个"疑"字在心上有两种作用。一是在幽深虚无中，因"疑"而不落于虚无。冥冥中似有物，虚寥中似有存。一是对外物的无穷变化，因"疑"而不着于形相，回光返照，实证自性之不与物迁。由这段话的层层上推来看，其间所用的都是一些象征性的术语，并没有一个具体的人物，也没有一个确定的观念，从发展轨迹来看，显然是由外界向内心，由有形到虚旷。最后"闻之疑始"，也就是最后的答案，说明不在于外，而是内在于己。

五、从"子祀、子舆"到"成然寐，蘧然觉"

这段故事写死生存亡是一体的，死后变什么虫肝鼠臂都不必计较，这也是庄子一贯的思想，安时而处顺，哀乐不能入。唯最后一句的"成然寐，蘧然觉"却颇值得玩味。这句话是指有病将死的子来的心有所成而睡着了，"蘧然觉"是惊醒后觉悟。这是一般传统的解释，但我们可把这两句话抽离出来，看看这个人间世，我们都在做梦，"成然寐"就是做得很起劲，甚至很满足，可是有一天梦醒了,蘧然惊觉,我不是我!在这段文字里,变虫肝,鼠臂,当然都是就不好的来说,也许变得更好呢?如黄粱梦醒,变成仙人呢?有一次我讲到庄子的蝴蝶梦,对台下的男女听众说,按庄子的比喻我们都在做梦,你们梦醒后,也许男的变成唐明皇,女的变成杨贵妃呢。所以"蘧然觉",让我们期待这一个惊奇的一觉吧!

"子祀、子舆、子犁、子来"这都是庄子笔下虚构的修道之士,不必深究他们的真实生平。"孰能以无为首,以生为脊,以死为尻,孰知死生存亡之一体者",就躯体来说,"首"是头,"脊"是脊骨,"尻"是脊骨尾端,也是脊骨的一部。那么"首"也是脊骨所承的一部分。可见这三部分都是头尾一体的。就生命来说,我们只说生死两义。生是我们形体的生命,死是生命的结束。可是这段话中"以无为首"却是就生命的开端,也就是本源来说的。所谓"以无为首",并非否定生命,而是以"无"来化解掉我们对这段形体生命的执着。我们普通人都爱恋这段形体的生命,而恐惧于生命的消失,总希望这段生命的无限延续。其实这段生命的开端处便是没有形体的生命,如庄子在《至乐》中对妻子的死亡鼓盆而歌,他的理由是:"察其始而本无生;非徒无生也而本无形;非徒无形也而本无气。杂乎芒芴之间,变而有气,气变而有形,形变而有生,今又变而之死,是相与为春、秋、冬、夏四时行也。"这段话正可作"以无为首"的注脚。既然生命的开端是从"无"而来,所以有这个生命是暂现,最后仍归于"无",这是很自然的。所以"死生存亡"是一体,这个一体是以"无"贯串的。

然后子舆突然有病,子祀去问病,子舆描述自己的病状与心情。"'伟哉！夫造物者将以予为此拘拘也！'曲偻发背，上有五管，颐隐于齐，肩高于顶，句赘指天。"这几句话是描写他的身体上的病态。可是他一开头便说"伟哉！夫造物者"，把这个病因推给造物者，一方面表现出他心态的旷达，一方面也呈显出这是自然的大化。"拘拘"是指身体的拘挛，萎缩。"曲偻发背"，是描写背部的弯曲，"偻"是伛偻之病。"上有五管"，五管指五脏血管。本来五脏正位于体内，现在身形弯曲，五脏血管都转弯，好像向上朝天一样。"颐隐于齐"，"齐"即"脐"字，因背弯而头低，所以脸颊好像隐藏于肚脐下。"肩高于顶"，因头低于脐，自然肩膀比头顶高。"句赘指天"，这句话可与《人间世》"会撮指天"对照，会撮指发会聚而成发髻，同样"句"即勾字，指勾发为髻。"赘"如"撮"，指发相聚。"阴阳之气有沴，其心闲而无事，跰𨇤而鉴于井，曰：'嗟乎！夫造物者又将以予为此拘拘也！'"这几句话写子舆旷达的心态。"阴阳之气有沴"，"沴"，《漢书·五行志》："气相伤谓之沴。沴犹临莅不和意也。"阴阳有两方面的意义：一是指外在的阴阳，即天地间阴阳气的变化；一是指阴阳之气进入身体中，而有阴阳交感的作用。这里的阴阳自是指后者，但前面指称造物者的所为，也是兼指自然变化之所为，使身体的阴阳交感有错乱，而产生了病变。"其心闲而无事"这句话是整段的重点，也是功夫语。因为这个"闲"字，不仅是道家的修养，也影响了禅家、儒家，以及中国文学，如"绝学无为闲道人"（永嘉玄觉《证道歌》）；"闲来无事不从容"（程明道诗）。这里的"心闲"，指心的逍遥自在，无牵无挂。不受物累，不为病困。"跰𨇤"，陈寿昌《注》："胼，并足貌。𨇤，斜行貌。"这是因病，脚不能前迈，只能双足相并，斜着身子而行。"嗟乎！夫造物者又将以予为此拘拘也！"这句话是感叹语，对于身体之有此病痛，不能不有此感叹。但感叹并非悲戚，并非怨恨，因为造物者是自然的大化，是无意而为此，是自然如此的。这句话中"又将以"三字有深意，说明了子舆在自然大化中有着不断的、不同的变化，此刻形体的佝偻只是一段小小的变形而已。

子祀因这句感叹，以为是子舆的怨言，因而问子舆是否厌恶，于是便引出了子舆对这种病变的看法。"亡，予何恶！浸假而化予之左臂以为鸡，予因以求时夜；浸假而化予之右臂以为弹，予因以求鸮炙；浸假而化予之尻以为轮，以神为马，予因而乘之，岂更驾哉！"这里子舆先描述身体是自然的变化，心只有顺其自然。"亡"是无的意思。"浸假"，"浸"是逐渐，"假"是假托，这两字是指自然逐渐地变化，而使万物的形体都有暂时的假托。譬如子舆在有此形躯之前，不知是什么物体，自然地逐渐变化，而有此形躯。子舆死后，又不知变成什么物体。所以此刻的躯体只是漫长变化中的一段假托而已。此处用"浸假"两字，并非只是假设而已，而是有悠长变化中的意义。"时夜"，是指在夜中待时，即公鸡的司夜而报晓。"弹"是弹弓，"鸮炙"即烤小鸟。这段话是说无论把我的左臂变作鸡，还是把右臂变作弹弓，把脊椎尾骨变作车轮，我都将顺其自然。是鸡，就司夜而报晓；是弹弓，就射小鸟而享受烤鸟的滋味；是车轮，就以我的精神为马来驾驶它。接着子舆又说："且夫得者，时也。失者，顺也。安时而处顺，哀乐不能入也。此古之所谓县解也，而不能自解者，物有结之，且夫物不胜天久矣，吾又何恶焉！"这段话与《养生主》的末段相同，都是写对于万物变化而顺其自然的心态。"得者"，是生之得，这是时间变化，使我有生，是一种假托。"失者"是生之失，这是生的归趋，是顺自然的发展。"安时而处顺"，这是功夫语。"安时"即安心于时的变迁，而无拣择。"处顺"即心顺物变，处之泰然。"哀乐不能入"，指哀乐的情绪不入此心。这句话颇值得推敲。在《德充符》中庄子与惠子曾讨论人的有情或无情的问题，庄子说无情乃是指不以情伤身。这也就是说人都有哀乐的情绪，但这情绪必须加以化解，使它们不致深入心中。譬如庄子妻死时，不能无哀，可是后来想通了，便把这种哀转化了。然而哀固然不使它入于心，为什么乐也不入于心呢？这里的哀乐是相对而言，因死而哀，因生而乐，这都是有所执，而不是彻悟的心境。庄子妻死时其鼓盆而歌，绝不是乐的表现，而是一种平静心境的呈显。"县解"，就是生死之结解开后的彻悟。人们之所以不能解开这个结，就是由于"为物所结"，受物变的左右，为物情所困苦。"物不胜天久矣"，物之所以不胜天，原因是物乃造物者的安排，造物者即天，天即自然，而自然乃万物变化之总称。所以物不胜天，即物不胜自然，也即物不胜它自己的变化。明于此，又哪有物结？物结也就不解而自解了。

"俄而子来有病"这段话是借子来有病，临死时，对生命的化解。"俄而子来有病，喘喘然将死，其妻子环而泣之。子犁往问之，曰：'叱！避！无怛化！'倚其户与之语曰：'伟哉！造化。又将奚以汝为？将奚以汝适？以汝为鼠肝乎？以汝为虫臂乎？'"先说子犁去探病。"叱、避"，是叫那些环子来而泣之的妻和子女避开。"无怛化"，是指死本是一种生之化，所以不必哭泣，而惊动了自然的变化。鼠肝与虫臂是指老鼠和昆虫身上的一部分，死后，归于万物的变化，因此变成鼠肝虫臂，或者其他任何一物，都不是我们能左右，也是自然而然的。子来回答说："父母于子，东西南北，唯命之从。阴阳于人，不翅于父母。彼近吾死而我不听，我则悍矣，彼何罪焉！"这段话先以父母与子女的关系为譬，子女遵从父母之命，不敢违背。何况阴阳之对于人，"不翅于父母"，王引之《注》："翅与啻同"，即无异于父母。"彼近吾死"，"近"即阴阳变化迫近，使我将死。"彼何罪焉"，"彼"指阴阳。阴阳变化是我自然之死，而非阴阳有意于如此，所以不该归咎于阴阳。"夫大块载我以形，劳我以生，佚我以老，息我以死。故善吾生者，乃所以善吾死也。"这段话与前文重出，意思一样，都是强调善尽吾生的自然。值得注意的是前后两处，对于大块的赋予都用"我"，对于善尽其生，都用"吾"，这是否正合《齐物论》开端之"吾丧我"之意，乃"真我"超脱了形躯之我。接着以大冶铸金为例，"镆铘"是古代的名剑，金在炉火中，一任大冶的铸炼，不能要求大冶一定把它铸成镆铘名剑。"以天地为大炉，以造化为大冶"，人在天地之间，也一任造化的运作，没有理由一直紧抓住这个人的形体不放。"成然寐，蘧然觉"，这两句话是子来说了前面一大段话之后的动作。"成"是心有所成，内有所得，"寐"是闭眼入睡。这是写子来讲了前面一段话后，安然地闭目。"蘧"，成玄英《疏》："惊喜之貌"，《释文》："有形之貌"，按《齐物论》末段，庄周梦醒时，有"蘧蘧然周也"一语，是指苏醒而发觉自己的存在。所以"蘧然觉"是描写子来又睁开眼对自己有所觉。这个"觉"，就形体上说虽是醒觉，但就精神上说却是一种觉悟。陈寿昌《注》得好:"轻视死生者,必别有不生不死者在也",子来的"成"与"觉",即悟此不生不死者。

六、从"子桑户、孟子反"到"天之小人也"

这段话把三个隐士和孔子、颜回放在一起讨论,前者游方之外,即"游乎天地之一气",把自己视为万物中的一物,随着自然而变化。"假于异物,托于同体",即把万物当作自己的身体一样。后者,孔子和颜回游方之内,以政道礼法为依归。可是当子贡问,"敢问其方"时,孔子回答,"鱼相造乎水,人相造乎道。相造乎水者,穿池而养给;相造乎道者,无事而生定。故曰:鱼相忘乎江湖;人相忘乎道术。"这几句话孔子说得很小心,而含有深意。他先就鱼儿来说,鱼必须活在水中,而且需要水里面的食物。"穿池"即供水;"养给"即有食物。这已象征了国家社会的礼法,及人民的生活所需;至于人是相处于道术之中,道是人道,术是求道的方法。"无事"可解作相安无事,"生定"也可解作国泰民安。达到这境地,才能忘,忘江湖,忘道术。所以孔子的游方之内,是必须做很多工作的。至于那三位隐士则一步登天。就这段故事,庄子的表达来说,是在描述这些隐士,即畸人的"侔于天",但庄子也说过"天人不相胜",孔子的话也值得我们深思。

"子桑户、孟子反、子琴张",这三人也是庄子笔下的人物,生平不详,庄子只是借他们来引出以下的一大段故事。"孰能相与于无相与,相为于无相为","相与"即朋友间的相互交往,"无相与"即没有相互交往的目的。"相为"指朋友间的相互为善,"无相为"即没有相互为善的形迹。"登天游雾,挠挑无极","登天游雾",是写心境的超脱世俗,而与天地精神往来。"挠挑","挠"是挠转,"挑"是挑动,"挠挑无极"即转动于无穷极的宇宙中。"相忘以生,无所终穷","相忘"是忘形躯,忘名相,忘彼此,甚至忘生死。"以生"是真正游心于大化的生命中。由于这个大化的生命是万物的相化以生,所以是"无所终穷"的。

"莫然有间"这一段,是写子桑户死后,孔子遣子贡去问吊的故事。"莫然有间","莫然"即"漠然",指寂寞无言。"有间"即有一段时间。"待事",即孔子遣子贡去帮助丧葬。"编曲",即编写歌曲,"鼓琴",即弹琴。"嗟来",即嗟乎。"来"是语助词。"而已反其真,而我犹为人猗",指子桑户虽死,却返回到自然大化的不死不生的真实生命,而孟子反与子琴张还拘束在人的躯壳中,受生死的限制。"敢问临尸而歌,礼乎?"这是子贡就儒家的礼制来看的。"是恶知礼意",这是孟子反、子琴张两人就他们自己所了解的礼意来说的。儒家的礼制是承自周公的制礼。其中丧礼最为重要,因为生死是一大事,他们把生死限定在躯体的存在上,所以有三年之丧的规定,以表子女哀思之情。可是道家的思想不以世间的物事为念,不以躯体的生命为限,因此自然不受礼制的约束。那么此处说"礼意",是否他们也有真正礼的本意?当然有的,他们的编曲、鼓琴,就是他们表达对亡友的追思。在"而已反其真,而我犹为人猗"的歌声中,更诉说了无尽的追慕怀念之情,这自非一般哭泣所能表达的。子贡只执着于传统的礼制,不了解他们的真情,而批评他们"修行无有",即没有道德修持。"外其形骸"即不拘形骸。"颜色不变"即表情没有变得哀伤。

接着是孔子的回答,事实上,是庄子假托孔子描述道家的这种修养境界。"彼,游方之外者也;而丘,游方之内者也。外内不相及,而丘使女往吊之,丘则陋矣。""方"是指四方,即世间,"游方之外",即游于世间之外,以宇宙为范围,"游方之内",即指游于世间之内,以人间为对象。所谓"内外不相及",即这两方面互不相关。"彼方且与造物者为人,而游乎天地之一气",一般来说,造物主都是指创造主,或上帝,但在庄子笔下,造物主只是天地造化,没有神格的意义,这里的与造物者为人,就是把造物主拉下来,与人一齐看待,即前文所谓"天人不相胜",也即《天下》所谓"与天地精神往来"。"天地之一气",指天地与万物都是一气的转化。"游乎天地之一气"就是把自己的生命看作天地间万物转化的生命一样。生生死死,也无所谓生,无所谓死。因为自己的生命在此刻的形躯上是短暂的一部分,却也是大化运转中的一部分,所以就大化来看,自己好像在做无限的漫游。"彼以生为附赘县疣,以死为决疣溃痈,夫若然者,又恶知死生先后之所在!"在这一段宇宙大化的漫长悠游中,形躯的生命好像只是生出来的多余的肉块,或颈间悬下的一个肉瘤而已。那么形躯的死亡,不正是像破决了这个肉瘤,溃烂了那些污积的血块吗?一般来说,总以为生是开端,死是结束。生是先,死是后,因此把死当作结尾。但如果我们把死看作"决疣溃痈",岂不是"死"又变成了新生,反而成为死是先、生是后了。事实上,躯体死亡之后,就自然大化来说,又转化成另一种生,如《易经·系辞》所谓的"生生之谓易"。"假于异物,托于同体",正是指在这种自然的大化中,我们与万物同化,是假托万物个别不同的形体,在各种物体的转化中,每一物体都是自己。譬如现在我们是人的

大宗师第六

形体，这是我们假托于人的形体，等到我们死了之后，变成其他物体，我们也就假托于其他的物体了。所以"托于同体"就是指万物都是同一的体性，即《齐物论》的"万物与我为一"。"忘其肝胆，遗其耳目"，这时候，不执着自己为人的形体，当然能忘掉自己的肝胆，舍弃自己的耳目。肝胆是自己形躯的存在，耳目是自己对外的感觉。"反覆终始，不知端倪"，始终是指生死，因为一般都指生是始、死是终，但在自然的大化中，生死、死生本是互相转化循环的，所以说"反覆终始"，即反过来说，也是终始死生。"端倪"即开端和边际。也就是不知什么是始，什么是终。从哪里发端是生，到何处为止是死。"芒然彷徨乎尘垢之外，逍遥乎无为之业"，"芒然"是一望无际，"彷徨"，《释文》"犹翱翔也"，"尘垢"即俗世。"逍遥"，指适性而游。"无为之业"，"业"即事业之业，指无为之事。这两句话，前一句是超拔到形而上的境界，后一句则是回到现象界，与世俗相处，但与俗人不同的，是他能处无为之事，所以才能逍遥而游。"彼又恶能愦愦然为世俗之礼，以观众人之耳目哉？""愦愦然"，指心乱，也即心受拘束的样子。"观众人之耳目"，即做给别人观看。因以庄子的思想来说，世俗的礼法，都是对性情的一种约束，都是把自己寄托于别人的标准里与评价中。

接着子贡再问孔子说："然则夫子何方之依？""依"即归向的意思。因为子贡明知孔子是方内的，所以问孔子究竟以何方为最后归向。孔子回答："丘，天之戮民也。虽然，吾与汝共之。""天之戮民"是对照《德充符》"天刑之，安可解"来说的。这也是孔子的自谦，认为自己心结太深，就同天的刑罚，无法县解，所以只知游方之内。但也深知人的终极,必须游方之外,因此愿和子贡一起以游方之外为归向,希望由游方之内而走向游方之外。子贡又问:"敢问其方",这里的"方",是由方内通向方外之路。事实上,是身在方内,而仍能有方外之游。孔子回答:"鱼相造乎水,人相造乎道。相造乎水者,穿池而养给;相造乎道者,无事而生定。故曰:鱼相忘乎江湖,人相忘乎道术。""造",成玄英《疏》:"造,诣也。"陈寿昌《注》:"造,生也。"把两解合起来,这个"造"字似可解为"成",因为"诣"是达成,"生"也是生成。"鱼相造乎水",即指鱼在水中,成就其为鱼,"人相造乎道"指人在道中,成就其为人。"穿池而养给","穿"是挖掘,即挖成池水,足以养活鱼儿。就这句话来看,"穿池"也离不了人工,只是鱼儿有水则活,不做他求。"无事而生定",就这句话来看,也不一定做方外之游,因为"无事"即"无为之事","生定"即内心不乱。所以虽处方内,仍然可借"无为""生定",使心不乱,而有方外之游。"道术"有二解:一即是指的大道;一是指的道和术,也就是成道之术。后者正可以看作虽身处方内,仍然可以有道术使我们能做逍遥之游。子贡仍然不解而追问:"敢问畸人。""畸"即奇异,指不合礼法的奇异独特之人。子贡这一问是回到前面指那两位他所谓"修行无有之人",前面子贡曾问孔子,他们是什么样的人,孔子回答是游于方外之人。而此处子贡的问话,乃是既然人"相忘乎道术",仍然可以游方之内,无所而不自在,为什么他们表现得那么奇异独特呢?于是孔子回答:"畸人者,畸于人而侔于天。""侔"是比,或合的意思,即是说畸人是异于世俗的礼法,而合于天道的自然。接着孔子又说:"故曰:天之小人，人之君子；人之君子，天之小人也。"王先谦《注》说："疑复语无义，当作'天之君子，人之小人'。"钱穆也赞成此说，而引成玄英《疏》："子反、琴张不偶于俗，乃曰畸人，实天之君子也。"当然把前两句改作"天之君子，人之小人"，表面上好像避免了重复，文意似乎较通。其实不然，因为"君子"两字本为世俗的称呼，指"天之君子"，实不合乎"天"道之自然。就天道来说，根本无"君子"的称呼，所以庄子不用"天之君子"一语。那么如果不改，庄子这几句话，是否重复而无义，我们如果细体行文的用意，仍然有境界的不同。先说："天之小人，人之君子"，这两句话是就"天"来说的，这里的"小人"并没有道德价值的判断，而是指人在天道大化中只是一个变化的角色而已，人的生死也只是大化中的一小段，那么人生活在其中的人间世，也只是一个小范围而已。所以就天来说，人本来就是小，而说"天之小人"。至于"人之君子"，乃是指在这局部的人，或人间世中，却有"君子"的称呼，所以"君子"乃是"天之小人"中做得较好的人而已。可见前面这两句话乃是就天来看人。接着"人之君子，天之小人"，乃是就人来推论，即使我们在人间世做到了君子，但仍然是天道自然中的"小人"的一部分而已，并不值得沾沾自喜，而自以为美。最后就这几句话来看，孔子也并没有直接对畸人加以评论，只是要子贡打破世俗的樊篱，把眼光放远一点儿，把心量放宽一点儿而已。

七、从"颜回问仲尼"到"乃入于寥天一"

这段故事的要点在最后的"安排而去化"一句话。这句话的文字意思是安于自然的排定，而入于大化的流行。但我们要小心，不能把这句话误读为安于命运的排定而跟着它去变化。首先我们要看故事的内容是讲孟孙才的母亲死了，他的哭泣无涕好像不符合孝道而引出庄子借孔子的话，"若化为物，以待其所不知之化而已乎！""且彼有骇形而无损心，有旦宅而无情死。"可是这里的"化"是指死后的物化。我们死后变虫肝鼠臂也好，变毛嫱西施也好，都不是我们能决定的，因此只有安于天的自然的安排了。所以这里的"安排而去化"是对物化来讲的。至于今天我们讲"转化"是有生时的功夫修养，是可以操之在我的，如《逍遥游》中的鲲化为鹏，它的水击三千里，扶摇而上九万里，所以庄子说，"且夫水之积也不厚，则其负大舟也无力"，"风之积也不厚，则其负大翼也无力"，就是说转化是要有深厚的功夫和智慧的。所以在这里我们要分清"转化"和"物化"的不同，不要误"转化"为"物化"。

关于"物化"和"转化"的不同，我们再解析如下：

1. "物化"以物为本位，是把人看作万物之一；"转化"以人为本位，是由人来操作的。

2. "物化"是平面的发展；"转化"是向上的提升。

3. "物化"是不需任何努力的；"转化"是靠修养和智慧的。

4. "物化"只是顺其自然；"转化"是一种功夫。

5. "物化"是不知将来的变化，即不可预测的；"转化"是可以把握，即可以预期为真人、至人，甚至神人的。

6. 庄子说"物化"是为了"转化"；庄子真正的主旨是为了"转化"。

这一段，庄子再次假托颜回与孔子的对话，借丧礼来谈生死与大化的关系。"孟孙才",据《释文》:"李云:三桓后,才其名也。"虽然真有其人,但"哭泣无涕,中心不戚,居丧不哀。无是三者,以善丧盖鲁国",在丧礼特别重视的当时,孟孙才以这三点脱离丧礼的规范,而能在鲁国以善丧为名,恐怕只是庄子的文学的手法,所以颜回怀疑说:"固有无其实而得其名者乎?回一怪之。""一",陈寿昌解作"常",即今所谓"一直"的意思。孔子回答:"夫孟孙氏尽之矣,进于知矣,唯简之而不得,夫已有所简矣。""尽之",是指尽丧礼之实,并非颜回所指"无其实"。"进于知",是指超过丧礼之知。因为一般对丧礼之知,都是从制度上认知,如三年之丧,都是从表面上判断,如哭泣不已,心中悲戚,居丧尽哀等。超乎知,就是超乎一般丧礼的规范。"简之而不得",这是就一般丧礼之知来说,不能有所省略,据陈寿昌《注》:"简者,略于事也",即对于丧礼的制度有所省略,这在古代的社会中,是要遭受舆论的批评,甚至背上不孝的罪名。可是孔子却说孟孙才"已有所简矣"。这是指他在一般丧礼的仪式上虽然仍然依照礼制,但前面三点"无涕""不戚"和"不哀",却已是"有所简"了。但这个所简不是表面的忽略,不是有意的破坏,而是有更深一层的了解,所以"进于知",也是在"知"的层次上,有更高层次的提升。

接着,孔子借题发挥,从孟孙才的"有所简",而谈到生死的大化。"孟孙氏不知所以生,不知所以死;不知就先,不知就后;若化为物,以待其所不知之化已乎!"这里指孟孙氏,不一定是孟孙才的境界,这里借孔子的话,其实是庄子的思想。"不知所以生,不知所以死",所以生,所以死,乃指为什么生,为什么死，也即不知天何以安排我生，何以安排我死。既然不知"所以"，因此也就不知生与死，孰重孰轻、孰先孰后，所以"不知就先，不知就后"，"就先"即是以为好，而先趋之，"就后"即是以为不好，而迟迟地不想走。"若化为物"，即把自己化为万物中的一物。"以待其所不知之化已乎"，即万物迁流变化，自己也在变化之中。现在虽然有此身的存在，却迟早会化为他物，可是又不知他化为何物，所以好像在等待着变化成不知之物。不仅对未来自己变成何物而不知，就是对目前的变化也有所不知。因此接着说："且方将化，恶知不化哉？方将不化，恶知已化哉？""方将化"，指我们面临形化，也即老死的变，可是又哪里知道真心不与形体同化。"方将不化"，指此身仍在，似乎没有变化，可是又哪里知道我们的形体已在大化中逐渐地变化了。"吾特与汝，其梦未始觉者邪！""汝"，指颜回。由于前面所谓的"不知"，所以我们在变化中，就像在梦中，而不知自己在做梦，也就是不知自己在变化中。等我们觉醒之后，才发现我们正在变化中。可是我们毕竟尚在梦中，所以未能认清变化的真实。"且彼有骇形而无损心，有旦宅而无情死。""彼"是指孟孙才。"骇形"，"骇"，有惊和动的意思，是指形体的变化，也许使人惊惧。但"无损心"，指心不与形化，也即形体的变动，不能使心有所亏损。"且宅"，前人有种种不同的注解，把"旦"变作"怛"，把"宅"变作"性"等，其实"旦"，指"平旦"，即一朝一旦之意，"旦宅"，指形体如我们的住宅，只有一朝一旦之用，而不是永恒的归宿。"无情死"，"情"字作实解，指身体虽是旦宅，有死亡之日，但在大化之中，却没有真实的死亡，都是生生不已的变化。又"情"字，也指孟孙才之情，即真情，真心，也即指真心不死。

最后，借孟孙才的另一面顺乎世俗的情理，写如何在不知大化的变动中以自处。"孟孙氏特觉，人哭亦哭，是自其所以乃。且也相与吾之耳矣"，前面写孟孙才的哭泣无涕，并不是说他没有哭泣，而是指他没有流涕。哭泣是指对逝者的哀思，而流涕却是伤情的表现。这也是指孟孙才虽然对逝者表示难过，但他了解生死不能以躯体的存亡来论，因此不以为逝者就是永远地断灭、腐朽，所以他不至于伤情地涕流满面。他了解"人哭亦哭"，虽是世俗的，但也是自然的。"是自其所以乃"，"自"是自然，"乃"是如此，即是指自然地会如此"人哭亦哭"。"且也相与吾之耳矣"，"且也"是指既然如此的意思，"相与吾之耳"，"相与"是指"人哭亦哭"的人相同，"吾之"的吾是指主体的我，"之"指"所以如此"，这是指"人哭亦哭"，乃是由于共同的这个"吾"使之如此。由于"吾"的执着，以逝者为"吾"的亲友，逝者离"吾"而去，所以"吾"为之而哭，"吾"不得不哭，这都是一个"吾"在作祟。"庸讵知吾所谓吾之乎？"接着，深一层地探索，究竟这个"吾之"的"吾"又是指什么呢？那个"人哭亦哭"的究竟是什么样的"吾"？"且汝梦为鸟而厉乎天，梦为鱼而没于渊。不识今之言者，其觉者乎，其梦者乎？""厉"，王先谦《注》："厉，戾同声通用，至也。"在我们做梦的时候，梦中为鸟，便在空中高飞；梦中为鱼，便在深渊中潜游。可是觉醒之后，却以为是"吾"，现在讲话的这个"吾"，究竟是从鸟梦、鱼梦中觉醒的呢？还是在梦中变鸟、变鱼，又变为这个"人"呢！由这个梦，使我们想到在大化中，万物递相变化，在他们变鸟时，自以为鸟，而以"鸟"为"吾"，变鱼时，以前面的鸟为梦，而以鱼为觉，为"吾"，及至变到人时，又以鱼为梦，以人为觉，为"吾"。这一连串的鸟、鱼、人都相与为"吾"，而谁又是真正的"吾"呢？在这样一个到处有"吾"，却又不知"真吾"的情境中，我们又何以自处呢？接着，便是本段的结语。"造适不及笑，献笑不及排。""造"是有意去营造，"适"是适意。"造适"，即有心去求适意。"笑"，即行为上的开怀而笑。这句话是指有心求适，即在意念上求，不如自然的笑。"献笑"与上面的笑不同，"献"如献策而求，也是有意去求笑，"安排"的排是大化的安排，这就是说有意求笑，还不如大化的安排。"安排而去化，乃入于寥天一"，"去"，就是入，和顺的意思，就是安于大自然的排定，顺着大化的变动。"寥"是虚旷无边之意，"寥天"是指无边无穷的大自然，同时，这个"寥"字也点出了这个"天"不是有意的，不做万物的主宰，高高在上，操纵万物的变化。"一"即万物与我为一的"一"。当我们"安排去化"时，我们便不执着于现在的此身，更无所希求将来变成何物，这样便能以万物为"吾"，与大化为"吾"，也就与万物为"一"，大化为"一"了。

八、从"意而子见许由"到"此所游已"

这段故事的主旨在讨论仁义。一般来说仁是施爱百姓；义是明辨是非。而一般人讲仁义又都是囿于自己的观念形式。所以孔子周游列国，向那些君王讲仁义时，他们都以为自己已做到了仁义。就像《庄子·盗跖》中那个江洋大盗，自以为在行仁义，反而笑孔子的讲仁义是虚伪的，惹得辛弃疾在词中说："设跖行仁义孔丘非，更殇乐残年老彭悲，定谁同异？"所以庄子在本段中打破了一般观念上的仁义是非之见,而说,"斋万物而不为义,泽及万世而不为仁。"这话有两个要点:一是实际上"斋万物","泽及万世";一是"不为义","不为仁"。也就是不要被道德仁义之名框住,这也即《逍遥游》讲的"圣人无名",所以最后说"此所游已"。

这段借意而子与许由的对话,来表达如何超脱仁义是非的樊篱,以参天地之大化。意而子不知何许人,但许由问他:"尧何以资汝?""资"即助益的意思,可见意而子是躬服尧舜之道的贤士之流。意而子回答:"尧谓我:'汝必躬服仁义而明言是非。'""躬服仁义"即修身以仁义,"明言是非",即明辨是非。许由回答:"而奚来为轵?夫尧既已黥汝以仁义,而劓汝以是非矣,汝将何以游夫遥荡恣睢转徙之涂乎?""奚来为"即为何来,"轵",为语助词。"黥"与"劓",为古代刺额及削鼻的刑罚。这是指尧用仁义是非等世俗的道德观念来束缚你,就像这种刺额削鼻的刑罚,使人受制,而无法逍遥。"遥荡","遥"是远游,"荡"是无羁,"遥荡"即逍遥无羁。"恣睢","恣"是放恣,"睢"是怒目而视,"恣睢"本为负面意思,指纵目而视,旁若无人,此处解作纵任无拘。"转"是运转,"徙"是变迁,"转徙"即指与物宛转变化。"涂"即"途"字。整句就是指如何能在无羁无绊、任情任意的大化中逍遥而游。意而子回答:"虽然,吾愿游于其藩。""藩"即藩篱。意思是虽不能畅游其中,但也希望能在篱边徘徊。许由却回答:"不然,夫盲者无以与乎眉目颜色之好,瞽者无以与乎青黄黼黻之观。""无以与"即不能有的意思,"黼黻",按《周礼·冬官考工记》:"白与黑谓之黼,黑与青谓之黻。"即白、黑、青相杂的颜色,又,"黼黻"也为祭祀之衣服。这几句话说得很重,认为被仁义是非蒙住了眼耳,便不能欣赏万物大化的真相。

接着,意而子反驳道:"夫无庄之失其美,据梁之失其力,黄帝之亡其知,皆在炉捶之间耳。庸讵知夫造物者之不息我黥而补我劓,使我乘成以随先生邪?"无庄、据梁两人前无所考,可能为庄子的寓托。无庄是美人,据梁有勇力,黄帝有睿智,可是他们闻道时,都自觉渺小,而不以为自己美,自己有力,自己有知。"炉捶"指锻炼的炉鼎,这里指大道或宇宙是我们的"炉捶"。所以能把被仁义是非所黥劓的地方修补过来。"使我乘成以随先生邪?""乘成"的"成"有两义:一是指前面被刺被削的地方修补完成,还我以原来的面目;一是指"成心"即现成的真心。"随先生邪",在这段对话中,先生指的是许由,然而许由在《庄子》中却并非至高境界的人物,如圣人、真人。所以这里只是意而子谦称跟随许由一起去求道。许由回答:"噫!未可知也。我为汝言其大略。吾师乎!吾师乎!齑万物而不为义,泽及万世而不为仁,长于上古而不为老,覆载天地,刻雕众形而不为巧。此所游已。"许由也自知他的无知,所以说未可知也,只能言其大略。这"未可知也"一句有两种意思:一是指意而子是否能修补完整,乘成以游,实不可知。一是指道的不可知,所以许由也不敢说知道。同时这句话,也为下面所谓"言其大略"做了声明,以免误执以为道。"吾师乎",这里点出了本篇题名"大宗师"的"师"。即是指的"道"。"齑万物而不为义",这句话在《天运》中有"齑万物而不为戾",许多注都因容易解通,而把此处之"义"改作"戾"。其实本段前文已提到仁义,此处还是就原文为佳。"齑"字有多义:一为细切,如《楚辞·九章》:"惩于羹者而吹齑兮",

洪注"凡醯酱所和，细切为齑"。二为和，如《庄子·知北游》："故以是非相齑也。"郭象《注》"和也。"三为乱，《庄子·列御寇》："而齑其所患"，《释文》"乱也"。四为碎，《大宗师》："齑万物而不为义"，《释文》作"碎也"。综合以上各义，陈寿昌《注》："齑，碎而调和之意。"按以上四义，有三处见于《庄子》，而是就《庄子》原文做不同的解释，只有第一义出自《楚辞》，似乎就"齑"的原义为解。现在我们就以原义"细切"来分析，本来道通万物而为一，所以就道的本体来说，万物是一体不可分的。可是就现象来说，万物又是千差万别，各各不同。然而这各各不同，仍然在道之中。就像大化虽然是一化，可是个别的物体仍然有它们自己不同的变化。所以道在现象界仍然有万物差别的殊相，这就像道把万物切成细细的片。但这细细的片物体不是真正的碎，不是乱，也不是和，而是各物本身都有其殊才，都发展了它们自己的殊能，所谓山高水低，各有其宜，而"义"者宜也。这各有其宜，就是一般所谓的义。但道使各物皆有所宜，并非止于各物的本身，而是这各有所宜，又共同的体现了道通为一的大化，所以道虽然细分万物使各有所宜，也不是一般的"义"可比。"泽及万世而不为仁"，这里的"仁"，当然是指儒家，或一般人所谓的"仁"，是仁爱、仁恩、仁德之意。道的大化是使万物生生不已，而且对万物一视同仁，并没有偏爱，也没有私心，正是《老子》所谓"天地不仁，以万物为刍狗"（第五章），所以道超越了一般所谓的"仁"德。"长于上古而不为老"，一般说的"老"，最多百年，所谓百年寿之大齐。道先天地，自古以固存，当然不以一般人所谓的"老"为老，其实道是无始无终，不能以时间的长短来衡量，我们以上古为古老，在道来说，那只是一瞬而已。"覆载天地，刻雕众形而不为巧"，"道先天地"，而又是天地形成及作用的原则，所以能覆载天地。道"䪼万物"即"刻雕众形"，赋予万物以各种不同的形相，使每一片树叶都是不相同的。这种"巧妙"，却不是用人间的技巧所可以称赞的。相反的《老子》说："大成若缺""大巧若拙"（第四十五章），道成就万物，却似乎美中不足，这是因为道并没有把万物制造得十全十美，如果十全十美的话万物就定了形，反而不能变，所以道是给予万物以生生之理，以及显现自体的潜能，这样万物才能蓬勃地发展，各呈其趣。所以道之"缺"，是在为万物预留发展的空间。在人间的技巧看起来，还以为是"拙"呢！其实道之大巧，在于它无巧，一任自然，所以说"不为巧"。"此所游"，这是说游于大道，就要学道一样，"不为义""不为仁""不为老""不为巧"。虽然许由说意而子是否能游于樊篱，实不可知，但许由自己是否能有这样境界的游，甚至也在樊篱之外，套句他的话，也是"未可知也"。事实上，在这里千万小心，所谓"不为义""不为仁""不为老""不为巧"只是一种表现，而且是从反面来说的，道的真功夫乃在"䪼万物""泽及万世""长于上古""覆载天地，刻雕众形"，没有这种真功德，又如何能真正做到"不为义""不为仁""不为老""不为巧"？可见能真正做此大道之游，还须有大鹏的真积力的功夫不可呢！

九、从"颜回曰"到"丘也请从而后也"

这一段借颜回和孔子的对话，讲"坐忘"。当然这只是庄子以此为寄托而论道，孔子和颜回是绝对不会讨论"坐忘"的。"坐忘"有点儿像今天我们常讲的打坐或静坐。打坐除了特殊宗教上的情形,如道教的吐纳,佛教的止观,或禅宗的禅坐之外,一般都只求有益健康,或内心安静。但本段所说的却是庄子思想的两个要点:即忘和化。"离形去知"是忘;"同于大通"是化。这里的"大通"是指道的无所不通。而"化"显然不是物化,而是心灵提升到最高处化于道的神化。庄子开玩笑说,孔子看到这境界,也谦虚地说,要跟颜回学习了。

本段首先写颜回的先忘仁义,接着过了一段时日,又忘礼乐。最后又过了一段时日,才达到坐忘的境界。前人对于颜回先忘仁义,再忘礼乐,颇有怀疑,如刘文典、王叔岷都根据《老子》中"失仁而后义,失义而后礼"(第三十八章)及《淮南子·本经》中"知仁义,然后知礼乐之不足修也",而把此处仁义和礼乐的先后倒过来,先忘礼乐,再忘仁义。其实《老子》和《淮南子》的话有它们推论的层次和议论的对象,《庄子》这里的故事,并不一定需要和《老子》《淮南子》的说法相同,更何况庄子又不是考据家,要看看前人的《老子》说什么,后代的《淮南子》怎么说。如果刘王二氏都以为把仁义放在礼乐之前,是"非道家之旨",那么此处是颜回的功夫,本非道家之旨。其实就这段话来说,仁义是道德观念,比较抽象,所以容易去忘,而礼乐却是具体生活上的实行,所以比较切近实际,而须多做功夫去忘。至于"坐忘"是忘掉自我,更为切身,所以放在最后,才能忘掉。这也是很浅近的推论,哪会有失道家之旨那么的严重。本段真正的重点在"坐忘"。连孔子都有所不知,试看颜回如何说:"堕肢体,黜聪明,离形去知,同于大通,此谓坐忘。"成玄英《疏》:"堕,毁废也。黜,退除也。""堕肢体"是忘掉形体的我,是离形。"黜聪明"是忘掉意识的我,是去知。最后,"同于大通"是"坐忘"的最紧要处,因为坐忘只是忘了形和知的我,便易流于顽空死寂。"大通"指的是大道,但不言大道而言大通者,是因为此处特别功夫在一个"通"字,因为离形去知之后,我们的心才不受形累,不为知困,而能由内向外,通畅无阻。就大化来说,道通为一,万物本是相通的。而"坐忘"之后,摆脱了形知,这个我,才能与万物为一,所以这种境界就是大通。孔子接着说:"同则无好也,化则无常也。""同"就是因为能"通",才能与万物相同,而无个人执着的私好私心。能与万物相通,则能与万物同化,而无个人不变的常躯。在这句"化则无常"中,"化"与"常"相对,这两个字都是庄子思想中的重要术语,前面,我们曾一再提及这两个字,但都是就功夫和本体来说的,如"化"是化于道,"常"是常心。可是这里说"无常",却把"常"当作负面的意思,如固定、执着、不化等。庄子的用语,这也是中国文字的特色,就是在运用上,都可以有正面和负面的意思。譬如"化"字,形化指形体的变化,也就是形体的消损以至于死亡,当然是负面的意思。而大化却是指大自然的变化,无所谓生死,显然是庄子歌颂的境界。但"形化"虽然是负面的,如果我们的心不随形化而亡,相反的能"心化",去化解形化,使形化又成为大化的一体,不以形化为不好,这便是"化"的功夫。再就"常"来说,这里"无常"的常,是指固定、不变,也指前文执肢体、聪明而以为我的常,当然这是负面意义的常。在《德充符》中有"以其心得其常心"的常,我们在该注中,曾就《庄子》书中许多"常"字,都作真常解,所以常心即真心、真性，显然是庄子追求的最高境界。再进一步来看，《德充符》解"常心"的作用是"不与物迁"，就"不与物迁"来说，也会有正负的两面意义，全看我们如何运用，《德充符》的意思是我们把握常心，使心超脱形躯，使心不与物迁，这当然是正面的意思。相反的，如果我们的心执着于形躯，而念念以自己的形躯为常，以致不肯与万物同迁，这便是执着形躯之常，而不能心化，也就不能进入大化。庄子的思想，就是要如何转负面为正面，而化的工夫，就是在化与不化、常与无常之间使精神生命向上提升。

十、从"子舆与子桑友"到"命也夫"

在本篇的结尾，以子舆和子桑的故事，借这个"命"字来表达《大宗师》的主旨，子舆和子桑都是假托的人物。这段故事的要点只有一个字，就是"命"。值得我们注意的是子桑贫病至极，最后反而唱歌说，不是父母要我贫病，也不是天地使我贫病，而我之所以贫病至此，是我的命。子桑说了这些话，他的心情是否开解了？我们认为是的，因为他这时，不能怨父母，不能尤天地，正如他自己说，"求其为之者而不得也"，也就是说有其他的人物使他贫病。其实他没有接着再唱一句是他自己使他贫病？当然他爱自己，也不可能使自己贫病。那么这个命也不是自己为之，因此命也非已有，只是自然的变化如此而已。如果我们把这个命运当作自然，也就只有认命而安命了。

"霖雨"，《释文》："霖，本作淋。"《左传》云："雨三日以往为霖"，即阴雨绵绵。子舆恐怕子桑因雨不能工作而卧病在床，便带了饭团去见他，在门口听到子桑的歌声似哭地唱着："父邪！

母邪！天乎！人乎！"好像在哀怨地呼喊父母，天人。"有不任其声而趋举其诗焉"，"任"是胜任。指他因饥饿气衰，声音无力。"趋"，《说文》"疾也"，即急促，指歌声听上去声嘶力竭。子舆问他为什么歌唱如此？他回答说："吾思夫使我至此极者而弗得也。父母岂欲吾贫哉？天无私覆，地无私载，天地岂私贫我哉？求其为之者而不得也。然而至此极者，命也夫！"这段话常被后人看成庄子的宿命论，就是子桑把他的贫穷推给一个"命"字。就这段话来看，他先追究贫穷的原因，人是父母生的，可是父母私爱子女，当然不会让子女贫穷。再说人是天地中的一物，也是天地所孕育的，可是"天无私覆，地无私载"，也就是说天地没有自己的存在，以万物的存在为存在，所以任何一物都是天地之一体，天地哪里还有私心去私覆私载？当然子桑的贫穷与天地无关。"求其为之者而不得也。然而至此极者，命也夫！""极"即指如此贫穷之极。子桑从"父邪！母邪！天乎！人乎"去推论，父母和天都不是使他贫穷的原因，于是追究到最后只有"人"了，这个"人"就是子桑自己，但子桑也不会让自己贫穷，于是只能说是人的命了。提出这个"命"字，好像是宿命。但庄子用这个"命"，和前面我们讨论到的"化"和"常"都是一样的，有正负两方面的意思，全看我们如何去运用。在中国文字里，这个"命"字，有三层意义，一是"生命"，本无好坏，但执着，便有生命的长短，围绕着生命，而产生很多执着，如贵贱、祸福等，如《德充符》上所说："死生存亡，穷达贫富，贤与不肖毁誉，饥渴寒暑，是事之变，命之行也。"由于我们的知不能了解什么导致了这样，因此只有"安之若命"，把它们当作命运，这是命的第二层意思。

然而庄子的"安之若命"和一般人的安于命运，也就是"宿命论"有所不同，后者把一切都推给命运，而心也随命运摆布，向下坠落，而不能向上提升。庄子则相反，他的要旨是把无可奈何之事，安之于命运，而心却超脱这些物累，与大化合命，就是所谓"天命"，这是命的第三层意义。本段的故事只是借子桑的故事来安命，而本篇的大宗师之道，还在于我们安命之后的向上提升。陈寿昌在此处注得好："道所谓境杀心则凡，心杀境则仙也。水穷山尽，彼岸斯通。漆园述子桑伤贫之语以警世，此中微旨，固当于言外求之。"此所谓"言外者"，也就是生命的向上一路。

在这里值得我们注意的是《大宗师》一文，在前面讲了那么多真人修养的功夫是如何的高超卓越，接着有好几段写道写天又是多么地伟大圆满，可是到了最后一段，却以子桑的贫病，用一个似乎无解的"命"作结尾，好像虎头蛇尾，草草了事。我曾百思不得其解，但今天我却有所悟。庄子故意用这个结尾莫非是不让我们一直沉溺在"大宗师"和"天道"的形而上的美景中，而让我们清楚在残酷的、又贫又病的环境中，没有父母的帮助，没有天地的相援，必须单独去和命运周旋。庄子的用心如此乎？

最后，"大宗师"既然以道为宗师，我们必须对庄子所强调的道有个概括性的认识：

1. 是天的自然——天道是无为自然的。
2. 是人的通路——道行之而成。
3. 是以虚为体的——道体本虚，无思无念的。
4. 是以和为用的——道之用是德，而德之修在和。
5. 是不可求的——只能忘，不能缘。

应帝王第七

原文

啮缺问于王倪，四问而四不知。啮缺因跃而大喜，行以告蒲衣子。蒲衣子曰："而乃今知之乎？有虞氏不及泰氏。有虞氏其犹藏仁以要人，亦得人矣，而未始出于非人。泰氏其卧徐徐，其觉于于。一以己为马，一以己为牛。其知情信，其德甚真。而未始入于非人。"

肩吾见狂接舆。狂接舆曰："日中始何以语女？"肩吾曰："告我：君人者，以己出经式义度，人孰敢不听而化诸？"接舆曰："是欺德也，其于治天下也，犹涉海凿河，而使蚊负山也。夫圣人之治也，治外乎？正而后行，确乎能其事者而已矣！且鸟高飞以避矰弋之害，鼷鼠深穴乎神丘之下以避熏凿之患，而曾二虫之无知！"

天根游于殷阳，至蓼水之上，适遭无名人而问焉，曰："请问为天下？"无名人曰："去，汝鄙人也，何问之不豫也？予方将与造物者为人，厌，则又乘夫莽眇之鸟，以出六极之外，而游无何有之乡，以处圹埌之野。汝又何帠以治天下感予之心为？"又复问。无名人曰:"汝游心于淡,合气于漠,顺物自然而无容私焉,而天下治矣。"

阳子居见老聃,曰:"有人于此,向疾强梁,物彻疏明,学道不倦。如是者,可比明王乎?"老聃曰:"是于圣人也,胥易技系,劳形怵心者也。且也虎豹之文来田,猿狙之便执斄之狗来藉。如是者,可比明王乎?"阳子居蹴然曰:"敢问明王之治?"老聃曰:"明王之治,功盖天下而似不自己,化贷万物而民弗恃。有莫举名,使物自喜。立乎不测,而游于无有者也。"

郑有神巫曰季咸,知人之死生存亡,祸福寿夭,期以岁月旬日,若神。郑人见之,皆弃而走。列子见之而心醉,归,以告壶子,曰:"始吾以夫子之道为至矣,则又有至焉者矣。"壶子曰:"吾与汝既其文,未既其实,而固得道与?众雌而无雄,而又奚卵焉?而以道与世亢,必信,夫故使人得而相汝。尝试与来,以予示之。"明日,列子与之见壶子。出而谓列子曰:"嘻!子之先生死矣!弗活矣!不以旬数矣!吾见怪焉,见湿灰焉。"列子入,泣涕沾襟以告壶子。壶子曰:"乡吾示之以地文,萌乎不震不正。是殆见吾杜德机也。尝又与来。"明日,又与之见壶子。出而谓列子曰:"幸矣!子之先生遇我也!有瘳矣,全然有生矣!吾见其杜权矣。"列子入,以告壶子。壶子曰:"乡吾示之以天壤,名实不入,而机发于踵。是殆见吾善者机也。尝又与来。"明日,又与之见壶子。出而谓列子曰:"子之先生不齐,吾无得而相焉。试齐,且复相之。"列子入,以告壶子。壶子曰:"吾乡示之以太冲莫胜。是殆见吾衡气机也。鲵桓之审为渊,止水之审为渊,流水之审为渊。渊有九名,此处三焉。尝又与来。"明日,又与之见壶子。立未定,自失

庄子新说

而走。壶子曰："追之！"列子追之不及。反，以报壶子曰："已灭矣，已失矣，吾弗及已。"壶子曰："乡吾示之以未始出吾宗。吾与之虚而委蛇，不知其谁何，因以为弟靡，因以为波随，故逃也。"然后列子自以为未始学而归，三年不出。为其妻爨，食豕如食人，于事无与亲，雕琢复朴，块然独以其形立。纷而封戎，一以是终。

无为名尸，无为谋府；无为事任，无为知主。体尽无穷，而游无朕；尽其所受乎天，而无见得，亦虚而已。至人之用心若镜，不将不迎，应而不藏，故能胜物而不伤。

南海之帝为儵，北海之帝为忽，中央之帝为浑沌。儵与忽时相与遇于浑沌之地，浑沌待之甚善，儵与忽谋报浑沌之德，曰："人皆有七窍以视听食息，此独无有，尝试凿之。"日凿一窍，七日而浑沌死。

语译

有一次，啮缺向王倪请教，问了四个问题，王倪都回答说："不知。"啮缺高兴得雀跃，跑去告诉蒲衣子。蒲衣子却说："现在你应该知道了，有虞氏比不上泰氏。有虞氏仍然是怀抱着仁的道德去要求别人行仁，虽然他的怀仁也能得到人心，但他的做法依然超脱不了是己非人的境界。至于泰氏，他睡的时候气息安泰，他醒的时候无拘无束。有时他把自己当作马，有时他把自己当作牛。他的智慧信而有实，他的德行真而无伪，他从来也不会进入是己非人的境域。"

肩吾遇见狂接舆。狂接舆问："日中始教你些什么？"肩吾回答:"他告诉我,做君主的人,如能从自己去建立规矩义法,一般人哪有不听信你的话,而受你感化的?"狂接舆说:"这是一种骗人的道德啊。对于治天下,这种方法就像徒步过海,徒手开河,就像蚊子要扛起一座山一样的不可能啊!试问,圣人的治道,是着重在外表的吗?圣人之治是要先端正自己才去实行,是能真真实实地顺着事物的自然状态去行的。至于鸟儿也知道高飞以避弓箭的祸害,鼹鼠也知道藏身于神社的地下以躲避猎人们的熏香和凿洞来逼它出穴的大患。你连这两个无知的小虫都不如啊!"

天根漫游于殷山之北,直到蓼水的上游,正好遇到无名人,便问说:"请问如何治天下?"无名人回答:"走开吧!你这个俗人,为什么问得这么不合时宜?我正要去和造物主相游,当我倦累时,又将乘无限轻盈的飞鸟,超拔于六极之外,畅游于没有任何物障的乡村,而处身于广漠无垠的原野。你为什么拿治天下之类的俗事来扰乱我清净之心呢?"天根再问,无名人又回答:"你的心如能游于淡泊,你的气息如能入于虚漠。一切顺物自然,而无一毫私心,这样天下就自然而治了。"

阳子居拜见老聃而问:"这里有个人,敏捷刚强,见事透彻,学道不倦。他是否可称为一位明王?"老聃回答说:"就圣人来说吧!像他那样为劳役的事务所牵绊,为技能所拖累,使他的形体劳苦,心神忧虑。这就同虎豹身上的文采反而招致人们的田猎,猿猴的身手敏捷,以及会抓狸的狗儿,也因它们的技巧反而被人们所拴住。所以像他这样的人能比之于明王吗?"阳子居惭愧地说:"那么,请问什么是明王之治呢?"老聃回答:"明王之治,他的功劳满天下,却好像不是他做的。他化育万物,而人民都感

庄子新说

觉是出于自然而不是依靠他。他做任何事都不提他的名义,使万物自由自在各得其乐。他超然独立于神化不测的境地,而游心于虚无玄妙的境界。"

郑国有一位神通的巫士名叫季咸。据说他能算出别人的死生存亡之期、祸福寿夭之事,而且能够指出哪年哪月哪天,好像神一样的灵验。使得郑国的人们,生怕被他说中,看到他就逃跑了。列子遇到他,醉心于他的神通,便回去告诉他的老师壶子说:"开始的时候,我以为老师教我的道是最高的,可是现在我却发现还有更高明的。"壶子回答说:"我和你所求的道,还只是表象,尚未触及实质,而你却以为自己得道了。就像都是雌的,没有雄的,又怎能生卵?现在你自以为有道,而和别人相较,而要别人相信你,这样别人便会抓住这一点,而能看你的相,知道你的心念了。这样吧,不妨请他来,让我给他看看。"次日,列子带季咸来见壶子。季咸出来后告诉列子:"啊!你的老师将死,没有活的可能了。大约只能活十几天吧!我看到的是很怪异的相,只见到一团湿透的死灰,一点儿生气都没有。"列子入内见壶子,涕泪横流地把季咸的话告诉了壶子,壶子说:"刚才我给他看的是地的表象,萌生于一种毫无动态,也毫无有意端正的现象。恐怕他所看到的就是我封闭了一切生机之德的境界。你不妨再请他来吧!"次日,列子又带季咸去见壶子。季咸出来后告诉列子说:"运气好啊!你的老师遇到了我,他有救了。绝对地有生机了。我看出他在封闭中有变化产生了。"列子入内,把这话告诉了壶子。壶子说:"刚才我给他看的是一种有天机的土壤。这时外在的名相物体不能进入我心中,有一股气息从我的脚跟发动。恐怕他看到的乃是我纯然至善的生机。你不妨再请他来吧!"次日,列子又带季咸来见壶子,季咸出来后告诉列子说:"你的老师心念动静不定,我无法看他的相。等他心念定了后,我再来看他。"列子入内告诉壶子,壶子说:"刚才我显示给他看的是一种没有一点儿优劣分别的太虚冲和之气,恐怕他见到我的就是这种绝对平衡的气机。鲸鱼盘旋的水深处叫作渊,静水积聚的水深处,也叫渊。流水相聚的水深处,也叫渊。渊有九种不同的名称。我显示给他看的就是这三种渊。你不妨再带他来吧!"次日,列子又带季咸来见壶子。季咸还没有站定,就如有所失地跑走了。壶子说:"去追他回来。"列子去追却没追上,回来告诉壶子说:"已看不到他了,他已不知去向了,我再赶也追不上他。"壶子说:"刚才我给他看的是我始终未曾离开我的本真。我以本真的自虚与他周旋,使他不知道我们谁是谁。他的心念变化,我跟着他一齐变化;他的心念波动,我也跟着他一起波动。所以他吓得逃走了。"听了这话之后,列子自知之前未曾学到真的道,便回家去,三年闭门不出。他替妻子掌厨烧饭也不在乎,他饲养猪像侍奉人一样的没有分别心。对于任何事情都没有偏爱的感觉,修养自己归于纯真素朴。像自然大块一样没有意识,只有形体。在纷纭的事物中,禁闭一切心念的蠢动。此后一直以这样的方法终其天年。

不要做虚名的傀儡,不要做谋略的大本营,不要被俗事加重自己的负担,不要被聪明才智所主使。自己的形体能化入于无穷,而心念畅游于无物拘束的世界。完全接受天之所禀所赋,而没有一点得失之心,这就是一个"虚"字。至人运用他的心就像一面镜子一样,对万物既不有意去送去迎,因应万物的变化,而心中毫无私心私意。这样才能超越万物，而与万物两不相伤。

南海的帝王名叫儵，北海的帝王名叫忽，中央大地的帝王名叫浑沌。儵与忽经常在浑沌的土地上碰面，浑沌待他们很好。儵与忽为了报答浑沌相待的恩德，便说："人都有七窍可以看、听、吃和呼吸，可是浑沌却没有。我们不妨替他开凿七窍。"每天他们替浑沌开一凿，等到七日后，七窍开而浑沌却死了。

纲要

应——应该，因应。

帝——皇帝。

王——君王。

1. 不藏仁以要人。

2. 圣人不重治外。

3. 顺物自然而无容私。

4. 化贷万物。

5. 壶子四示。

　（1）杜德机。

　（2）善者机。

　（3）衡气机。

　（4）未始出吾宗。

6. 圣人之用心如镜。

7. 浑沌的真义。

总论

从题目上看，本篇好像是谈政治之道的，可是就全篇的内容来看，却是重在修心。

"应帝王"的"应"可以有三种解释：一是应该的应，如郭象《注》："夫无心而任乎自化者，应为帝王也。"二是应合的应，即符合的意思。在这里可以把"帝王"两字分开，作"应帝之王"，即合于帝的王。在一般来说"帝王"连言，指的是君王。"帝"字单独用，也是指君王，但"帝"字本身另有深意，如《说文解字》："帝，谛也，王天下之号。"《书·尧典》传疏："帝者，天之一名，所以名帝。帝者，谛也。言天荡然无心，忘于物我，公平通远，举事审谛。故谓之帝也。"这点可以证之于《老子》："象帝之先"（第四章）及《易经·说卦》："帝出乎震"，都有天帝或创造主的意思。就拿本篇来说，"王"指明王，而"帝"却寓托南海之帝、北海之帝，也较为深玄。总之把帝和王分开，而说应帝之王，乃是指明王之德可合于天帝。三是因应之应，如王夫之说："应者物适至而我应之也，不自任以帝王，而独全其天，以命物之化而使自治，则天下莫能出吾宗，而天下无不治。"总之，分析以上三解，第一义作应当，就标题来说，似无深意，因本篇之主旨，无从凸显。至于第二义和第三义可以融合，证之于本篇内容。本题可解为"因应无心乃帝王之德"，而本篇的主旨就在于"无心"之德。

本篇共分七段。第一段即开宗明义说明上古的帝王顺任自然，不限于人治。第二段接着说明人治之患在君主以经典制度来规范人性，而失去自然的天性。第三段揭出治天下者，必须先超越天下。第四段强调明王之治在于无功无名。第五段是本篇的中心思想，是借神巫和壶子的故事，描写修心的四个层次。最后的境界是由"无心"而和万物浑同其心。这正点出了帝王之德的因应无心的真精神。第六段是本篇文意的结论，明白地指出如何用心的方法。第七段借寓言托出无知无识的浑沌境界，也就是帝王之心与万物混同。

在前面，我们曾指出本篇好像在谈政治之道，其实是在讲修心之德。因此我们不能以政治之道来讨论本篇。因为全篇并不涉及任何政治问题，我们如果以此来看本篇，非但会失望，而且还会有错误的导向。所谓失望是我们在本篇中找不到任何具体的指示和方法去解决政治的问题，好像是文不对题，谈了等于没有谈。所谓错误的导向，是我们用无治主义，或无政府主义来附会本篇。因为无治或无政府还是一种政术，而且无关君主本身的德行。可是本篇却是强调君主的德行。尽管这种德行在"虚"，在"无心"，但与无治和无政府的政术完全不同。

本篇不谈外在的治术，而不谈并非就是无治、无政府。所以用外在的政术来看本篇，可能会误导入另一错误的思路，而这种误导将背离本篇的主旨。

梦觉真言

一、从"啮缺问于王倪"到"而未始入于非人"

这段话的要点就在"藏仁以要人"一语。"应帝王"的帝王当然是指圣王，儒家一般都以尧帝为首，庄子说他"藏仁以要人"就是批评他把仁藏之于己，这个"藏"字表现出他的藏私，一己之见，"而要人"更写出了他的要求别人，勉强别人。这样便造成了以一个标准的是非加诸别人了。庄子拿我们最推崇的尧帝来举例，他和应帝王的尺度是不同的。儒家一直以尧舜为圣王的最高境界，是大同之治，自此以下，讲道德礼乐，建城郭军事，是小康社会。这在后人以为是儒家的高推圣境。可是庄子连这圣境，连这个大同社会的理想还要超越，提出一位泰氏来，这位非圣非王的人物，不见于历史，庄子却认为他是理想的帝王，恐怕庄子只是以他的境界来超脱儒家高推的圣境吧！

第一段由啮缺问王倪，从四问四不知开始，这四问在《齐物论》中已有详细描写。这里只是强调"不知"两字为本段或本篇的切入点。"不知"不是真的不知或无知，而是有更高境界，超越了这种知。"蒲衣子"，据《释文》说是舜时人，《淮南子》说："啮缺问道于被衣"，被衣也许即蒲衣子。总之这些都是传说中的人物，无生平可考。"有虞氏"即虞舜。"泰氏"，《史记·封禅书》："闻昔泰帝与神鼎"，《索隐》引孔文祥云："泰帝，太昊也。"总之泰氏为上古帝王。"有虞氏不及泰氏。有虞氏其犹藏仁以要人，亦得人矣，而未始出于非人。"所谓"藏仁以要人"，"藏"是"藏"之于己，"要"是要求别人。也就是以仁为标榜，来勉强别人行仁。"亦得人矣"，指虽然自己怀抱仁心，也能赢得别人的亲誉，能得人心。"未始出于非人"，这里的"非人"，前人的解释很多，如林希逸指"天"，宣颖、陈寿昌指"物"，王叔岷指"人性"，但连同后文的"入于非人"来解，都有顾此失彼、不甚贴切之处。

庄子新说

按"非人"，就以最简单的原字义来解，乃指批评人，也即人的相非。因为"藏仁以要人"，以仁为人，便不免用"仁"去批评别人。"未始出于非人"，即指仍然没有超脱这种以仁为批评别人的是非之见。至于泰氏"其卧徐徐，其觉于于"，司马彪《注》："徐徐，安稳貌；于于，无所知貌。""徐徐"指宽缓，即无欲的样子。"于于"，王叔岷："于与盱声近而义同，《说文》'盱，张目也'"，这与《大宗师》所谓"蘧然觉"相同，觉者形开，指开眼看万物，无拘无束的样子。"一以己为马，一以己为牛。"是指对万物没有分别心，不以为人高于万物，不以自己为异于万物，所以把自己当作马、当作牛也好。"其知情信，其德甚真。"这里点出一个"知"字，与前文的"不知"成一对照。在不知"同是""不知""物无知""利害"（《齐物论》中的"四问"）之后，才不为观念是非之知所局限。此处的"知"乃是由不知而达无知之境的真知。"情"是实情，"信"是不疑，即了解宇宙大化的实情，而不疑万物的变化有所不妥。投身其中，任顺变化。"其德甚真"即指德性一片纯真，毫无人为做作。"而未始入于非人"，这里的"非人"与前文的"非人"一致，都是指人我分别的是非之见。也就是说他不会落于是己非人，或以仁为标榜去批判别人的境地。

二、从"肩吾见狂接舆"到"而曾二虫之无知"

这一段说明了圣人之治，不是建立经典制度，强迫人民服从，这是治外。这里有两点值得注意：一是经典，制度虽然是礼法，但也包括了仁义道德等德目，《老子》便说"绝仁弃义"（十九章）；二是这里只批评治外，并没有指出什么是治内。庄子在这里伏下了一笔，以后再谈。

这段话借肩吾与狂接舆的谈话，来继续检讨前段"藏仁以要人"的治道。肩吾与狂接舆在《逍遥游》中都已提及。日中始是一位偏于儒家治道的贤者，生平不详。"君人者，以己出经式义度，人孰敢不听而化诸"，这几句话就是"藏仁以要人"的具体说明。"藏仁"是藏仁以心。但把这个仁推之于政治，便是经式义度。"经式"，是以经为式，即以经为法式。"经"是正，是常，即指礼法等典范。"义度"，是以义为度，即以义理去度量别人，也就是以道德标准去评判是非。"义"字，王念孙以为当读为"仪"，即指仪法。但这样"义度"与"经式"完全相同，而无特殊意义。其实"义"以原义来解，本很贴切。《老子》便说："上义为之而有以为。"王弼《注》说："爱不能兼，则有抑抗正真，而义理之者，忿枉祐直，助彼攻此，物事而有以心为矣。"这正是以自己所知之义理为直，而去矫正别人。再看《孟子》以"仁，人之安宅也；义，人之正路也"（《离娄上》），也就是以义为路去规范别人。"人孰敢不听而化诸"，这句话显然是肩吾有意言重了。真正儒家的原意也是要使人心悦诚服，而躬行仁义道德。"人孰敢不听"，好像人们把仁义道德当作可怕的法律，这也许是后代礼制僵化后的流弊，而不是儒家的原意。"化诸"的化是指教化，而非庄子的大化。"接舆曰：是欺德也，其于治天下也，犹涉海凿河，而使蚊负山也。"在《庄子·德充符》中讲的德是"德不形"的德，也即内在的德性，而不形之于外。在《人间世》末段所谓的"临人以德"，即是形之于外的德。而此处"以己出经式义度"，乃是指形之于外的德变成了礼制与道德规范从外面去约束人们。于是大家都以这些外在的规式约束别人，批评别人，正如《老子》所谓"失义而后礼，礼者，忠信之薄而乱之首也"（第三十八章），即是徒有德名，而无其实，也就是说大家以德相欺相骗。以这样的方法来治天下，当然是不可能的。"夫圣人之治也，治外乎？正而后行，确乎能其事者而已矣！""治外乎"即是针对前面的"藏仁以要人""以己出经式义度"来说的，是指这些都是从外面来慑服人心，这与用法律来镇压并没有什么不同。"正而后行"，正是正自己。像"存诸己"（《人间世》），"幸能正生，以正众生"（《德充符》），"与乎止我德也"（《大宗师》），都是着重在自己内在德性之正。而"正而后行"的"行"，也是自然的行，即由内向外地流出。"确乎能其事者而已矣"之"确乎"，对照前面的"欺德"的"欺"，是指确确切切的意思，是对事物真真实实而说的。"能其事"有二义：一是指圣人之治，是从他本然的德性中流出，做他自己该做的事，而并没有预设好如何去治世；另一是指顺事物之本然，使万事万物都能各自尽其本身才能，所谓各适其性。"且鸟高飞以避矰弋之害，鼷鼠深穴乎神丘之下以避熏凿之患，而曾二虫之无知！"陈寿昌《注》："结缴于矢，以弋飞鸟，谓之'矰弋'。"即缚丝于箭以射鸟的工具。又陈寿昌注："鼷鼠，小鼠。神邱，社坛。"即小鼠凿穴于神社的祭坛下，以逃避猎人们以烟来熏捉它们。这两种无知的小生物懂得避患，这是它们的本能使然。难道人民比这两种小生物还无知吗？他们当然也知道如何避患。如果君主用这一套外在的礼法加在他们身上，就像是"矰弋""熏凿"一样，他们也会逃之夭夭的。

三、从"天根游于殷阳"到"而天下治矣"

这段故事中,承接前段的治天下,而否定了治天下,就是根本不要想到治天下,为什么?庄子虽没有说,但根据他的思想,我们可以这样说:因为天下万物自相治理,各顺其性发展,原本都是好好的,我们凭什么要为天下与治天下?天下万物凭什么要你去为去治?所以这段根本不谈治天下,也就根本否定了帝王之治。在末尾,反过来讲内心的修养,要"游心于淡,合气于漠",就是使心淡泊无欲,由气之虚,而顺万物的自然。这是你不治天下,而天下自治。

这一段是借天根和无名人的对话来进一步托出圣王的心境。天根和无名人显然都是庄子笔下寓托的人物。天根取名虽然伟大,但说个"根"字仍然是"有",不如无名人之"无",这也是庄子的寓意。殷阳是山名,蓼水是水名,这也是寓意寄托于山水之间。在无名人正逍遥游于自然大化之中,而天根却问:"请问为天下?"这当然是煞风景的事,所以无名人说他是俗人,"何问之不豫也",《释文》:"简文云:豫,悦也。"俞樾根据《尔雅·释诂》:"豫,厌也",以为惮烦的意思。按《易经》有《豫卦》,是豫悦的意思。而《老子》第十五章"豫焉若冬涉川","豫"字有小心的意思,总归来说是问得不是时候。

接着是无名人的两段回答:"予方将与造物者为人,厌,则又乘夫莽眇之鸟,以出六极之外,而游无何有之乡,以处圹埌之野。汝又何帛以治天下感予之心为?""与造物者为人"一语曾见于《大宗师》,借子桑户等三人游方之外,而把造物主拉下来一起同游。但造物主并不是一个神，也不是独立存在的一个客体，造物主就是大化本身。说得更具体一点，所有的万物都是造物主，因为它们都是大化中的各个主体。所以与造物主为人者，也就是把万物看作人一样地交游，而没有人与物的差别之相。"厌"，指倦。因为与造化万物相游，毕竟是形体相化，所以有疲倦的时候。因此接着他要"乘夫莽眇之鸟"，莽是无限，眇是轻虚，鸟是比喻，即指乘无限轻虚的气息。"六极"指四方加上下，即指宇宙。"无何有之乡"，指无的境界。"圹埌"即广漠无边。也就是说在形体之游倦了的时候，就游心于无有的境界。"汝又何帠以治天下感予之心为？"《释文》："帠，徐音艺"，孙诒让说："帠字字书所无，疑当作殴"，陈寿昌："何帠，犹何故也。"即是指天根何故以这种治天下的琐事来烦扰无名人的逍遥之游。

"汝游心于淡，合气于漠，顺物自然而无容私焉，而天下治矣。""淡"是恬淡，是指心的无欲。"漠"是广漠，是指精神与大化的气息相通。"无容私"，是指不容有私心，即没有自我的意思。然而，这与天下治又有什么关系呢？其实这里的"天下治"与前面天根问的"为天下"完全不同。所谓"为天下"，就是前段所说"以己出经式义度"，以自己的观念去统治天下。如《老子》所说："将欲取天下而为之，吾见其不得已。天下神器，不可为也。为者败之，执者失之"（第二十九章）。这是有意而为，反而破坏了万物的自化，所以《老子》又说："我无为而民自化"（第五十七章）。至于此处说"天下治"，是天下的自治，也就是"自化"。说得直接一点，即是不治天下而天下治。当然这段话不能当作具体的政治来看，但触及了政治背后的根本问题，就是为治者的欲望和私心。这个根本的问题如果不能化解,所有的政治都是一直在忙着治天下,而无法真正地达到天下治。

四、从"阳子居见老聃"到"而游于无有者也"

这段故事有两个要点:一是指一位圣明的君主不是强调他的聪明才智,有干才有效率,这些只是替人做事的奴仆,不是主人。而且这些才能反而是一种束缚,一种陷阱,使你被人所用。二是真正的圣王是对天下万物的发展有所助益,但在实际上他却没有做过任何工作,这是"不治而天下自治"。

"不治而天下治"也有两种意义:一是不必治,而天下自治;另一是以不治去使天下自治。这后者的"不治"是一种很高的功夫,是同于老子"无为而无不为"的"无为"。"无为"不是真的无所事事,而"不治"也不是真的什么事都不做。

这段借阳子居和老聃的讨论,说明圣王之治的不用智。阳子居,成玄英《疏》:"姓阳名朱,字子居",即杨朱。他提出"向疾强梁,物彻疏明,学道不倦。如是者,可比明王乎?""向疾"指思想的反应敏捷。"强梁"指处事的勇敢果断。"物彻",指对外物的了解透彻,"疏明"指对事理的分析明白。像这样的君主称得上是聪明睿智的了,在一般来讲,当然是明王了,可是老子却说:"是于圣人也,胥易技系,劳形怵心者也。且也虎豹之文来田,猨狙之便执嫠之狗来藉。如是者,可比明王乎?""胥易",古来注解很多,总嫌费解。不如就简易处来看,"胥"也作胥吏、胥役,可解为役心主事,"易"是指为事所迁易。这是说他虽然"向疾强梁",反应敏捷,可是为事所役,则反应跟着事转,使心为事役。"技系"指为他的技艺技巧所拘系。这是说他虽然"物彻疏明",能分析事理,可是正因为他有这种能力,却自恃这种能力,反而成为一种用知过度的毛病。正如王弼在《老子》第四十九章注中说:"甚矣,害之大也,莫大于用其明矣,在智则人与之讼,在力则人与之争。"所以说用自己的聪明才能,结果是"劳形怵心"。"劳"是劳累,"怵"是忧虑。这是说使他的形体为俗事所劳累,使他的心思为应变而忧虑。"虎豹之文来田,猨狙之便执斄之狗来藉","文"是虎豹身上的花纹,"来田"是招引别人来畋猎。"猨狙之便"指猿猴的身手敏捷,"执斄"是指抓狐狸。"来藉"指招引别人来拴缚。这都是由于强调自己的技能反而引来了麻烦。听了这番话后,阳子居便问什么是真正的明王之治,老聃回答:"明王之治,功盖天下而似不自己,化贷万物而民弗恃;有莫举名,使物自喜;立乎不测,而游于无有者也。""功盖天下"是指真正有功德于天下,"似不自己",指好像不是自己所为的。这正是《老子》所谓"功成而弗居"(第二章)和"功遂身退"(第九章)的意思。"化贷万物"的"贷"即《老子》"夫惟道善贷且成"的意思,也就是指化生万物好像把生命无穷地贷给万物,让万物自化。"民弗恃","恃"是依靠,好像是万物自生自化,而不依靠别人的施贷。"有莫举名",是指前面所说,虽然有功能贷,却不以为自己所有,而自举其名。"使物自喜",是指使万物都以为是自己如此的,并没有外力的影响,所以它们都能自由自在,而自得其乐。"立乎不测","测",朱桂曜:"测当训尽",指自己立足于无穷尽的境界。但"不测"也可解作玄妙不可测,如《易经·系辞》:"阴阳不测之谓神",指阴阳变化之玄妙

应帝王第七

不可测。这个"不测"事实上是指神妙的境界，如陈寿昌《注》："所存者神"，也即《逍遥游》中的"神凝"、《养生主》中的"养神"，也就是纯粹至神，不受物扰。"游于无有者也"即游心于无有的境界。"无有"即是"无"其所"有"。但这个"无有"并不是指外界万物的没有。如果外界万物一无所有，又有什么好游。游心于无有，是指心中的无其所有，也就是一无所执，一无所滞，像庖丁解牛一样，把心中那些欲望与执着都迎刃而解，此心虚旷，才能自由自在地逍遥而游。

五、从"郑有神巫"到"一以是终"

这一大段故事是本篇的中心思想，是讲壶子四示，也就是壶子和郑国巫师的四次会面，表达了修养内心的四个过程：

第一次，"向吾示之以地文，萌乎不震不正，是殆见吾杜德机也"。这就是说表现得像大地一样的宁静，他的气虚得没有一点动态。也就是说像死一样的静寂。

先写列子介绍季咸给壶子。"神巫"，指有神通的巫士。"季咸"，巫士名，生平不详。"期以岁月旬日，若神"，指他能说出被看相者的生死存亡、祸福寿夭的日期，甚至哪一月、哪一日。"若神"是似有神通。"郑人见之，皆弃而走"，因没有人愿意听到自己死亡或灾祸的日期。"始吾以夫子之道为至矣，则又有至焉者矣。"列子求道于壶子。按壶子又作"壶丘子"（《列子·黄帝》）或"壶丘子林"（《列子·仲尼》）。又《高士传》："壶丘子林者，郑人也。道德甚优，列御寇师事之。"列御寇即列子，可见列子师事壶子这是众书所同的，也许是事实。唯列子在《庄子》

中是以技艺术数见长的，而他的老师壶子除了技术之外，"道德甚优"，却是值得注意的。因为这句话里，列子以季咸之道为高，可见列子是以神通为道，所以壶子说："吾与汝既其文，未既其实，而固得道与？众雌而无雄，而又奚卵焉！""既"，《释文》："李云：既，尽也。"王先谦："列子'既其文'，作'无其文'"，钱穆引武延绪："既疑玩字为讹。"各义相较，以"尽"较合文意。因为此处"文"是指文采，是道之华；"实"是指实质，是道之体。如《老子》所说："前识者，道之华。而愚之始。是以大丈夫处其厚，不居其薄。处其实，不居其华。"（第三十八章）所谓"文"，乃是指道的表现的一面。"实"是指道的真实存在。壶子虽然说他和列子只谈及道的文，但实际上是指列子只知道的表面，而不知真正的道，所以说"而固得道与"？"固"是固执，指执此以为得道吗？"众雌而无雄，而又奚卵焉！""雌"是喻"文"，所以指"众雌"，因为文的表现是多样的，就如语言文字上谈道，当然是层次不同，歧义别出，而实质的道只有一个，所以只说一个"雄"字。按这个比喻并不一定是指文和质一样重要，就如雌和雄相合才能生物。这句话只是一个比喻，只是强调"实"的重要而已。"而以道与世亢，必信，夫故使人得而相汝。""亢"，《释文》："抗，或作亢"，是指以道来与世人相抗，也即是说以道来和别人相比相争，这已经是落入了道之文，而不是道之实。"必信"，是为了使人必信自己的道。"夫故使人得而相汝"，"故"，是原故，即"因而"。因为心中有一念头想要别人相信你，所以别人便可以借此而看透你。

这是第一次列子带季咸去见壶子。季咸以为壶子不出十数天就会死亡，因为他在壶子的脸上看到"湿灰"的兆象。灰是死灰，已是没有生机了，再加以用水使沾湿，使死灰不起，当然了无生趣了。当列子把季咸的话告诉壶子的时候，壶子却说："乡吾示之以地文，萌乎不震不正。是殆见吾杜德机也。""乡"，《释文》："乡，本作曏，亦作向"，即刚才的意思。"地文"，指地的文采，也就是说表现得如大地一样。"萌乎不震不正"，这句话前人的注都有改字求解，如郭庆藩《集释》引俞樾说："《列子·黄帝》作'罪乎不诹不止'，当从之。罪读为辠，《说文·山部》作辜，云'山貌'，是也。"《列子》是后出之书，以后出之书改前出之书，有点儿本末倒置，尤其改字太多，难免臆解，其实原文意义比所改之文较为清楚，不知注解家为何多此一举，制造纷乱。"萌"是生，或出的意思，这正是指地之文。因为地的作用就是生，是出。可是此处之"地文"却生于、出于"不震不正"。"震"原字比诹为好，因《易经》有"震"卦，就是讲震动的，所以"不震"就是不动。再把"正"解作"止"也并不高明，因"不动"即止。既说"不动"，又说"不止"，当然费解，因此只有把"不止"解作"不求止"。既然"不止"可以解作"不求止"，那么"不正"也可解作"不求正"，如陈寿昌注："正，音征，犹《诗》：'哙哙其正'之正。不正，不向明也。"这是释正为"向明"。也即释"不震不正"为"不动不明"，这比"不动不止"更为妥帖。不过再就"正"字本身的字义来说有正道、正色的意义，也就是不露一点儿"正"的形色，这与前面"以道与世亢，必信"相呼应。同时也承接了下面一句："是殆见吾杜德机也"，因为"正"乃是扣紧了下面的"德"来说的。"杜"是杜绝，封闭之意。"机"，在《庄子》书中

庄子新说

是指万物变化的原质，如《至乐》："人又反入于机。万物皆出于机，皆入于机。"而此段下文所言"机发于踵""衡气机"，可见这个"机"指的是气机。那么什么是"德机"呢？"德"，《大宗师》说："德者成和之修也"，也即阴阳相合而生万物。《易经·系辞传》也说："天地之大德曰生"，所以此处的"德"字与"生"、与"和"、与"气"、与阴阳都相关。把它们串联起来，就是阴阳相和而生的气机。现在壶子的"杜德机"，就是杜绝了这种生机。也就是使阴阳无法相和而生。因为"地文"的偏于阴，而无阳，乃一片静寂，当然是"不震不正"，当然是毫无生意。

第二次的"乡吾示之以天壤，名实不入，而机发于踵。是殆见吾善者机也"。这就是说天的阳气入于土地中，触动了地中的阴气。阴阳和合而生机发动。这就是表现了动态。但这个"善"字表达了生生之善，而不是欲念。

第二次，列子又请季咸来见壶子。这次季咸却说："有瘳矣，全然有生矣！吾见其杜权矣。""瘳"即病愈。"全然"，有认为全与痊为正俗字，全即痊（王叔岷《庄子校诠》)，但全作完全解，语义本通。"生"即生机。"吾见其杜权矣"，这句话是季咸说的，是指看到壶子的"杜权"，这与前壶子自谓的"是殆见吾杜德机也"正好相对，所以郭象注说："权，机也。今乃自觉昨日之所见。"这是指季咸自言昨日看到壶子是封闭了生机，言下之意，也就是这次发现他的生机自现，只是前次有意封闭而已。又陈寿昌："于杜闭之中，觉有权变，所以决其有瘳矣。"是指这次看到虽然是杜闭，但其中有变动，隐隐间有生机出现。接着壶子解释说："乡吾示之以天壤，名实不入，而机发于踵。是殆见吾善者机也。""天壤"之壤，前人注都作天地之地（见王叔岷《庄子校诠》），这样，把天壤作天地，只能讲到天地之相合，而写不出"壤"字的生意。因为"壤"是土壤，有生物的特性，这与前面静寂的"地文"却是一个对比。至于说"天壤"，是指天机入于土壤，就像《易经》中的乾的纯阳之气潜入坤地中，触动了地中含藏的阴气，而阴阳相和，生机发露。所谓"名实不入，而机发于踵"，"名实"是指外在的一切名相和物质，"不入"虽指外在的名相物质不能进入心中，事实是心中没有杂念，也就是一片纯净。"机发于踵"，这时生机的气息从脚跟发生。即《大宗师》所谓"真人之息以踵"。"是殆见吾善者机也"，陈寿昌《注》说："善，即大易继善之善，甫离阴阳，而为人之性始者，是自无之有之一机也。"这段注解是根据《易经·系辞传》："一阴一阳之谓道，继之者善也，成之者性也。"（《上传》第五章）可见这个善是继阴阳之和而来，是生机发动之始。但这个"善者机"还在我们的成性之前，所以不是相对的善恶的善。善恶的善是"名实"。这时，是名实之前的绝对至善的境界。季咸看到了这境界，才认为是"全然有生矣"。

第三次，"吾乡示之以太冲莫胜，是殆见吾衡气机也。"这是说这个气机表现出来之后，由于没有欲念，没有意想，所以气是虚的。因为是虚，所以气是平衡的，巫师看不出一点痕迹来。

第三次列子又带季咸来见壶子，这次季咸却说："子之先生不齐，吾无得而相焉。""不齐"，指参差不齐，也就是说动静不定，所以无法看相。壶子回答："吾乡示之以太冲莫胜。是殆见吾衡气机也。""太冲莫胜"，成玄英《疏》："冲虚也。莫，无也。""胜"字据俞樾解："胜当读为朕，胜本从朕声，故得通用。"这指太虚之气没有一点朕兆，当然解得通，可是这与前面"地文"的静寂也没有一点动态，又有什么差别呢？可见"莫胜"还不只是无兆而已。郭象《注》："居太冲之极，浩然泊心，而玄同万方，故胜负莫得厝其间也。"这也就是说像太虚之气，一片冲和，没有一点谁强谁弱，谁胜谁负的分别心。这个有差别的"胜"字，在《大宗师》本有根源，如："天与人不相胜也。"所以"莫胜"也即是指对外物没有分别心。因为前面"善者机"发动以后，这一念至善到了现实生活中，便会产生善恶的相对观念，也就产生了胜负间的差别。因此这次壶子的所示，就是用太虚冲和之气去冲淡了这种相对观念。他说："是殆见吾衡气机也。""衡"是平衡。这是指壶子所示的乃是一种太虚的平和之气，不是纯然的动，也不是绝对的静，是一种动静不可分的境界，所以季咸无法看他的相。接着壶子为了说明这种"衡气机"，而提出下面一段比喻："鲵桓之审为渊，止水之审为渊，流水之审为渊。渊有九名，此处三焉。"成玄英《疏》："鲵桓以方衡气，止水以譬地文，流水以喻天壤。渊有九名者，谓鲵桓、止水、流水、汛水、滥水、沃水、雍水、文水、肥水，故谓之九。并出《列子》，彼文具载，此略叙有此三焉也。""止水""流水"是喻前面"地文""天壤"两种境界，文义清楚。此处"鲵桓之审为渊"喻"衡气机"。"鲵"是鲸鱼之类，"桓"是盘桓，即盘旋。"审"，司马彪《注》："审当为潘，潘，聚也。"奚侗注："审为沈，沈之叚字。沈正作湛。《说文》：'湛，没也。'引申之则有深意。"这是指鲸鱼盘旋的深水中。由于是鲸鱼所处的渊，水必大，渊必深，就像大海一样，外面来看，好像平静，但其中有鲸鱼盘旋，又是动，所以是动静浑然一体的。

应帝王第七

第四次,"乡吾示之以未始出吾宗,吾与之虚而委蛇,不知其谁何?因以为弟靡,因以为波随,故逃也。"这是说这次的表现,壶子在气之虚中,始终不离他的真我,让巫师看到他的真我,但这个真我并不是壶子那个形体的我,他是与万物为一体的,所以像镜子一样。巫师要看壶子,看到的却是自己。他要看壶子想什么却看到壶子就是他,因而吓得逃跑了。

第四次,列子又带季咸见壶子,这次季咸还没有站定,好像有所失似的,便逃走了,列子追也追不到。壶子告诉列子说:"乡吾示之以未始出吾宗。吾与之虚而委蛇,不知其谁何,因以为弟靡,因以为波随,故逃也。""未始"即未曾。"出吾宗"的"宗",即《德充符》:"审乎无假,而不与物迁,命物之化,而守其宗也。"即吾的主体,也即真我,所以"出吾宗",就是说离开真我。陈寿昌注:"宗,本性也,性真藏有于无,故曰未始出也。"解"宗"为本性,甚是,但"藏有于无"却只说出了静的一面,而未能把握动的一面。所谓"未始出吾宗",乃是指无论如何动念,都不离真我。"吾与之虚而委蛇","委蛇",即委移。"委"是曲就,"蛇"是宛转。"委蛇"就是顺着外境外物而变化的意思。这里的"虚"是指没有己意。唯其能"虚",才使"真我"随顺对方的动念施为。这时候使得对方非但不能以季咸的主体来看壶子的客体。相反的壶子的主体却与季咸的主体相融。"不知其谁何",即是说季咸不知道谁是谁,不知道壶子是壶子,或壶子是季咸,也不知季咸是季咸,或季咸是壶子。所以季咸要看壶子的相,却看到了自己,又把自己看成壶子,而失去了自己。"因以为弟靡,因以为波随","弟靡",《释文》:"弟,徐音颓。弟靡,不穷之貌。"郭象《注》:"变化颓靡，世事波流，无往而不因也。"按"弟靡"之靡，即《齐物论》"与物相刃相靡"之靡。"弟"有顺的意思，也就是顺着外物的相靡。因为万物的变化有生有死，有兴有衰，也就是有高潮有低潮。"靡"就是低潮。"弟靡"就是低潮时，顺着它为低潮。接着"波随"，正是波起潮高，也就是高潮时，顺着它为高潮。这比喻用之于季咸身上，就是当季咸心念退时，跟他退；心念进时，跟他进。这样一来，壶子的心念和季咸的心念一致，使得季咸不知那是自己的心念，还是壶子的心念，就像影跟形竞走一样，季咸想看壶子的相，却看到了自己，想走，而自己又跟着自己走，于是便吓得落荒而逃了。

壶子四示后，接着列子如有所悟，重新修道。"列子自以为未始学而归"，这是指他悟以前所学都是道的名相，而不是真参实证。"三年不出。为其妻爨，食豕如食人"，"为其妻爨"是指他替妻子掌厨，意思是忘男女之别。"食豕如食人"，"食"是饲养，指喂猪如喂人，是指无视人与畜的不同。"于事无与亲，雕琢复朴"，"事"是世事、人事。"无与亲"，有二义，一是指不亲世事，也就是不热衷于世俗的事务。一是指于事无亲疏，也就是说对任何事务没有分别心。"雕琢"有二义，一是当名词用，指人为的修饰，一是当动词用，做修饰，也就是修养。"复朴"，是回复纯朴，合起来，就是由人为修饰而返于自然的纯朴。"块然独以其形立"，"块然"是比喻像自然之大块，浑然一体。"以其形立"，比喻只有身形独立，而没有意识情态。"纷而封戎"，《释文》："纷而，崔云：'乱貌。'哉，崔本作戎，云'封戎，散乱也'。"郭庆藩《庄子集释》引李桢作"纷而封哉"，章太炎以为仍作"纷而封戎"较佳。按"纷"字正对前文之"块然",如果前面的"块然",是因自然之大块而寓意。那么自然有静如大块,而也有动如大化,所以这个"纷"并不一定是乱,而是指万物的纷纷纭纭。以万物的纷纭来喻自身,便是指念头的发动,所以"纷"也指动念时。"封戎","封"是指封闭。"戎",本是指兵戎,而"戎"字有争竞、好斗之意,这与前文"莫胜"之胜字相对照,所以"封戎"相等于"莫胜"。即没有一点儿争竞之心,好胜之意,也就是万物变动,而顺其变动。"一以是终",陈寿昌《注》:"得其一,万事毕",王叔岷《注》:"案《列子注》引向《注》:'遂得道也',一犹皆也,总也。是犹正道也。"这些都把"一以是终",看作列子得道的意思。其实列子在《庄子》书中并不是代表很高的境界,如《逍遥游》:"夫列子御风而行,泠然善也,旬有五日而后反。彼于致福者,未数数然也。此虽免乎行,犹有所待者也。"即是指列子的功夫还有所待,还不够究竟。这里的"一以是终",即是指他以后完全以前面的方法终其一生。这里面是有褒义,还是有贬味,还须斟酌。

这个故事里的四次约会,好像一层高于一层,但这些表现究竟与帝王之治有什么关系呢?我们也许可以做如下的分析:

1. 静而无欲:这是对外在的一切,不受干扰,也无任何企图。就是不要有"为天下"和"治天下"的心念。

2. 生生之善:这是说内心要有生意,这个生意是心之和,能与万物并生。

3. 以虚为德:这是说要保养内在的虚,以虚待物。

4. 与万物共一真我:做一位圣君没有私心自我。当他体现真我时，就同时体现万物都有真我。他能与万物以真我共存。

这段故事在禅宗文献里有一个相似的公案：

> 时有西天大耳三藏到京，云得他心慧眼。帝敕令与国师（慧忠）试验。三藏才见师，便礼拜立于右边，师问曰："汝得他心通耶？"对曰："不敢。"师曰："汝道老僧即今在什么处？"曰："和尚是一国之师，何得却去西川看竞渡？"师再问："汝道老僧即今在什么处？"曰："和尚是一国之师，何得在天津桥上看弄猢狲？"师第三问，语亦同前。三藏良久，罔知去处。师叱曰："这野狐精，他心通在什么处。"三藏无对。（《景德传灯录》）

在这段公案里，并没有说明慧忠第三次把自己藏在哪里。《传灯录》中对这段公案有两段按语：

> 僧问仰山曰："长耳三藏第三度为什么不见国师？"仰山曰："前两度是涉境心，后入自受用三昧，所以不见。"
>
> 僧问赵州曰："长耳三藏第三度不见国师，未审国师在什么处？"赵州云："在三藏鼻孔里。"僧问玄沙："既在鼻孔里，为什么不见？"玄沙云："只为太近。"

在这两段按语里，仰山的回答是指慧忠不把自己藏在任何外面的地方，所以三藏找不到。赵州和玄沙的意思是，慧忠把自己藏在三藏的鼻孔里，三藏不知自反，只一味地向外找，当然找不到。这段公案和按语之与壶子第四次表现有异曲同工之妙，是因为"未始出吾宗"，相当于"自受用三昧"。"与之虚而委蛇，不知其谁何，因以为弟靡，因以为波随"相当于"在三藏鼻孔里"，"只为太近"。这也就是说壶子以他的真我和季咸的自我相融，使季咸分不清是谁。

把壶子的第四个层次和庄子思想境界相比，即是使真我与万物同化，也就是《齐物论》中的"天地与我并生，而万物与我为一"的境界。壶子不异季咸，这也即是《应帝王》的因应无心，与万物同化的主旨。

六、从"无为名尸"到"故能胜物而不伤"

这一段最主要的一个字就是"虚"，是心之虚。能"虚"，才不为名所控制，做名的奴隶；能"虚"，则心中无欲，整天追求欲望；能"虚"，则无为而为，不为事累；能"虚"，则不以知为武器，疲于争夺。这个"虚"是来自天道的自然，而不是人为努力的。"而无见得"使我们想起了《人间世》中颜回的"端而虚"的"虚"，这是"见得"的有意的"虚"，这是有意，而不是真正的虚了。最后庄子很巧妙地用了镜子为比喻来表达心之虚。镜子之中没有先入的形象，是虚的，但不是绝对的空，因为它能"应物而不藏"，这说明了它的虚是有作用的，它可以没有分别心的反应万物，即禅宗所说的"胡来胡现，汉来汉现"。但却不留一物的形象在心中，等到所照之物离开后，心中又保持空无一物的"虚"了。这个虚好像不做什么事，却能涵盖一切，这不正是老子"无为而无不为"的最佳说明吗？

这段内容似为本文的结论，只有理论，而无故事。"无为名尸，无为谋府，无为事任，无为知主。"这里的四个"无"字，写出了如何处世处事的原则。"尸"是主的意思，《尔雅·释诂》："尸，主也。"本是古代祭祀时，有人坐在神位，以代表神灵，这叫作尸位。其实就是傀儡的意思，这里就是不要为名所主，也就是做名的傀儡。"谋府"，即谋略的府库。也就是整天在钩心斗角，策划计谋，如《齐物论》所谓："与接为构，日以心斗。""事任"，指为事所任。"任"是责任。本来责任是好的意思，尤其儒家强调"任重而道远"。道家并非要人不负责任，而他们所谓的"责任"之所以有负面的意思，乃是因为"无事而生事"，而自以为是，或野心太多，自己制造了不该负的责任。所以这里的"事任"，乃是指无端生事，而为这些事所拘束。"知主"，指为知所主。"知"，即聪明才智。这在一般来说，当然是好的，可是道家之治却是要无知，即不以自己为有知，如《老子》"绝圣弃智，民利百倍"（第十九章）。这里的"知主"，就是为自己的才知所主使的意思。"体尽无穷，而游无朕；尽其所受乎天，而无见得，亦虚而已。"这里的三个"无"字，是扣紧自然大化，来说明"虚"的道理。"体尽无穷"的"体"字，憨山、陈寿昌等注都把它当作体悟，意义虽无不可，但把它当作身体的体，也合《庄子》形体与自然共化的旨趣。这个"尽"字，王叔岷《庄子校诠》以为"案'体尽无穷'，既曰尽，又曰：'无穷'，义颇难通"，其实，"尽"做动词，是"尽于"的意思。"尽无穷"即尽极于无穷，也即以无穷为它的究竟。如果我们再以庄子整个思想的旨趣来看，"体尽"还可以解作形体的结束，这是所谓的形化。但形体的结束虽然就此形躯来说只有数十年，但在自然大化中，形体却可以变化无穷，所以"形化"又可以解作形随大化而化。所以体虽尽却尽于无穷之化而又无所谓尽。"而游无朕"，是指游心于无朕。"朕"是朕兆，也是迹象。因为"体尽无穷"，我们既不执着于这一段生死的形体，当然也不会泥滞于万物万事的各种差别现象，所以此心便能畅游于无任何物质朕象的精神境界。"尽其所受乎天，而无见得，亦虚而已"，这里的"尽"字与前文"体尽无穷"的"尽"字是息息相关，并非如王叔岷《庄子校诠》所谓"尽字疑涉下文'尽其所受乎天'而衍"。由于我们的形体能"尽无穷"，才能"尽其所受乎天"，也就是说能完全尽到自然赋予的一切，譬如《大宗师》所谓，"大块载我以形"，我就好好地拖载这个形体；"劳我以生"，我就善尽其生，而不以为苦；"佚我以老"，我就高高兴兴地享受安逸，不厌自己的老；"息我以死"，我就坦然的接受活到的天年，而不更贪生畏死。"而无见得"，就是不去求得，而一任其自然。"亦虚而已"，这个"虚"不是大化的虚，不是万物的虚，而是体顺大化，心游万物，自由自在，毫无障碍。这个"虚"就是指对内无执，对外无碍的境界。"至人之用心若镜"，本篇讲"帝王"，而前文几段又多涉"圣人""明王"，因此有的注家以为此处至人应改为圣人，或以为"圣人犹至人"（王叔岷《庄子校诠》），其实圣人和至人是两个层次，在《庄子》中，内七篇虽也赞美圣人，但外、杂篇却贬抑圣人。即就内七篇来说，至人、真人、神人都是最高的境界，而圣人仍属稍低层次。尤其谈到圣人多指圣王，而涉及治道。因此本篇前几段多谈治道，所以多指圣王而言。此处专指内心修养和顺化的功夫，所以很自然地以至人为喻。《应

庄子新说

帝王》虽借托于帝王的治天下，但帝王因应无心的功夫，却以至人为最高的境界。"用心若镜"，就是用心像镜子的无自体，所以用心就是用无。"不将不迎"，取譬于镜子，自体不动，而能照物不穷。对于外物的来往，"不将"即不送其去，"不迎"即不求其来。一任万物的自来自往。"应而不藏"，"应"是应物，即如镜子的照物，"藏"是藏为私有，即如镜子的不留影于内。这种作用就是一个"虚"字。"故能胜物而不伤"，"胜物"的胜字与"天人不相胜"（《大宗师》），及"太冲莫胜"的胜字相似，是指超越的意思。"胜物"就是超越于物，即是不执着于外物，不为物迁，不为物累。而不是战败物、控制物的意思，所以接着"胜物"而说"不伤"。"不伤"，陆长庚、陈寿昌都注为："不伤本体。"是指不伤自体，也就是不劳伤自性。但这个"不伤"，也可解作不伤物体。如《老子》"大制不割"（第二十八章），即不割伤万物的意思。合而言之，"不伤"可作不自伤，也不伤物的两种意思。如《老子》所谓："以道莅天下，其鬼不神。非其鬼不神，其神不伤人。非其神不伤人，圣人亦不伤人。夫两不相伤，故德交归焉。"（第六十章）同样人与万物两不伤，自能同游而共化。这是"交归"之德，也正是帝王之德。

七、从"南海之帝为儵"到"七日而浑沌死"

这一段是庄子的寓言，但却对应了本文《应帝王》的"帝王"，也就是说本段可作本篇的结论，却以寓意并不很清楚的寓言来表达。也许很多读庄的人会说寓言很清楚呀，是说我们不要用知，一有了眼耳鼻等七窍，就破坏了我们心的浑沌。当然按文字表面的解释,也可以说得通。但我们是人,早就有了七窍,我们心中的浑沌是否已死?我们是否是行尸走肉,那我们又该如何?

这段话借浑沌的寓言,来表达浑然一体的境界。"南海之帝为儵,北海之帝为忽,中央之帝为浑沌。"儵,《广雅·释诂》:"疾也。"忽,也指快速。南海,北海,都是指变幻快速的知的性能。"中央"指陆地,"浑"是混而为一(《老子》第十四章)的意思,"沌"是没有分别的意思(《老子》第二十章王弼注)。这正是取象于地的大块而没有分别心。"儵与忽时相与遇于浑沌之地,浑沌待之甚善,儵与忽谋报浑沌之德",儵、忽遇于浑沌之地,象征阴阳相合。浑沌待之甚善,寓意"善者机也"。"儵忽谋报浑沌之德",即生生之德。"人皆有七窍以视听食息,此独无有,尝试凿之。"七窍,即二眼、二耳、一口、二鼻孔,代表了眼的视、耳的听、口的食、鼻的呼吸的官能。这些官能的作用在意识分别,本来,这些官能运用得当,眼能看物,耳能听声,口能进食,鼻能吸气,可以维护我们的生命。可是由于贪欲,这些官能却助长了无厌的欲求,眼贪色,耳喜声,口嗜吃,鼻闻香,求之过度,则使我们的精神向外漏失。浑沌没有七窍,表示他精神自足,不向外求。"日凿一窍,七日而浑沌死。"七窍一开,精神便向外流失,浑沌的境界便破灭了。

就本篇主旨"应帝王"来说,首段以上古帝王为喻,末尾以南海之帝、北海之帝、中央之帝为喻,可见前后对应,旨趣一致。那么"浑沌"就是因……为帝王之德的境界。在这段比喻里,"浑沌"是相对于七窍的……来说的,但这只是寓言。我

庄子新说

们为人早已被凿了七窍，我们没有可能还原到没有七窍的状态，那时"浑沌"复活，人却死了，所以我们不能没有七窍。本篇真正的意思是如何慎用七窍，而不要为七窍所役。一个"无"字、一个"虚"字便是本篇的钥匙。只有能用"无"、致"虚"，我们才能"沌沌兮"，与万物浑然一体。

这个寓言有它的寓意，在寓言来说，有了七窍，便精神外泄，所以浑沌死。但寓意是我们有了七窍，如果精神不外泄，浑沌就可以不死。再进一步说浑沌既然是浑沌，它是否能"守其宗""不与物迁"，不因七窍而使浑沌被破坏？所以本段中"浑沌"是重点。由于本段正好是《庄子·内篇》的最后一段，所以我们可由浑沌的含义去观照庄子在前面各篇的许多重点。先说"浑沌"两字的意义，"浑"是浑同，"沌"是不分，"浑沌"就是浑同万物为一体，没有分别心，而这个浑沌之帝就是"浑沌"的主体。由这个观点我们可以看出浑沌之帝的特色如下：

1. 他是"吾丧我"的吾，超脱这个相对的意识的我。
2. 他是真君，真宰，为眼耳鼻嘴的主宰。
3. 他是真人、至人、神人，发乎天机，无私无欲，神凝于内。
4. 他是大宗师的道，同于"大通"。
5. 他是成心，人人都有现成的真心。
6. 他一无所待，乘天地之正，顺六气之变。
7. 他与天地并生，与万物为一，能与万物生生不已。
8. 他像一面镜子，映照万物，但它本身只是一个虚字而已。

参考书目

《庄子注》	郭象、向秀	《庄子解故》	章炳麟
《经典释文庄子音义》	陆德明	《庄子补注》	奚侗
《庄子疏》	成玄英	《庄子内篇注》	曹受坤
《庄子口义》	林希逸	《庄子哲学》	蒋锡昌
《庄子翼》	焦竑	《庄子校诠》	王叔岷
《庄子内篇注》	释德清	《庄子学案》	郎擎霄
《庄子因》	林云铭	《白话庄子读本》	叶玉麟
《庄子解》	王夫之	《庄子新释》	张默生
《南华经解》	宣颖	《庄子纂笺》	钱穆
《庄子杂志》	王念孙	《新译庄子读本》	黄锦鋐
《庄子平议》	俞樾	《庄子今注今译》	陈鼓应
《南华真经正义》	陈寿昌	《逍遥的庄子》	吴怡
《庄子集释》	郭庆藩	《禅与老庄》	吴怡
《庄子集解》	王先谦		

· 读懂中华文化　构建中国心灵 ·
—————— 道善元国学馆新经典丛书 ——————

毓老师说论语（修订版）	爱新觉罗·毓鋆　讲述
毓老师说中庸	爱新觉罗·毓鋆　讲述
毓老师说庄子	爱新觉罗·毓鋆　讲述
毓老师说大学	爱新觉罗·毓鋆　讲述
毓老师说老子	爱新觉罗·毓鋆　讲述
毓老师说易经（全三卷）	爱新觉罗·毓鋆　讲述
毓老师说（礼元录）	爱新觉罗·毓鋆　讲述
毓老师说吴起太公兵法	爱新觉罗·毓鋆　讲述
毓老师说公羊	爱新觉罗·毓鋆　讲述
毓老师说春秋繁露（上、下册）	爱新觉罗·毓鋆　讲述
毓老师说管子	爱新觉罗·毓鋆　讲述
毓老师说孙子兵法（修订版）	爱新觉罗·毓鋆　讲述
毓老师说易传（修订版）	爱新觉罗·毓鋆　讲述
毓老师说人物志（修订版）	爱新觉罗·毓鋆　讲述
忧患：刘君祖讲易经忧患九卦	刘君祖
乾坤：刘君祖讲乾坤大智慧	刘君祖
刘君祖完全破解易经密码（全六册）	刘君祖
一代大儒爱新觉罗·毓鋆	许仁图
说孟子	许仁图
哲人孔子传	许仁图
毓老师讲学记	许仁图
子曰论语（上下册）	许仁图

刘君祖经典讲堂（全十卷）	刘君祖
中国哲学史话	张起钧 吴怡
禅与老庄	吴怡
逍遥的庄子	吴怡
易经应该这样用	吴怡
易经新说——我在美国讲易经	吴怡
老子新说——我在美国讲老子	吴怡
庄子新说——我在美国讲庄子	吴怡
中国哲学关键词50讲（汉英对照）	吴怡
易经哲学精讲	高怀民
易经与中医学	黄绍祖
论语故事	（日）下村湖人

更多名家音视频课程，敬请关注我们的公众号

在这里，彻底学懂中国传统文化